Cambridge IGCSE®
and Cambridge IGCSE (9–1)

French

Second edition

Jean-Claude Gilles
Virginia March
Wendy O'Mahony
Kirsty Thathapudi
Jayn Witt

HODDER
EDUCATION
AN HACHETTE UK COMPANY

The questions, example answers, marks awarded and/or comments that appear in this book were written by the authors. In examination, the way marks would be awarded to answers like these may be different.

® IGCSE is the registered trademark of Cambridge International Examinations.

The Publishers would like to thank the following: Jackie Coe, for her dedication as freelance publisher, Ginny March, for her hard work as development editor, and Siham Alouani, for her role as teacher reviewer.

The Publishers would like to thank the following for permission to reproduce copyright material.

Photo credits

p.43 Gerard Velthuizen/Alamy; **p.103** David Muscroft/Alamy; **p.219** *t* Artepics/Alamy; **p.219** *b* Ed Buziak/ Alamy; all other photos © Fotolia

Acknowledgements

Every effort has been made to trace all copyright holders, but if any have been inadvertently overlooked, the Publishers will be pleased to make the necessary arrangements at the first opportunity.

Although every effort has been made to ensure that website addresses are correct at time of going to press, Hodder Education cannot be held responsible for the content of any website mentioned in this book. It is sometimes possible to find a relocated web page by typing in the address of the home page for a website in the URL window of your browser.

Hachette UK's policy is to use papers that are natural, renewable and recyclable products and made from wood grown in sustainable forests. The logging and manufacturing processes are expected to conform to the environmental regulations of the country of origin.

Orders: please contact Bookpoint Ltd, 130 Park Drive, Milton Park, Abingdon, Oxon OX14 4SE. Telephone: (44) 01235 827720. Fax: (44) 01235 400454. Email education@bookpoint.co.uk Lines are open from 9 a.m. to 5 p.m., Monday to Saturday, with a 24-hour message answering service. You can also order through our website: www.hoddereducation.com

ISBN: 978 1 4718 8879 3

© Jean-Claude Gilles, Virginia March, Wendy O'Mahony, Kirsty Thathapudi and Jayn Witt 2017

First published in 2013

This edition published in 2017 by

Hodder Education,

An Hachette UK Company

Carmelite House

50 Victoria Embankment

London EC4Y 0DZ

www.hoddereducation.com

Impression number   10 9 8 7 6 5

Year   2021 2020 2019 2018

Cover photo Ivonne Wierink/Fotolia

Illustrations by Barking Dog

Typeset by Lorraine Inglis

Printed in Dubai

A catalogue record for this title is available from the British Library.

Contents

How to use this book

Structure of the book

This book is split into five areas: A, B, C, D and E. Each area is broken down into units that cover topics on your course. Each unit is split into several spreads. Every spread has listening, reading, writing and speaking activities to help develop your skills. Below is an example of what you can find on each spread.

Title of the spread

Learning objectives: one linguistic objective and one grammar objective

Reading material and exercises: interesting reading texts and a variety of question types help develop your reading skills

Phonics exercises: these help you practise your pronunciation

Level: *Embarquement, Décollage* or *En vol*

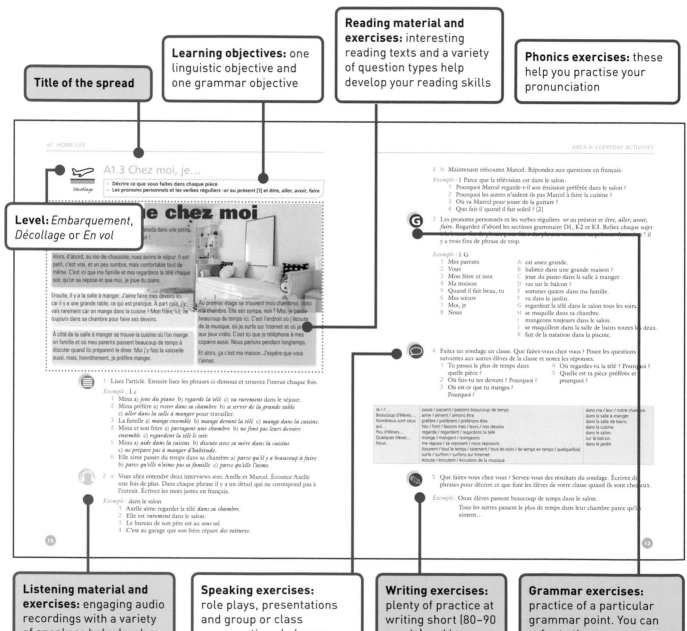

Listening material and exercises: engaging audio recordings with a variety of speakers help develop your comprehension and listening skills

Speaking exercises: role plays, presentations and group or class conversations help you to practise your speaking skills

Writing exercises: plenty of practice at writing short (80–90 words) and longer (130–140 words) pieces to strengthen your writing skills

Grammar exercises: practice of a particular grammar point. You can refer to the grammar section at the end for an explanation of the grammar point before trying the exercise.

At the end of areas A, B, C and E, you will find the following:

- **Vocabulary** — lists of key vocabulary for that area. (The words in italics in these lists are not part of the Cambridge minimum core vocabulary.)
- **Magazines** — four pages of magazine material. These introduce you to a francophone country or area with extra reading material and exercises to practise your skills.
- **Exam corners** — these sections focus on a particular key skill you need to develop for your exam. These include exam-style tasks and suggested answers.

Differentiation

The three levels of difficulty in the book are indicated by an aeroplane icon along with the following terms: *Embarquement*, *Décollage* and *En vol*.

- *Embarquement* — these sections introduce you to the topic with simple reading or listening material and exercises. There are no *Embarquement* sections in Areas D and E, as your skills will have developed beyond this level by that point in the course.

Embarquement

- *Décollage* — the material in these sections is of medium difficulty.

Décollage

- *En vol* — these sections are for students who are aiming for top marks.

En Vol

Grammar

- There are grammar exercises throughout the book, covering all the grammar you need to know.
- There is a grammar reference section at the back of the book with explanations of all the grammar points in the book.
- Grammar exercises include a reference to the grammar section so that you can use this to help you complete the exercises.
- Examples of the grammar point in the exercise can be found in the reading text or listening passage on the same spread.

Le monde francophone

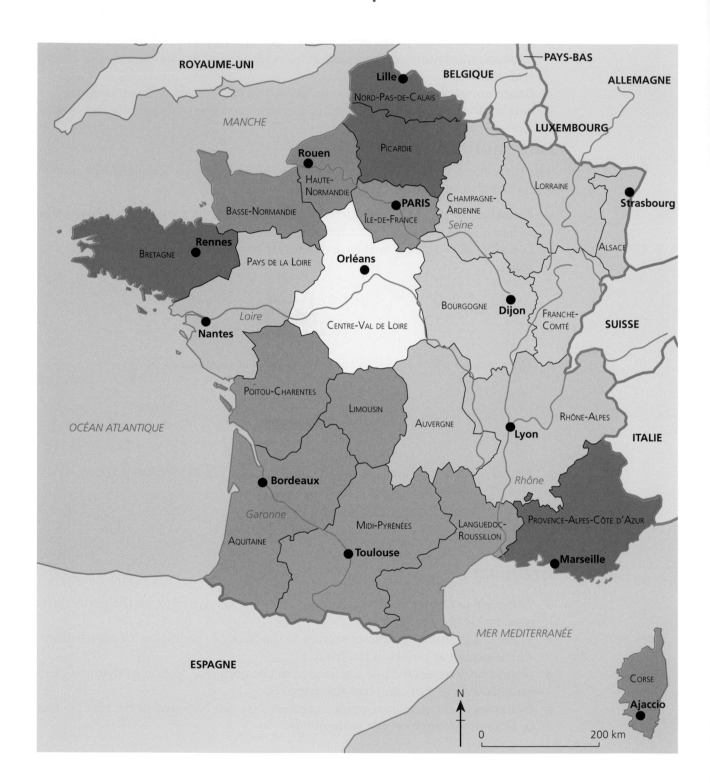

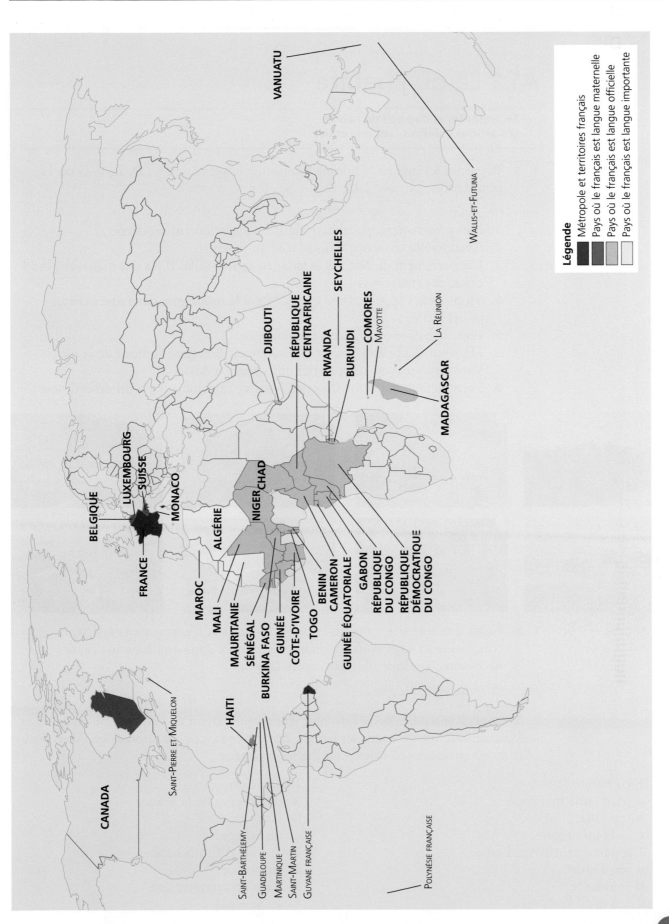

Légende

- Métropole et territoires français
- Pays où le français est langue maternelle
- Pays où le français est langue officielle
- Pays où le français est langue importante

CANADA

SAINT-PIERRE ET MIQUELON

HAÏTI

SAINT-BARTHÉLEMY

GUADELOUPE

MARTINIQUE

SAINT-MARTIN

GUYANE FRANÇAISE

POLYNÉSIE FRANÇAISE

BELGIQUE

LUXEMBOURG

SUISSE

MONACO

FRANCE

MAROC

MALI

MAURITANIE

SÉNÉGAL

BURKINA FASO

GUINÉE

CÔTE-D'IVOIRE

TOGO

BENIN

CAMERON

GUINÉE ÉQUATORIALE

GABON

RÉPUBLIQUE DU CONGO

RÉPUBLIQUE DÉMOCRATIQUE DU CONGO

ALGÉRIE

NIGER

CHAD

DJIBOUTI

RÉPUBLIQUE CENTRAFRICAINE

RWANDA

BURUNDI

SEYCHELLES

COMORES

MAYOTTE

LA RÉUNION

MADAGASCAR

VANUATU

WALLIS-ET-FUTUNA

Embarquement

A1.1 Là où j'habite

⋆ **Se présenter et dire où l'on habite**
⋆ **Les articles indéfinis :** *un, une* et *des*

1 a Regardez les images. Choisissez la bonne lettre (A, B, C, D, E, F, G ou H) pour chaque phrase (1-8).

Exemple : 1 G

1 Mes grands-parents habitent dans un appartement moderne.
2 Amal habite dans une maison rose au Sénégal.
3 L'appartement de Nicolas se situe au centre-ville. Il y a des magasins, des cafés, des cinémas…
4 Mon oncle s'appelle Théo et il habite à la montagne dans une maison individuelle.
5 Isabelle habite en France à la campagne.
6 Ma sœur s'appelle Laure et elle habite en Bretagne au bord de la mer.
7 Vous habitez dans un quartier industriel en Alsace ?
8 Vous habitez dans un village au Maroc, Yasmine ? Il y a un désert, non ?

A

B

C

D

E

F

G

H

1 b Faites une liste des mots utiles de l'activité 1a et d'autres mots que vous connaissez au sujet d'où l'on habite. Regardez dans un dictionnaire, si nécessaire. Traduisez-les dans votre langue.

Exemple : une villa, un gite…

2 Vous allez entendre, deux fois, huit jeunes qui parlent de l'endroit où ils habitent. Pendant que vous écoutez les jeunes, choisissez la réponse appropriée. Vous avez d'abord quelques secondes pour lire les réponses.

Exemple : 1a

1 Fred habite…
  a dans une maison.
  b en ville.
  c à la montagne.

2 L'appartement d'Anni est…
  a en France.
  b moderne.
  c au bord de la mer.

3 L'Alsace est…
  a une région de la France.
  b une ville.
  c un village.

4 La famille d'Édith habite…
  a en France.
  b dans un appartement.
  c au Sénégal.

5 Paul habite…
  a en France.
  b en ville.
  c dans un appartement.
6 La maison d'Ève est…
  a typiquement suisse.
  b grande.
  c au bord de la mer.

7 Yves habite…
  a dans un grand appartement dans un quartier industriel.
  b dans un petit appartement dans un quartier chic.
  c dans un grand appartement dans un quartier chic.
8 Maya habite…
  a en France.
  b dans un village.
  c en ville.

3 Les articles indéfinis : *un, une* et *des*. Regardez d'abord les sections grammaire A1 et A4. Complétez les phrases avec *un, une* ou *des*.

Exemple : 1 une
  1 Moi, j'habite dans ……… maison individuelle à la montagne.
  2 Sara habite dans ……… quartier touristique. Il y a ……… touristes partout.
  3 Au centre-ville, il y a ……… magasins, ……… restaurants, ……… cinémas et ……… grand théâtre.
  4 Mes grands-parents habitent dans ……… petite maison jumelée au bord de la mer.
  5 Au Maroc, il y a ……… villes et ……… désert aussi.
  6 C'est ……… région industrielle dans le nord de la France.
  7 Nous habitons dans ……… village à la campagne.
  8 Il y a ……… café près de ma maison.

4 a Les sons nasaux (*an, en, in, on, un*). Vous allez entendre une phrase. Pendant que vous écoutez, séparez les mots ci-dessous pour faire la phrase que vous entendez. Ensuite, dites la phrase cinq fois de suite. Réécoutez pour vérifier. Traduisez la phrase dans votre langue et apprenez-la par cœur.

OnhabitedansungrandappartementenFrance;AngéliquehabitedansunegrandemaisonenInde.

4 b Travaillez à deux. Lisez la phrase de l'activité 4a à tour de rôle. Qui fait le moins d'erreurs ?

5 Posez ces questions à votre partenaire. Répondez aussi à ses questions. Pour vous aider, utilisez la case.
  1 Tu t'appelles comment ?
  2 Où habites-tu ? / Tu habites dans quel pays ?
  3 Tu habites à la campagne / à la montagne / en ville / dans un quartier industriel ?
  4 Tu habites dans une maison ou dans un appartement ?
  5 Il/Elle est grand(e) / petit(e) ?

J'habite	dans une grande / petite maison	moderne / traditionnel(le) / ancien(ne) / individuel(le) / mitoyen(ne).
Nous habitons	dans un grand / petit appartement	
C'est situé(e)	en France / au Canada / en Belgique / en Grande-Bretagne / aux États-Unis / au Sénégal / en Inde.	
Il / Elle se situe	en ville / dans le centre-ville / dans la banlieue.	
	à la campagne / à la montagne / au bord de la mer.	
	dans un quartier industriel / calme / touristique / moderne / super.	

6 Maintenant, écrivez environ 100 mots en français pour dire où vous habitez.

A1.2 C'est comment chez toi ?

Décollage

★ **Décrire votre logement**
★ **Les articles définis, *le, la, l'* et *les* ; l'accord des adjectifs**

C'est comment chez toi ? Dis-nous !

Ici Justine ! Moi, j'habite dans une grande maison individuelle située à la campagne près d'un joli village en Bretagne. J'adore ma maison !

Chez moi, il y a huit pièces. Au rez-de-chaussée nous avons un grand séjour très confortable, une belle cuisine bien équipée et une salle à manger charmante. Il y a aussi le bureau de ma mère. À l'étage, il y a deux chambres et une salle de bains-WC. Un petit escalier monte au grenier où se trouve une troisième chambre : ma chambre. Malheureusement, il n'y a pas de cave. Il n'y a pas de balcon non plus, mais heureusement le jardin est énorme avec une petite piscine. Derrière la maison se situe le garage.

Ma pièce préférée ? C'est ma chambre, sans aucun doute. Elle est vraiment sympa, grande et claire. Les murs sont vert clair et il y a des rideaux blancs. Oui, j'adore ma chambre !

1 a Lisez le blog. Complétez les phrases avec un mot français choisi dans la liste. Attention ! il y a huit mots de trop.

Exemple : 1 beau

quatre	deux	troisième	sombre	coussins	piscine
beau	deuxième	aime	chaise	balcon	
claire	jardin	garage	déteste	pièces	

1 La maison de Justine se situe dans un .... village.
2 Elle aime toutes les ....
3 Au rez-de-chaussée, il y a .... pièces.
4 Chez elle, il y a un .... qui est très grand.
5 Il n'y a pas de cave ni de ....
6 Il y a une .... dans le jardin, mais elle n'est pas grande.
7 La chambre de Justine est au .... étage.
8 Elle trouve sa chambre ....

1 b Relisez le blog et faites une liste des mots utiles. Traduisez-les dans votre langue.

Exemple : une maison individuelle…

2 Vous allez entendre trois jeunes qui décrivent leur logement. Copiez et remplissez la grille.

Qui ?	Type de logement ?	Où ?	Nombre de pièces	Il n'y a pas de…	Autres détails
Simon	*un appartement*	*à (l'est de) Paris*			
Laure					
Sébastien					

3 a Les articles définis, *le, la, l'* et *les*, et l'accord des adjectifs. Regardez d'abord les sections grammaire A3 et B1. Copiez et complétez les phrases avec *le, la, l'* ou *les* et la forme correcte de l'adjective entre parenthèses.

Exemple : 1 L'appartement de Léo est énorme et très confortable.
1 .... appartement de Léo est .... (*énorme*) et très .... (*confortable*)
2 .... maison de Rachida est .... (*petit*) et se situe au bord de .... mer.
3 .... gite est situé à .... campagne. Il est .... (*charmant*) avec une .... (*petit*) cuisine bien .... (*équipé*).
4 Ma tante habite dans une .... (*vieux*) maison .... (*jumelé*) dans .... banlieue.
5 Au Canada .... appartements sont beaucoup plus .... (*grand*) que les appartements en France.
6 .... rideaux sont .... (*marron*) et .... murs, ... (*orange*). Franchement, cette pièce est .... (*affreux*).
7 Il y a un .... (*nouveau*) hôtel près de chez moi.
8 .... régions .... (*industriel*) sont peu .... (*populaire*) chez les touristes.

3 b Relisez le blog de Justine. Trouvez dix adjectifs. Écrivez-les et traduisez-les dans votre langue.

Exemple : grande…

4 Posez ces questions à votre partenaire. Répondez aussi à ses questions. Si possible, ajoutez des détails supplémentaires. Écrivez vos réponses et apprenez-les par cœur.

Exemple :

A J'habite dans une grande maison moderne dans un quartier calme.
B Moi j'habite dans une petite maison typique de ma région. Elle est vraiment très jolie.

- Comment est ton logement ? Il est grand ou petit, par exemple ?
- Où se situe-t-il ?
- Il y a combien de pièces et comment sont-elles ?
- Y a-t-il un jardin et un garage ?
- Comment est ta chambre ?

J'habite Nous habitons	dans un(e)	grand(e) petite) joli(e)	maison appartement	moderne / traditionnel(le) / ancien(ne) / individuel(le).
Au rez-de-chaussée Au premier étage Au grenier	il y a… nous avons… un(e) / deux / trois / quatre… ma / mon… le / la / les…	nouvel/nouvelle propre	chambre(s) salle à manger salle de bains cuisine salon toilettes	énorme(s) / super / magnifique(s) / moche(s) / clair(e)(s) / sombre(s).
Les murs sont Les rideaux sont	blanc(he)s / bleu(e)s / bleu clair / roses / vert(e)s / jaunes / marron / orange.			
Ma maison se situe	à la campagne / à la montagne / en ville / dans un quartier industriel / au bord de la mer.			

5 Comment est votre logement ? Écrivez environ 80-90 mots en français.
1 Dites où se situe votre logement.
2 Dites s'il est grand ou petit / moderne ou traditionnel.
3 Dites combien de pièces vous avez et s'il y a un jardin.
4 Décrivez votre chambre : où elle se situe (au premier étage…), la taille, la couleur des murs.

Décollage

A1.3 Chez moi, je...

★ **Décrire ce que vous faites dans chaque pièce**
★ **Les pronoms personnels et les verbes réguliers *-er* au présent [1] et *être, aller, avoir, faire***

Bienvenue chez moi

Coucou ! Ici Mina. J'habite à Québec au Canada dans une petite maison moderne avec ma famille. Venez voir !

Alors, d'abord, au rez-de-chaussée, nous avons le séjour. Il est petit, c'est vrai, et un peu sombre, mais confortable tout de même. C'est ici que ma famille et moi regardons la télé chaque soir, qu'on se repose et que moi, je joue du piano.

Ensuite, il y a la salle à manger. J'aime faire mes devoirs ici, car il y a une grande table, ce qui est pratique. À part cela, j'y vais rarement car on mange dans la cuisine ! Mon frère, lui, va toujours dans sa chambre pour faire ses devoirs.

À côté de la salle à manger se trouve la cuisine où l'on mange en famille et où mes parents passent beaucoup de temps à discuter quand ils préparent le diner. Moi j'y fais la vaisselle aussi, mais, honnêtement, je préfère manger.

Au premier étage se trouvent trois chambres. Voici ma chambre. Elle est sympa, non ? Moi, je passe beaucoup de temps ici. C'est l'endroit où j'écoute de la musique, où je surfe sur Internet et où je joue aux jeux vidéo. C'est ici que je téléphone à mes copains aussi. Nous parlons pendant longtemps.

Et alors, ça c'est ma maison. J'espère que vous l'aimez.

1 Lisez l'article. Ensuite lisez les phrases ci-dessous et trouvez l'intrus chaque fois.

Exemple : 1 c

   1 Mina a) *joue du piano* b) *regarde la télé* c) *va rarement* dans le séjour.
   2 Mina préfère a) *rester dans sa chambre* b) *se servir de la grande table* c) *aller dans la salle à manger* pour travailler.
   3 La famille a) *mange ensemble* b) *mange devant la télé* c) *mange dans la cuisine*.
   4 Mina et son frère a) *partagent une chambre* b) *ne font pas leurs devoirs ensemble* c) *regardent la télé le soir*.
   5 Mina a) *aide dans la cuisine* b) *discute avec sa mère dans la cuisine* c) *ne prépare pas à manger d'habitude*.
   6 Elle aime passer du temps dans sa chambre a) *parce qu'il y a beaucoup à faire* b) *parce qu'elle n'aime pas sa famille* c) *parce qu'elle l'aime*.

2 a Vous allez entendre deux interviews avec Axelle et Marcel. Écoutez Axelle une fois de plus. Dans chaque phrase il y a un détail qui ne correspond pas à l'extrait. Écrivez les mots justes en français.

Exemple : dans le salon
   1 Axelle aime regarder la télé *dans sa chambre*.
   2 Elle est *rarement* dans le salon.
   3 Le bureau de son père est au *sous-sol*.
   4 C'est au garage que son frère répare *des voitures*.

2 b Maintenant réécoutez Marcel. Répondez aux questions en français.

Exemple : 1 Parce que la télévision est dans le salon.

1 Pourquoi Marcel regarde-t-il son émission préférée dans le salon ?
2 Pourquoi les autres n'aident-ils pas Marcel à faire la cuisine ?
3 Où va Marcel pour jouer de la guitare ?
4 Que fait-il quand il fait soleil ? [2]

3 Les pronoms personnels et les verbes réguliers *-er* au présent et *être, aller, avoir, faire*. Regardez d'abord les sections grammaire D1, K2 et K3. Reliez chaque sujet à la bonne fin de phrase pour faire des phrases correctes au présent. Attention ! il y a trois fins de phrase de trop.

Exemple : 1 G

1 Mes parents	**A** est assez grande.
2 Vous	**B** habitez dans une grande maison ?
3 Mon frère et moi	**C** joue du piano dans la salle à manger.
4 Ma maison	**D** vas sur le balcon ?
5 Quand il fait beau, tu	**E** sommes quatre dans ma famille.
6 Mes sœurs	**F** va dans le jardin.
7 Moi, je	**G** regardent la télé dans le salon tous les soirs.
8 Nous	**H** se maquille dans sa chambre.
	I mangeons toujours dans le salon.
	J se maquillent dans la salle de bains toutes les deux.
	K fait de la natation dans la piscine.

4 Faites un sondage en classe. Que faites-vous chez vous ? Posez les questions suivantes aux autres élèves de la classe et notez les réponses.

1 Tu passes le plus de temps dans quelle pièce ?
2 Où fais-tu tes devoirs ? Pourquoi ?
3 Où est-ce que tu manges ? Pourquoi ?
4 Où regardes-tu la télé ? Pourquoi ?
5 Quelle est ta pièce préférée et pourquoi ?

Je / J'…	passe / passent / passons beaucoup de temps	dans ma / leur / notre chambre.
Beaucoup d'élèves…	aime / aiment / aimons être	dans la salle à manger.
Nombreux sont ceux qui…	préfère / préfèrent / préférons être	dans la salle de bains.
	fais / font / faisons mes / leurs / nos devoirs	dans la cuisine.
Peu d'élèves…	regarde / regardent / regardons la télé	dans le salon.
Quelques élèves…	mange / mangent / mangeons	sur le balcon.
Nous…	me repose / se reposent / nous reposons	dans le jardin.
	(souvent / tout le temps / rarement / tous les soirs / de temps en temps / quelquefois)	
	surfe / surfent / surfons sur Internet	
	écoute / écoutent / écoutons de la musique	

5 Que faites-vous chez vous ? Servez-vous des résultats du sondage. Écrivez dix phrases pour décrire ce que font les élèves de votre classe quand ils sont chez eux.

Exemple : Onze élèves passent beaucoup de temps dans le salon.

Tous les autres passent le plus de temps dans leur chambre parce qu'ils aiment…

En Vol

A1.4 Dans ma chambre, il y a...

★ **Décrire des pièces dans votre maison ou appartement**
★ **Les prépositions de lieu [1]**

Les ados parlent de leur chambre

Amélie, 15 ans

Ma chambre, c'est ma pièce préférée. Elle est vraiment sympa, grande et claire avec des rideaux blancs et des murs bleu clair. C'est là que je vais quand je veux être seule. Il y a un lit bien sûr et à côté du lit, un bureau où je fais mes devoirs. Sur le bureau il y a un ordinateur ainsi qu'une lampe et devant le bureau, une chaise. Au-dessus du bureau, j'ai des étagères où je range tous mes livres et mes stylos. C'est pratique. Et j'en ai beaucoup. Il y a une belle armoire blanche dans le coin et en face d'elle, entre mon lit et le mur, un petit fauteuil rouge. Je n'ai pas de tapis, mais il y a beaucoup de coussins sur le lit. D'habitude ma chambre est assez bien rangée, mais des fois, si j'ai beaucoup de devoirs, elle est complètement en désordre.

Luc, 16 ans

Moi, je partage une chambre avec mon frère et, franchement, je la déteste ! Elle est trop petite pour deux personnes. En plus, les murs sont jaunes et les rideaux, noirs. Quelle horreur ! Nous avons, bien sûr, deux lits et, entre les lits, il y a une petite table. Nous n'avons pas de bureau, pas d'étagères, même pas de chaises. Sur la table il y a des livres, du papier, toutes sortes de choses. Sous la table il y a souvent des vêtements, des chaussures, des cahiers… Notre chambre est vraiment en désordre ! Notre mère nous dit constamment de mettre les vêtements dans la grande armoire qui se trouve dans le coin de la chambre. Sur le mur, derrière le lit de mon frère il y a un poster de foot, mais moi, je n'aime pas le foot ! Je déteste vraiment notre chambre.

1 Lisez le site web. Ensuite lisez les affirmations et choisissez la bonne personne chaque fois. Écrivez A (Amélie), L (Luc), A+L (les deux) ou X (ni l'un ni l'autre).

Exemple : 1 A

Qui…

1 a sa propre chambre ?
2 peut ranger le plus facilement ses livres ?
3 a une armoire dans le coin de sa chambre ?
4 a une chaise à côté d'une table ?

5 a quelque chose sur le mur de sa chambre ?
6 peut s'assoir en face de l'armoire ?
7 met ses vêtements par terre ?
8 n'aime pas les murs de sa chambre ?

2 Vous allez entendre un dialogue entre deux copines. Complétez les phrases avec un mot français choisi dans la liste. Il y a deux pauses dans le dialogue. N'oubliez pas de lire les phrases d'abord.

Exemple : 1 se détendre

moche	*se détendre*	le salon	pelouse	peinture	quatre
ensemble	sa chambre	terrasse	sympa	étagère	
en face	manger	four	deux	frigo	

1 Malika va dans le salon pour ....
2 Le salon et la salle à manger sont ....
3 Pour jouer du piano, Malika va dans ....
4 Sur le mur de la salle à manger, il y a une ....
5 Devant la cuisine, il y a une ....

6 Le lave-linge se trouve à côté du lave-vaisselle et du ....
7 Il y a .... pièces d'où on voit la mer.
8 La chambre de Malika est ....

3 Les prépositions de lieu. Regardez d'abord la section grammaire J. Complétez les phrases avec une préposition de lieu choisie dans la liste.

Exemple : 1 dans; sous / sur

sur	derrière	entre
sous	devant	à côté de
dans	dans le coin	

1 Les vêtements ne sont pas .... l'armoire mais sont .... le lit.
2 Elle est .... la fenêtre où elle regarde passer les gens.
3 Mon ordinateur est .... le bureau .... la lampe.
4 Le chat dort .... les rideaux.
5 — Est-ce que mes clés sont .... la table ?
   — Non, elles sont .... le tiroir.
6 Mon bureau est .... mon lit et mon armoire.
7 La télévision est .... du salon.
8 Il est dehors .... le balcon.

4 Travaillez à deux pour faire un jeu de rôle. Vous téléphonez à votre correspondant(e) qui va rester chez vous la semaine prochaine pour lui parler de votre maison. Votre partenaire joue le rôle du correspondant / de la correspondante. Ensuite changez de rôles.

Corr. Répondez au téléphone : « Oui, allo. »
Vous Saluez votre correspondant et expliquez pourquoi vous lui téléphonez.
Corr. Posez une question au sujet du salon : « Alors, il est comment, le salon ? »
Vous Répondez à la question.
Corr. Dites : « Et tu aimes ta chambre ? »
Vous Décrivez votre chambre et dites si vous l'aimez.
Corr. Posez une question au sujet de la cuisine : « Elle est grande, ta cuisine ? »
Vous Répondez à la question et décrivez la cuisine.
Corr. Demandez s'il y a un jardin. « Tu as un beau jardin ? »
Vous Dites si vous avez un jardin. Si oui, décrivez le jardin. Si non, dites si vous avez une terrasse ou s'il y a un parc tout près. Terminez la conversation.

5 Comment est votre chambre ? Écrivez environ 100 mots pour la décrire.
- Avez-vous votre propre chambre. Est-elle grande ou petite ?
- Où est le bureau, le lit… ?
- Comment est la déco, la couleur des murs, etc.
- Il y a une belle vue ?
- Aimez-vous votre chambre ? Pourquoi (pas) ?

Embarquement

A2.1 À dix heures j'ai maths

> ★ **Parler de votre emploi du temps**
> ★ **Les jours et l'heure**

 1 a Regardez les images. Choisissez la bonne lettre (A, B, C, D, E, F, G ou H) pour chaque phrase (1-8).

Exemple : 1 F

1 J'ai français le mercredi à dix heures et demie. J'adore le français, c'est génial.
2 Simon a maths le lundi à treize heures quinze. Il déteste les maths, c'est difficile.
3 Chaque mardi à neuf heures moins vingt, ma sœur a biologie. Quelle horreur ! C'est ennuyeux.
4 La pause, c'est à onze heures. On aime tous la pause !
5 Mon frère a EPS le samedi matin à neuf heures. Heureusement, il aime l'EPS.
6 Le dessin, c'est à quatorze heures le vendredi. C'est pas mal.
7 Le mardi et le vendredi, j'ai permanence* à quatorze heures. C'est super.
8 Le jeudi, à quinze heures trente, j'ai géographie. C'est pénible.

> **permanence – où vont les élèves qui ne sont pas en classe pour étudier*

1 b Faites une liste des mots utiles de l'activité 1a et d'autres mots que vous connaissez au sujet de votre emploi du temps. Regardez dans un dictionnaire, si nécessaire. Traduisez-les dans votre langue.

Exemple : le déjeuner, l'histoire, l'anglais, l'allemand…

 2 Vous allez entendre trois jeunes qui parlent de leur emploi du temps. Pendant que vous écoutez les jeunes, choisissez les quatre affirmations correctes. Vous avez d'abord quelques minutes pour lire les affirmations.

Exemple : 2, …

1 Le lundi, Samuel a quatorze cours.
2 Samuel préfère le mardi.
3 Samuel a français le lundi.
4 Amel aime la physique-chimie.

5 Au collège d'Amel, le déjeuner finit à 14h.
6 Elle est très forte en maths.
7 Édith a histoire le mardi matin.
8 Elle a musique le vendredi.

3 a Les jours et l'heure. Regardez d'abord la section grammaire G. Complétez les phrases avec la bonne heure et le bon jour selon les informations entre parenthèses.

Exemple : 1 dix heures et demie

1 La récréation, c'est à .... (*10h30*) et dure un quart d'heure.
2 Le .... (*d l m m j v s*) après-midi, je n'ai pas cours.
3 Le .... (*d l m m j v s*), j'ai français. Il commence à .... (*15h15*)
4 Le .... (*d l m m j v s*) matin, ma sœur va à l'école jusqu'à .... (*12h00*)
5 Aujourd'hui, c'est .... (*d l m m j v s*). J'ai EPS à .... (*8h55*) C'est fatigant !
6 Je n'aime pas le .... (*d l m m j v s*). À .... (*10h45*) j'ai informatique et je suis nul.
7 On est .... (*d l m m j v s*) aujourd'hui. Youpi, j'ai espagnol à .... (*14h10*) Je suis forte en langues.
8 Aujourd'hui, c'est .... (*d l m m j v s*). Je vais donc rester au lit jusqu'à .... ! (*10h00*)

3 b Relisez les phrases de l'activité 1a. Quel jour de la semaine n'est pas mentionné ? Écrivez l'heure la plus précoce et la plus tardive qui sont mentionnées.

4 a Les sons *im* et *in*. Écoutez cette phrase et séparez-en les mots. Répétez la phrase trois fois. Attention à la prononciation. Réécoutez pour vérifier. Répétez l'exercice. Traduisez la phrase dans votre langue. Apprenez la phrase par cœur.

Inèsquiveutêtreinfirmièrenes'intéressesimplementpasàl'informatiquequ'elletrouveinutile malgrélesinconvénientsinnombrablesdenepasétudiercettematièreimportante.

4 b Travaillez à deux. Lisez la phrase de l'activité 4a à tour de rôle. Qui fait le moins d'erreurs ?

5 Posez ces questions à votre partenaire. Répondez aussi à ses questions. Pour vous aider, utilisez le tableau.

1 À quelle heure commencent / finissent tes cours ?
2 Tu as combien de cours par jour ?
3 Qu'est-ce que tu as le lundi / mardi / mercredi / jeudi / vendredi ?
4 Quelle est ta journée préférée. Pourquoi ?
5 Est-ce qu'il y a une journée que tu n'aimes pas ? Pourquoi ?

Les cours commencent / finissent	à… midi treize heures	et quart / demie cinq / dix / vingt / trente	
Le lundi Le mardi Le mercredi Le jeudi Le vendredi Le samedi	quatorze heures quinze heures seize heures dix-sept heures	moins vingt / le quart / dix / cinq	j'ai… français / anglais / espagnol / géographie / maths / histoire / informatique / EPS / physique-chimie / biologie / technologie / permanence / la récréation / le déjeuner.
J'aime Je n'aime pas	parce que c'est facile / passionnant / super / amusant / intéressant / utile / difficile / ennuyeux / nul / inutile. car j'ai…		

6 Maintenant, écrivez environ 100 mots en français pour décrire votre emploi du temps.

A2.2 Ma journée à l'école

Décollage

★ **Décrire une journée à l'école**
★ **Les verbes pronominaux**

Salut Lulu,

Tu m'as demandé de décrire une journée scolaire. Alors, les jours d'école, je me réveille à six heures et demie et je me lève tout de suite. Je me lave, je m'habille tranquillement et puis je prends un bon petit déjeuner – je ne me dépêche pas. Je me mets en route pour l'école à sept heures et quart.

D'habitude, j'arrive au collège à huit heures moins vingt. Les cours commencent à huit heures alors je bavarde un peu avec ma meilleure copine qui s'appelle Jeanne avant le premier cours. À part le mercredi et le samedi, on a sept cours par jour qui durent tous une heure. Après deux leçons, on a la récréation qui commence à dix heures et dure un quart d'heure. De dix heures et quart à midi et quart on a encore deux heures de cours et puis c'est le déjeuner. Génial ! On se détend pendant une heure quarante-cinq minutes. Les cours finissent à dix-sept heures.

Après l'école, mes sœurs et moi, nous nous détendons un peu avant de faire nos devoirs. Nous nous disputons des fois, aussi ! On mange vers dix-neuf heures et je me couche vers vingt-et-une heures. Elles, elles se couchent un peu plus tard.

Et toi, tu te réveilles à quelle heure ? Décris-moi une journée scolaire chez toi.

Aisha

---

1 Aisha écrit un courriel à sa copine Lulu au sujet d'une journée scolaire typique. Lisez-le puis répondez aux questions en français.

Exemple : 1 six heures et demie / 6h30

1 À quelle heure se lève Aisha ?
2 Quand elle arrive au collège, combien de temps a-t-elle avant que les cours commencent ?
3 Qui est Jeanne ?
4 Elle a combien de cours le mardi ?

5 À quelle heure finit le déjeuner ?
6 Quand est-ce qu'Aisha se détend ? [2]
7 Que fait Aisha chez elle avant de se coucher ?
8 Qui se couche après Aisha ?

2 Vous allez entendre Stéphane, qui habite à l'Ile Maurice, décrire sa journée scolaire. Complétez les phrases avec un mot dans la liste.

détend	lentement	ensemble	*lève*	vingt	tennis
lave	vite	sœur	finissent	foot	
dispute	trente	copine	commencent	tôt	

Exemple : 1 lève

1 Stéphane se .... à six heures trente-cinq.
2 Il ne s'habille pas ....
3 La famille mange .... le matin.
4 Stéphane va à l'école avec sa ....
5 Les cours .... plus tôt le vendredi que le jeudi.
6 Le récréation dure .... minutes.
7 Après l'école, Stéphane joue quelquefois au ....
8 Avant de se coucher, il se .... avec sa famille.

3 Les verbes pronominaux. Regardez d'abord la section grammaire K14. Complétez les phrases avec la forme correcte des verbes pronominaux entre parenthèses.

Exemple : 1 se réveille

1 Sandra .... (*se réveiller*) très tôt le matin.
2 D'abord je .... (*se laver*) puis je .... (*s'habiller*).
3 Mes amis .... (*se détendre*) après l'école.
4 Vous .... (*s'amuser*) bien pendant les vacances ?
5 Nous .... (*se mettre*) en route vers sept heures du matin.
6 Tu .... (*se coucher*) à quelle heure le soir ?
7 On .... (*s'entendre*) tous bien.
8 Mon frère ne .... (*se brosser*) pas toujours les dents.

4 Travaillez à deux pour faire un jeu de rôle. Choisissez le rôle B (vous), ou le rôle A (l'oncle/la tante).

B (vous)
1 Dites ce que vous faites le matin et <u>à quelle heure commencent les cours</u>.
2 Dites combien de cours vous avez par jour et combien <u>de temps ils durent</u>.
3 Répondez à la question et dites aussi <u>à quelle heure elle finit</u>.
4 Dites à quelle heure commence et finit la pause-déjeuner et ce que vous faites pendant ce temps-là.
5 Répondez à la question et terminez la conversation.

A (l'oncle/la tante) et B (vous)
A   Que fais-tu le matin et <u>à quelle heure commence l'école</u> ?
B   1
A   Et tu as combien de cours par jour ?
B   2
A   C'est à quelle heure, la récréation ?
B   3
A   Que fais-tu pendant la pause-déjeuner ?
B   4
A   Et <u>après l'école</u> ? Qu'est-ce que tu fais ?
B   5
A   Au revoir.

5 Décrivez une journée à l'école. Écrivez un billet de blog d'environ 80-90 mots en français.
1 Dites à quelle heure commencent les cours.
2 Dites à quelle heure vous vous réveillez et ce que vous faites le matin.
3 **(i)** Dites combien de cours vous avez par jour.
   (ii) Un cours dure combien de temps ?
4 Dites à quelle heure commencent et finissent la récréation et le déjeuner.
5 Décrivez ce que vous faites après l'école.

Exemple : Les cours commencent à huit heures et je me lève donc très tôt.

A2.3 Mon école

Décollage

★ **Décrire votre école**
★ **Les prépositions de lieu [2]**

Bienvenue au collège Jean Racine

Le collège Jean Racine est un grand collège mixte, très moderne situé près du centre-ville en face du centre sportif. Nous avons mille cinq cents élèves qui profitent tous des salles de classes claires et bien équipées et des équipements modernes.

Nos deux bâtiments principaux

Il y a deux bâtiments. Un grand bâtiment de quatre étages à côté d'un deuxième bâtiment plus petit où se trouve le réfectoire. Entre ces deux bâtiments, il y a une belle cour.

Le grand bâtiment

C'est à l'entrée du grand bâtiment que se trouve la réception. Au rez-de-chaussée il y a aussi des toilettes, la salle des professeurs et un CDI (centre de documentation et d'information) agréable où les élèves peuvent s'informer ou bien emprunter des livres. Aux premier, deuxième et troisième étages se trouvent les salles de classes. À part les nombreuses salles de classes, nos étudiants ont à leur disposition une salle d'informatique énorme bien fournie en nouveaux ordinateurs et située au troisième étage. Il y a aussi quatre laboratoires qui se trouvent tous au deuxième étage.

Le petit bâtiment

Les élèves déjeunent dans le réfectoire situé dans le petit bâtiment au premier étage. C'est un endroit extrêmement agréable, clair et accueillant. Au rez-de-chaussée, il y a le bureau de la directrice.

Le sport

Notre grand terrain de sport se trouve derrière les deux bâtiments principaux, devant un nouveau gymnase. Ensemble, ils donnent aux élèves l'occasion de pratiquer toutes sortes de sport. Avec une piscine aussi, Jean Racine est le collège idéal pour les sportifs.

---

1 Lisez la page web. Ensuite lisez les profils ci-dessous. Il y a quatre places libres au collège Jean Racine. Choisissez les quatre meilleurs étudiants.

Exemple : Kathy, …

1 **Kathy :** Moi, j'aime beaucoup les sciences, surtout faire les expériences.
2 **Léo :** Je suis très forte en langues mais je déteste vraiment le sport.
3 **Sandrine :** Je suis plutôt travailleuse. Je passe beaucoup de temps à rechercher en ligne et je lis constamment.
4 **Matthieu :** Ce que j'adore, c'est les vieux bâtiments. Ils sont vraiment beaux.
5 **Lukas :** Je me perds facilement. Je préfère donc les petites écoles.
6 **Mme Métay :** Je travaille dans un bureau en ville et je cherche un collège qui se trouve tout près pour ma fille, Nicole. C'est pratique.
7 **Fatima :** La pause déjeuner, c'est super, j'adore me détendre avec mes amis dans un endroit sympa.
8 **Gabi :** Le collège de mes rêves, il est non-mixte, petit et se situe à la campagne.

2 a Vous allez entendre une interview avec Delphine. Elle parle de son collège. Écoutez la première partie une fois de plus. Dans chaque phrase il y a un détail qui ne correspond pas à l'extrait. Écrivez les mots justes en français.

Exemple : 1 sud-ouest
1 Le collège de Delphine se trouve dans le *sud-est* de la France.
2 Il est situé dans une *grande* ville.
3 Les élèves vont au centre sportif pour *jouer au hockey*.
4 Le gymnase est un peu *trop petit* selon Delphine.

2 **b** Maintenant réécoutez la deuxième partie. Répondez aux questions en français.

Exemple : 1 Il est moderne et bien équipé.
1 Pourquoi Delphine aime-t-elle le CDI ? [2]
2 Qu'est-ce qu'il y a au rez-de-chaussée ? [5]
3 Comment sont les salles de classes au rez-de-chaussée ?
4 Selon Delphine, quel est l'inconvénient pour les élèves qui aiment l'informatique ?

3 Les prépositions de lieu. Regardez d'abord la section grammaire J. Regardez le dessin et complétez les phrases avec une préposition de lieu choisie dans la liste.

Exemple : 1 rez-de-chaussée

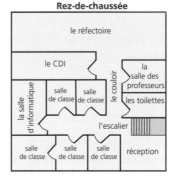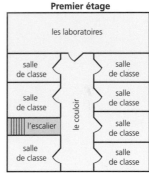

1 Il y a cinq salles de classes au ....
2 Le réfectoire est .... d'un petit couloir.
3 La salle des professeurs est .... du CDI.
4 Au .... , il y a un long couloir .... les salles de classes.
5 La réception est .... de l'escalier.
6 Il y a des laboratoires .... des salles de classes.
7 Les laboratoires sont ....
8 La salle d'informatique se trouve .... une salle de classe et le CDI, ... du petit couloir.

à droite	entre	à côté	*rez-de-chaussée*	premier étage
en face	au fond	entre	au fond	à gauche

4 Posez ces questions à votre partenaire. Répondez aussi à ses questions. Si possible, ajoutez des détails supplémentaires. Écrivez vos réponses et apprenez-les par cœur.

Exemple : 1 Mon école est grande et se trouve en centre-ville. Elle est mixte.
1 Est-ce que ton école est grande ou petite et où se trouve-t-elle ?
2 Comment sont les salles de classes et où se trouvent-elles ?
3 Est-ce qu'il y a un CDI / une salle d'informatique / des laboratoires et où se trouvent-ils ?
4 Est-ce qu'il y a un terrain de sport / un gymnase / une piscine ?
5 Où est le réfectoire et il est comment ? Grand, confortable, petit… ?
6 Qu'est-ce qu'il y a d'autre ? Ajoutez deux détails de plus.

5 Travaillez en groupes de trois ou quatre. Écrivez une page web pour votre école.

Exemple : Mon collège est un collège mixte qui se trouve…

En Vol

A2.4 La vie au collège

★ **Parler de la vie dans un collège français**
★ **Les verbes irréguliers au présent [2] ; les verbes -*ir* et -*re* réguliers au deuxième et troisième personne ; *on***

Salut ! Ici Doria. Moi, j'ai quinze ans et je suis donc en troisième d'un grand collège ici à Paris. Ma sœur cadette Faïza qui a treize ans est en cinquième au même collège et mon frère de onze ans, lui, est en sixième.

Les cours commencent à sept heures quarante-cinq. Nous partons donc tous pour l'école à sept heures quinze. Ma sœur et moi, on met longtemps à choisir nos vêtements car on ne porte pas d'uniforme. On prend le métro parce que c'est pratique – on descend près du collège.

Une fois à l'école, je bavarde un peu avec des copains pendant qu'on attend le premier cours. J'aime la plupart de mes matières : j'en fais quatorze différentes. En général, les profs sont sympas et les leçons, intéressantes.

La récréation commence à dix heures et finit à dix heures quinze. Voici l'occasion de se défouler un peu. On se détend dans la cour s'il fait beau, sinon les élèves de troisième peuvent rester dans le réfectoire ou dans le CDI. Ma sœur me dit toujours « Ce n'est pas juste. Tu te rends dans le réfectoire pour la récré pendant que nous, les cinquièmes, devons rester dehors. » À midi, c'est la pause-déjeuner qui dure presque deux heures. On mange tous dans le réfectoire où l'on vend un bon choix de plats équilibrés. D'habitude on va dans la grande cour après mais ça dépend un peu du temps qu'il fait. Le mardi, il y a un atelier théâtre de treize heures à quatorze heures ; j'y vais régulièrement. Par contre, on ne part jamais en ville. On n'a pas le droit.

En troisième, nous avons deux heures de permanence par semaine quand on se rend au CDI pour étudier ou bien on lit. Ça, j'aime bien. Les surveillants, responsables de nous pendant la permanence, sont très cool. Les cours finissent à dix-sept heures et d'habitude, nous revenons chez nous vers dix-sept heures quarante.

1 Lisez le blog. Ensuite lisez les phrases ci-dessous et trouvez l'intrus chaque fois.

Exemple : 1a

1 Le frère et la sœur de Doria a) sont plus âgés b) vont au même collège
   c) quittent la maison à la même heure qu'elle.
2 Doria, Faïza et leur frère vont au collège a) ensemble b) en car c) à Paris.
3 D'habitude, Doria arrive au collège a) en retard b) en avance c) et parle avec
   des copains.
4 Dans le réfectoire, on a) peut choisir entre une variété de plats b) propose
   souvent du fastfood c) mange sain.
5 Pendant la pause-déjeuner, Doria va a) souvent dans la cour b) au théâtre en
   ville c) toujours dans le réfectoire.
6 La permanence a) ressemble au déjeuner b) est surveillée c) a lieu dans le CDI.

2 Vous allez entendre une interview avec Dominique, étudiant en troisième. Répondez aux questions en français. Il y a deux pauses dans l'interview. N'oubliez pas d'étudier les questions avant d'écouter.

Exemple : 1 des villages autour du collège

1 D'où viennent les élèves ?
2 Comment sait-on que Dominique est assez travailleur ?
3 Dominique passe combien d'heures au collège d'habitude ?
4 Pourquoi Dominique aime-t-il les cours de maths ?
5 Quelles autres matières mentionne-t-il ? [3]
6 Que peut-on faire pendant la pause-déjeuner ? Donnez deux détails. [2]
7 Qu'est-ce que Dominique n'aime pas au sujet de l'après-midi ?
8 Que fait-il après l'école ?

3 Les verbes irréguliers au présent. Regardez d'abord la section grammaire K3. Complétez les débuts et fins de phrase avec la forme correcte du verbe entre parenthèses. Ensuite reliez-les pour faire des phrases complètes.

Exemple : 1 viennent - F

1 Beaucoup d'élèves .... (*venir*)
2 Marc .... (*partir*) pour l'école très tôt le matin
3 Mes amis .... (*prendre*) tous le
4 Tu .... (*sortir*) pendant la pause-déjeuner ? À notre collège
5 Les professeurs .... (*dire*)
6 Je me .... (*distraire*) bien pendant la récréation mais
7 Ma sœur et moi .... (*prendre*) un bon
8 Les collégiens n'.......... (*écrire*) plus beaucoup

A nous .... (*pouvoir*) sortir ou rester dans le réfectoire.
B après, je me .... (*remettre*) vite au travail.
C bus, mais moi je .... (*devoir*) y aller à pied.
D et il .... (*revenir*) vers 18 h.
E toujours « Vous .... (*devoir*) y travailler plus dur ».
F du même village.
G parce qu'ils .... (*pouvoir*) se servir des ordinateurs.
H petit déjeuner. Nous .... (*boire*) toujours du lait.

4 Travaillez à deux. Faites votre propre émission de radio au sujet de votre école. Votre partenaire joue le rôle du intervieweur. Vous jouez le rôle d'un étudiant/d'une étudiante. Ensuite changez de rôles.

1 Quand commencent/finissent les cours ? Est-ce que c'est pareil en France ?
2 Les matières/les sports qu'on fait.
3 Les classes différentes, la quatrième année, etc. Sont-elles pareilles en France ?
4 Ce qu'on peut faire pendant la récréation/la pause-déjeuner.
5 Est-ce que les profs et les autres élèves sont gentils ?

5 Décrivez votre école. Comparez-la avec les collèges en France. Vous devez écrire 130-140 mots en français.

- Les cours – comment diffèrent-ils des / ressemblent-ils aux cours dans des écoles françaises ?
- i) Les matières / les sports / les clubs qu'on fait. Sont-ils pareils en France ?
  ii) Ce qu'on peut faire pendant la récréation / la pause-déjeuner.
- L'âge des étudiants, de onze à dix-huit ans, par exemple.
- Les professeurs sont comment ?
- Est-ce qu'on doit porter un uniforme ?

A3 Eating and drinking

Embarquement

A3.1 Les repas

- ★ **Décrire des repas typiques**
- ★ **Les articles partitifs, *du, de la* et *des* ; *beaucoup / peu de***

A

B

C

D

E

F

G

H

1 a Regardez les images. Choisissez la bonne lettre (A, B, C, D, E, F, G ou H) pour chaque phrase (1-8).

Exemple : 1 H

1 Mes grands-parents adorent manger du poisson avec de la salade.
2 Après le diner, mon père boit toujours un café.
3 Je bois toujours de l'eau avec mon déjeuner.
4 Ma sœur et moi, nous prenons un yaourt pour le petit déjeuner.
5 Mon meilleur ami, Marc, boit souvent du thé. Moi, je déteste ça – beurk !
6 Ma mère est en très bonne santé et mange beaucoup de fruits et de légumes.
7 Après l'école, je prends toujours un gouter – des tartines et un chocolat chaud.
8 Le soir, je mange souvent du poulet avec du riz. J'adore ça.

1 b Faites une liste des mots utiles de l'activité 1a et d'autres mots que vous connaissez au sujet des repas. Regardez dans un dictionnaire, si nécessaire. Traduisez-les dans votre langue.

Exemple : le poisson, la salade, le café, le thé…

2 Vous allez entendre six jeunes qui parlent de la nourriture. Pendant que vous écoutez les jeunes, mettez les photos de l'activité 1a dans l'ordre que vous les entendez.

Exemple : E, …

G

3 a Les articles partitifs, *du, de la* et *des, beaucoup de, peu de*. Regardez d'abord la section grammaire A5. Complétez les phrases avec un mot ou une expression dans la liste.

du	de la	de l'	des	de

Exemple : 1 du

1 Chez nous, on mange souvent .... poisson le soir.

2 Je bois toujours .... eau mais mon frère boit beaucoup .... boissons sucrées.

3 En France on peut manger .... escargots.

4 En dessert il y a .... glace, ... gâteau ou bien .... fruits.

5 Ma mère a peu .... temps le matin. Elle ne mange pas mais boit .... café.

6 Quand je vais au restaurant, je prends .... steak-frites. Miam miam !

7 J'essaie de manger .... légumes régulièrement parce qu'ils sont bons pour la santé.

8 Quelquefois, mes amis et moi, nous mangeons .... pizza, mais pas souvent.

3 b Relisez les phrases de l'activité 1a. Combien d'exemples d'articles partitifs est-ce qu'il y a dans chaque phrase ?

Exemple : 1 : 2,... ;

 4 a Le son *y*. Écoutez cette phrase et séparez-en les mots. Répétez la phrase trois fois. Attention à la prononciation. Réécoutez pour vérifier. Répétez l'exercice. Traduisez la phrase dans votre propre langue. Apprenez la phrase par cœur.

Ledesserttypiqued'Yvesetd'Yvette,descyclistesduYorkshire,estunyaourtauxmyrtilles.

4 b Travaillez à deux. Lisez la phrase de l'activité 4a à tour de rôle. Qui peut dire la phrase le plus vite sans faire d'erreurs ?

 5 Posez ces questions à votre partenaire. Répondez aussi à ses questions. Pour vous aider, utilisez la case.

1 Qu'est-ce que tu manges d'habitude le matin ?

2 Qu'est-ce que tu manges d'habitude à midi et le soir ?

3 Qu'est-ce que tu bois d'habitude ?

4 Quel est ton repas préféré ?

5 Prends-tu du dessert ? Si oui, que prends-tu d'habitude ?

D'habitude	le matin à midi le soir pour le petit déjeuner pour le déjeuner pour le diner en dessert	je mange je bois je prends	du poulet / du poisson / du fromage / du lait / du café / du chocolat chaud / du thé / du jus d'orange. des pâtes / des légumes / des fruits / des tartines. de la pizza / de la glace. de l'eau.
Mon repas préféré, c'est... Je n'aime pas manger...	le petit déjeuner le déjeuner le diner du poulet avec du riz du poisson avec de la salade des pâtes / des lasagnes		parce que, c'est bon / délicieux / bon pour la santé. parce que c'est horrible / trop sucré / trop salé / mauvais pour la santé.

 6 Maintenant, écrivez environ 100 mots en français pour décrire ce que vous mangez typiquement pendant une journée.

A3.2 La nourriture d'ici et d'ailleurs

Décollage

★ **Donner votre avis sur la nourriture internationale**
★ **Les adjectifs irréguliers [1] ; les comparaisons**

Coucou, c'est **Malika**. Ici en Afrique du Nord, on mange bien. Personnellement, je suis végétarienne et mon repas préféré, c'est le couscous. La nourriture végétarienne est vraiment délicieuse et pas aussi grasse que le bœuf ou l'agneau. On mange aussi beaucoup de fruits frais chez nous. Cependant, j'ai horreur des boissons gazeuses.

Ici **Michel**. Au Canada, on a beaucoup de bons plats. Cependant, certains sont moins sains que d'autres. Mon plat préféré, c'est la pizza et les frites. C'est un peu gras et pire pour la santé que le poisson et la salade, par exemple, mais délicieux tout de même. Ma sœur mange plus sain que moi.

Ici **Mylène**. Moi, j'habite en France mais je mange souvent des plats internationaux parce que la cuisine étrangère est toujours plus originale que les plats français. J'aime en particulier les plats indiens, comme le curry au poulet, même s'ils peuvent être un peu piquants. Mes parents préfèrent les plats européens qui sont moins épicés.

C'est **Mandhora** de la Nouvelle-Calédonie. Chez moi on mange une grande variété de poissons, de légumes comme les patates douces et de fruits tels que les mangues. À mon avis la nourriture fraiche est meilleure que les plats préparés.

1 Lisez le blog au sujet de la nourriture. Ensuite classifier les aliments ci-dessous selon l'avis des bloggeurs. Écrivez 'P' s'ils ont un avis positif, 'N', s'ils ont un avis négatif ou '–' s'il n'est ni positif ni négatif.

Exemple : 1 P

Malika
1 La nourriture végétarienne
2 le bœuf
3 Les boissons gazeuses
Michel
4 La pizza

Mylène
5 La cuisine d'ailleurs
6 La cuisine européenne
Mandhora
7 Les mangues
8 Les plats préparés

2 Vous allez entendre une conversation entre quatre adolescents au sujet de leurs aliments préférés. Répondez aux questions en choisissant A, B, C ou D. N'oubliez pas de lire les questions avant d'écouter.

Exemple : 1 B

1 Selon Martin, quel aliment mexicain a beaucoup de gout ?
   a le ragout de bœuf
   b le poulet mexicain
   c les omelettes
   d les pommes de terre

2 Pourquoi Gaël n'aime-t-il pas la nourriture mexicaine ?
   a Il trouve que c'est trop gras.
   b Il est végétarien.
   c C'est trop gouteux.
   d Il n'aime pas le Mexique.

3 Que pense Martin de la nourriture chinoise ?
  a C'est aussi bon que la nourriture mexicaine.
  b Il préfère la nourriture mexicaine parce que c'est moins gras.
  c C'est trop sain.
  d Il adore ça et en mange souvent.

4 Que pense Sandrine des plats étrangers ?
  a Elle ne veut pas essayer des plats d'autres pays.
  b Elle trouve qu'ils sont trop épicés.
  c Elle adore la nourriture indienne.
  d Elle aime essayer les plats étrangers mais ne peut pas souvent le faire.

5 Quelle est la nourriture préférée de Michèle ? La nourriture…
  a indienne
  b chinoise
  c italienne
  d mexicaine

6 Sandrine pense que la cuisine
  a française est aussi bonne que la cuisine italienne.
  b italienne est meilleure que la cuisine française.
  c italienne n'est pas aussi bonne que la cuisine française.
  d française est meilleure que la nourriture de tous les autres pays.

3 Les adjectifs irréguliers ; les comparaisons. Regardez d'abord les sections grammaire B1 et B3. Complétez les phrases avec un comparatif (plus (+), moins (–) ou aussi (=)) et la forme correcte de l'adjectif entre parenthèses.

Exemple : 1 moins gouteuse
  1 Ma mère a horreur de la cuisine anglaise qu'elle trouve .... que la cuisine française. (*– gouteux*)
  2 J'adore la nourriture .... qui est .... que la nourriture mexicaine. (*italien, = délicieux*)
  3 Les plats .... sont souvent .... que les plats d'autres pays. (*indien, + original*)
  4 Je trouve la cuisine thaïe .... que la cuisine américaine. (*– gras*)
  5 Mes deux meilleures amies sont .... et sont .... saines que moi. (*végétarien, +*)
  6 La cuisine .... est souvent .... que la cuisine de votre pays. (*étranger, + bon*)
  7 La nourriture .... est .... que la nourriture préparée. (*frais, + savoureux*)
  8 Ce .... dessert est .... que l'autre. (*nouveau, – doux*)

4 Posez ces questions à votre partenaire. Répondez aussi à ses questions. Si possible, ajoutez des détails supplémentaires. Écrivez vos réponses et apprenez-les par cœur.
  • Quelle nationalité de cuisine préfères-tu ?
  • Pourquoi ?
  • Est-ce qu'il y a une cuisine que tu n'aimes pas ?
  • Pourquoi ?
  • À ton avis, quelle est la cuisine la plus saine ?

5 Décrivez ce que vous aimez manger et ce que vous n'aimez pas. Vous devez écrire 80-90 mots en français.
  • Dites si vous aimez la cuisine étrangère et pourquoi (pas).
  • Quel est votre plat préféré ? Pourquoi ? D'où vient-il ?
  • Comparez une cuisine étrangère à la cuisine de votre pays.
  • À votre avis, est-ce que la cuisine de certains pays est plus saine que la cuisine d'autres pays ? Pourquoi ? Donnez des exemples.

En Vol

A3.3 Manger équilibré

★ **Parler de ce qui constitue une alimentation équilibrée**
★ *Meilleur, pire, mieux ; des adjectifs irréguliers [2]*

Comment manger sain

Pour être en meilleure santé possible, avoir une alimentation équilibrée est extrêmement important, voire vital. Heureusement, manger bien est facile. Voici le guide essentiel d'une alimentation saine et variée.

Les aliments clés

Nous sommes nombreux à comprendre que certains aliments sont meilleurs pour la santé que d'autres. Cependant, comprend-on vraiment l'importance d'adopter un régime alimentaire varié ? Un repas idéal consiste en :

- un produit laitier, comme le lait, le fromage ou un yaourt, qui apporte du calcium
- une portion de viande, du poisson, des œufs, ou des céréales ou le soja si l'on est végétarien, des sources de fer
- matières grasses telles le beurre ou l'huile (celles d'origine végétale sont meilleures pour la santé)

- des fruits et des légumes, crus et cuits pour les fibres, les vitamines et les minéraux
- du pain, des pâtes ou des légumes secs, de bonnes sources d'énergie
- de l'eau pour hydrater

Manger un produit de chaque groupe d'aliments à chaque repas, par exemple, du poulet et des haricots verts avec une vinaigrette et du pain, un yaourt en dessert et de l'eau, est l'idéal.

Les aliments à consommer avec modération

Les bonbons sont pires pour la santé que les fruits. On doit éviter les produits trop sucrés, non ? Pas forcément, mais mieux vaut les consommer avec modération.

Pensez aussi à remplacer les aliments malsains par les choix qui sont meilleurs pour la santé. Par exemple, on peut choisir du chocolat noir au lieu du chocolat au lait, de l'eau ou un citron pressé au lieu des boissons gazeuses trop sucrées, des céréales au lieu d'un croissant, du poulet au lieu d'un hamburger.

Peut-on grignoter ?

Manger trois repas réguliers est beaucoup mieux que grignoter. Cependant, si vous avez vraiment faim entre les repas, vous devez choisir des noix ou un fruit au lieu d'une barre chocolatée ou des chips.

Bon appétit !

1 a Lisez le dépliant puis répondez aux questions en écrivant VRAI ou FAUX. Si l'affirmation est FAUSSE, corrigez-la selon le texte.

Exemple : 1 VRAI

1 Manger sain, c'est manger un peu de tout.
2 Un repas composé de fruits et de légumes est très sain.
3 La crème apporte du calcium.
4 Les légumes secs sont moins importants que les légumes frais.
5 Tous les aliments sont bons pour la santé.
6 Pour être en bonne santé, on ne doit jamais manger de bonbons.
7 C'est une bonne idée de substituer le coca à l'eau pétillante.
8 Grignoter n'est pas mauvais pour la santé si l'on choisit les bons aliments.

1 b Relisez le dépliant et faites une liste de nouveaux mots. Cherchez-les dans un dictionnaire et apprenez-les par cœur.

Exemple : laitier, …

2 Vous allez entendre deux jeunes qui décrivent leur régime alimentaire. Complétez les phrases avec un mot français choisi dans la liste.

Exemple : 1 saine

bonne	sain	difficile	moins	mauvaise	pires
saine	gouteuse	variété	la salade	grasse	variée
simple	bons	poulet	alimentation	frais	

Hélène n'est pas sure de ce qui constitue une alimentation **1**……… . La cuisine qu'elle préfère n'est pas **2**……… pour la santé. Selon Juliette, manger sain est **3**……… . Il s'agit de manger une **4**……… d'aliments différents, tels que le **5**……… , les haricots et du pain. Son frère, qui fait beaucoup de sport, a une alimentation **6**……… . Selon elle, ce n'est pas nécessaire d'éviter les aliments **7**……… sains comme les bonbons, mais on ne doit pas en manger trop. Bref, on doit faire de **8**……… choix.

3 *Meilleur, pire, mieux.* Regardez d'abord la section grammaire B3. Reliez les débuts et les fins de phrase.

Exemple : 1 d

1 Les pommes sont
2 Le petit bistrot est
3 L'eau représente un
4 Certains aliments sont
5 Mes parents ont vraiment envie d'être en
6 Mon frère mange rarement des légumes
7 Acheter des hamburgers est
8 Si l'on veut grignoter, les fruits sont

a pire qu'acheter du poisson.
b meilleurs que les barres chocolatées.
c meilleur choix que le coca.
d meilleures pour la santé que les biscuits.
e pires pour la santé que d'autres aliments.
f mieux que le resto fastfood.
g mais il mange mieux qu'avant.
h meilleure santé.

Relisez le dépliant page 28. Copiez les phrases qui contiennent *meilleur, pire* ou *mieux.* Ensuite traduisez-les dans votre langue.

Exemple : Certains aliments sont meilleurs pour la santé que d'autres.

4 Travaillez à deux. Inventez un menu pour les gens qui veulent manger équilibré. Ensuite expliquez pourquoi vous avez choisi chaque plat. Est-ce qu'il y a des plats qui ne sont pas compris ? Pourquoi ? Pensez aux points suivants :
- les différents groupes d'aliments
- les aliments sains – les fruits, les légumes…
- les aliments malsains – trop sucrés, trop gras…
- les aliments gouteux

5 Travaillez à deux. Présentez votre menu à la classe. Expliquez vos choix.

A4 Health and fitness

A4.1 Aïe, j'ai mal

Embarquement

★ **Dire ce qui va bien et ce qui ne va pas**
★ **Les expressions avec *avoir***

1 a Regardez les images. Choisissez la bonne lettre.

Exemple : 1 G

1 Elles ont toutes les deux mal au ventre.
2 Oh là. J'ai vraiment mal au dos. Je vais au lit.
3 Ma mère a de la fièvre. Elle a chaud, puis elle a froid.
4 Aïe. J'ai mal au bras. Je ne peux pas écrire.

5 Sophie a mal aux dents. Elle doit aller chez le dentiste.
6 J'ai mal à la tête et j'ai sommeil.
7 Mon frère a toujours mal à la gorge.
8 Ça ne va pas. J'ai envie de vomir.

(A)  (B)  (C)  (D)

(E)  (F)  (G)  (H)

1 b Faites une liste des mots utiles de l'activité 1a et d'autres mots que vous connaissez au sujet des maladies. Regardez dans un dictionnaire, si nécessaire. Traduisez-les dans votre langue.

Exemple : mal à la jambe, grippe…

2 a Vous allez entendre six dialogues au sujet des maladies. Copiez et remplissez la grille.

Qui ?	Qu'est-ce qui ne va pas ?
Alex	[2] mal à la tête ; de la fièvre
Jeanne	[3]
Denis	[2]
Olivier	[1]
Annie	[1]
Élodie	[1]
Simon	[2]

2 b Réécoutez les conversations. Maintenant, dites quelle est la conséquence pour chaque personne.

Exemple : Alex – ne peut pas aller au cinéma

3 a Les expressions avec *avoir*. Regardez d'abord la section grammaire K21. Reliez les débuts et les fins de phrase. Attention ! il y a trois fins de phrase de trop.

Exemple : 1 H

1	Solène a souvent	A	ai de la fièvre et j'ai envie de vomir.
2	Mon frère	B	avez de la chance d'être en forme. »
3	Aïe, j'ai	C	as l'air malade ! »
4	Ça ne va pas du tout ! J'	D	a mal à la jambe et il ne peut pas jouer au foot ce soir.
5	« Antoine, tu	E	mal au bras.
6	Ils n'	F	n'ai pas la forme.
7	Ma sœur et moi, nous	G	ont vraiment pas la forme.
8	« Vous	H	sommeil quand elle rentre de l'école.
		I	elle a froid.
		J	ont mal à la tête, tous les deux.
		K	avons tous les deux mal à l'estomac.

3 b Relisez les phrases de l'activité 1a. Trouvez des expressions avec *avoir*, copiez-les et traduisez-les dans votre langue.

Exemple : Elles ont toutes les deux mal au ventre.

4 Les sons è et ai. Écoutez cette phrase et séparez-en les mots. Répétez la phrase trois fois. Attention à la prononciation. Réécoutez pour vérifier. Répétez l'exercice. Traduisez la phrase dans votre propre langue. Apprenez la phrase par cœur.

C'estvraiquej'aisommeilainsiquedelafièvremaismonfrère,Romain,vatrèsbien.

5 Travaillez à deux pour faire un jeu de rôle. Choisissez le rôle A (un ami) ou le rôle B (vous). Un ami vous téléphone pour savoir si vous voulez sortir.

A Salut. Tu viens <u>en ville</u> cet après-midi ?

B Ah non. Ça ne va pas du tout. <u>J'ai mal partout</u>.

A <u>Partout</u> ? C'est affreux. Tu as mal <u>à la tête</u> ?

B Mais oui. J'ai <u>mal à la gorge</u> aussi.

A Ah, ce n'est pas bien. Tu as de la fièvre ?

B Oui. J'ai chaud et puis j'ai froid.

A Tu as peut-être la grippe.

B Oui, peut-être. <u>J'ai vraiment sommeil</u>.

A Je pense que tu dois aller chez le médecin.

B En fait, je vais <u>rester au lit</u>.

6 Maintenant, écrivez un courriel à un ami en français pour décrire ce qui ne va pas. Parlez d'au moins cinq choses qui ne vont pas bien.

Exemple : Salut Sébastien, Je ne vais pas bien…

Ça ne va pas du tout. J'ai mal partout. Je suis (vraiment) malade.	
J'ai mal	au ventre / au dos / au bras. à la tête / à la gorge / à la jambe. aux dents. à l'estomac.
J'ai	chaud / froid / sommeil / envie de vomir / de la fièvre / la grippe / la nausée.
Je suis fatigué(e).	

Décollage

A4.2 Chez le médecin

★ **Parler des symptômes**
★ **à + l'article défini ; l'interrogatif ;** *depuis* **+ le présent**

Monsieur le médecin – il est ici pour vous aider !

Sonia_006	Monsieur, pouvez-vous m'aider ? J'ai mal au genou, j'ai toujours sommeil et j'ai constamment faim. Pourquoi ne suis-je pas bien ?
M_Med	Dites-moi, Sonia, depuis quand avez-vous mal au genou ?
Sonia_006	Depuis deux semaines maintenant et ça m'énerve. Je suis très sportive. Comment est-ce que je peux faire du sport quand mon genou me fait mal ?
M_Med	Quand faites-vous du sport ?
Sonia_006	Tous les jours, normalement.
M_Med	Voilà le problème – vous devez simplement vous reposer un peu. Faire du sport, c'est bien mais on ne doit pas en faire trop !
Christian_200	Monsieur, je suis malade depuis le début de l'été, alors une semaine ! J'ai mal à la tête et à l'estomac. En plus, j'ai toujours soif et je n'ai jamais d'énergie.
M_Med	Dites-moi Christian, combien de verres d'eau buvez-vous par jour ?
Christian_200	Un verre. Je bois rarement de l'eau. Je préfère le café.
M_Med	C'est clair. Vous ne buvez pas assez d'eau. Être bien hydraté, c'est important, surtout en été quand il fait chaud.
Jérémy B	Docteur, j'ai mal partout – à la tête, aux jambes… En plus, je tousse et j'ai de la fièvre – un moment j'ai chaud, un autre, j'ai froid. Je n'ai pas faim depuis deux jours et j'ai envie de vomir.
M_Med	Jérémy, vous avez la grippe. Je vous conseille de rester au lit et surtout de boire beaucoup d'eau.

1 Lisez le forum santé et puis répondez aux questions en français.

Exemple : 1 Elle a mal au genou, elle a sommeil / est fatiguée et elle a toujours faim.

1 Quels sont les symptômes de Sonia ? [3]
2 Pourquoi Sonia est-elle frustrée ?
3 Que conseille le médecin ?
4 Que peut faire Christian pour se sentir mieux ?

5 Pourquoi ne peut-il pas boire uniquement du café ?
6 Pourquoi est-il malade depuis une semaine ?
7 Depuis combien de jours, Jérémy, ne veut-il pas manger ?
8 Pourquoi doit-il se reposer ?

2 Vous allez entendre trois personnes qui décrivent leurs symptômes à la pharmacienne. Écoutez puis décidez si chaque affirmation est vraie (V), fausse (F) ou pas mentionnée (PM).

Exemple : 1 F

1 La première femme est malade depuis une semaine.
2 Elle mentionne trois symptômes au total.
3 Le pharmacien dit qu'elle ne peut plus aller à la plage.
4 La femme doit prendre des médicaments.

5 L'homme a de la fièvre depuis une demi-heure.
6 Il aime faire du jardinage.
7 Le fils de la deuxième femme a mal à l'estomac.
8 Il a deux autres symptômes aussi.

3 *à* + l'article défini ; l'interrogatif. Regardez d'abord les sections grammaire A3 et E. Complétez les phrases avec un interrogatif dans la liste et la forme correcte d'*à* + l'article défini.

Exemple : 1 Pourquoi ; au

1 .... as-tu mal .... ventre ?
2 .... avez-vous mal .... oreille ?
3 Il a mal .... jambe. .... marche-t-il, alors ?
4 Ma mère a mal .... tête. Je dois acheter des comprimés. .... coutent-ils ?
5 .... ouvre la pharmacie ? J'ai mal .... gorge et j'ai besoin de pastilles.
6 .... tu as ? Tu as mal .... dents ?
7 .... se trouve le cabinet médical, s'il vous plait ? J'ai mal .... bras.
8 .... peut m'aider ? J'ai mal .... genou.

pourquoi	comment	à quelle heure	où
depuis quand	combien	qu'est-ce que	qui

4 Travaillez à deux pour faire un jeu de rôle. Choisissez le rôle B (vous) ou le rôle A (le médecin).

B (vous)
Vous vous sentez malade et vous êtes chez le médecin.
1 Saluez le médecin et dites que vous ne vous sentez pas bien.
2 Dites ce qui ne va pas.
3 Dites depuis combien de temps vous vous sentez malade.
4 (i) Dites <u>si vous avez d'autres symptômes et ce qu'ils sont</u>.
   (ii) Dites <u>depuis combien de temps vous avez ces symptômes</u>.
5 Remerciez le médecin.

A (le médecin) et B (vous)

A Bonjour. Comment est-ce que je peux vous aider ?
B 1
A C'est vrai que vous avez l'air malade. Qu'est-ce qui ne va pas ?
B 2
A Et depuis quand ne vous sentez-vous pas bien ?
B 3
A <u>Avez-vous d'autres symptômes aussi</u> ?
B 4 (i) + (ii)
A D'accord. Vous devez absolument <u>vous reposer un peu</u> et <u>voici une ordonnance</u>.
B 5
A Je vous en prie.

5 Écrivez un courriel pour dire à un copain ou une copine que vous vous sentez malade. Pensez aux points suivants :
- Vos symptômes.
- Depuis combien de temps vous avez ces symptômes.
- Si vous allez aller chez le médecin / à la pharmacie.

A4.3 Comment rester en forme

Décollage

> ★ **Dire ce que vous faites et ce que vous ne faites pas pour rester en forme**
> ★ **La négation ; les quantificateurs**

Êtes-vous en bonne forme ?

Vous n'êtes pas aussi sain que vous voulez l'être ? <u>Ne vous inquiétez pas</u> ! Il y a beaucoup de choses que vous pouvez faire pour être en meilleure forme possible. Notre guide vous montre ce que vous pouvez faire pour être en bonne forme comme Sandra et ce que vous ne devez pas faire si vous ne voulez pas être comme Maurice.

Sandra est en forme. Voici les raisons…

Il n'y a pas de gym près de chez elle mais Sandra fait beaucoup de sport. Le tennis au parc, le jogging … elle fait une activité physique tous les jours. Vous pouvez faire pareil.

Contrairement à <u>tant de</u> ses copains qui y vont en voiture ou en bus, Sandra va toujours au collège à pied ou à vélo, ce qui est meilleur pour la forme et pour l'environnement.

Au lieu de prendre <u>l'ascenseur</u> ou bien <u>l'escalier roulant</u>, Sandra prend toujours les escaliers, <u>une façon idéale</u> de faire de l'exercice. Bouger, c'est très important pour rester en forme.

Pour être en aussi bonne forme que Sandra, on doit manger sain aussi. Sandra mange trois repas équilibrés par jour et ne mange pas de sucreries. C'est pour ça qu'elle a <u>autant</u> d'énergie.

Contrairement à Sandra, Maurice n'est pas en forme et il y a beaucoup de raisons…

Maurice ne fait pas assez de sport. Il n'aime pas du tout ça et, extrêmement paresseux, il fait <u>très peu d</u>'exercice.

Son collège se trouve tout près de chez lui mais Maurice n'y va pas à pied. Il préfère y aller en voiture. Marcher, c'est trop fatigant et il n'aime pas ça. Il n'a simplement pas assez d'énergie.

Maurice a horreur des escaliers aussi et prend toujours l'ascenseur ou bien l'escalier roulant quand il va au <u>centre commercial</u>.

Au lieu de manger trois repas équilibrés par jour, Maurice adore le fastfood. Et il en mange trop ! En plus il mange beaucoup de sucreries entre les repas.

1 Lisez le guide puis reliez les débuts et les fins de phrase. Attention ! il y a trois fins de phrases de trop.

Exemple : 1 E

1 Les gens qui sont en mauvais santé
2 Il y a beaucoup de choses que
3 Sandra n'habite pas
4 Sandra a beaucoup de copains qui ne
5 Prendre les escaliers
6 Sandra a
7 Maurice
8 Maurice ne mange pas

A n'est pas aussi bon pour la santé que prendre les escaliers.
B près d'une salle de gym mais est très active tout de même.
C un bon régime alimentaire.
D vous ne devez pas faire si vous voulez être en forme.
E peuvent faire beaucoup de choses pour retrouver la forme.
F équilibré.
G ne bouge pas assez.
H vont pas au collège à pied.
I en très mauvaise santé.
J est mieux pour la santé que prendre l'ascenseur.
K mange sain.

2 a Vous allez entendre une interview avec deux jeunes au sujet de rester en forme. Écoutez la première partie une fois de plus. Dans chaque phrase il y a un détail qui ne correspond pas à l'extrait. Écrivez les mots justes en français.

Exemple : 1 peu

1 Le garçon passe *trop* de temps devant la télé.
2 Il *aime* les produits gras.
3 Il est *moins* sportif que sa sœur.
4 Sa sœur préfère *tchatter en ligne*.

2 b Maintenant réécoutez la deuxième partie. Répondez aux questions en français.

Exemple : 1 Il n'y a pas de salle de gym ou de piscine près de chez elle. Elle préfère lire ou regarder des DVD.

1 Pourquoi la fille ne fait-elle pas de sport ? [3]
2 Que propose l'expert comme exercice ? [3]
3 Que pense la fille de son alimentation ?
4 Que doit-elle faire ?

3 La négation et les quantificateurs. Regardez d'abord les sections grammaire C4.2 et F1. Complétez les phrases avec un adverbe de quantité dans la liste. Ensuite mettez les phrases au négatif.

Exemple : 1 beaucoup. Il n'y a pas beaucoup de gens qui font du jogging au parc le weekend.

1 Il y a .... de gens qui font du jogging au parc le weekend.
2 Le médecin dit que c'est .... bon pour la santé.
3 Il est .... sportif que son frère.
4 Mon petit frère mange .... de bonbons.
5 Aller à la gym coute .... cher.
6 Mes parents mangent .... bien.
7 Il est toujours .... fatigué.
8 Elle est .... paresseuse.

beaucoup	trop	très	aussi
excessivement	assez	extrêmement	trop

4 Posez ces questions à votre partenaire. Répondez aussi à ses questions. Si possible, ajoutez des détails supplémentaires. Écrivez vos réponses et apprenez-les par cœur.
- Fais-tu régulièrement du sport ? Sinon, pourquoi ?
- Vas-tu souvent au collège / en ville à pied ? Sinon, pourquoi ?
- Quelles autres activités physiques fais-tu ? Prends-tu les escaliers ou fais-tu le ménage, par exemple ?
- Qu'est-ce que tu manges pour rester sain ? Qu'est-ce que tu ne manges pas ?

5 Qu'est ce que vous faites et qu'est-ce que vous ne faites pas pour rester en forme ? Vous devez écrire 80-90 mots en français.
- Quels sports faites-vous ? Quand ?
- Comment allez-vous au collège ?
- Faites-vous d'autres activités physiques comme prendre les escaliers ?
- Que mangez-vous ou ne mangez-vous pas pour rester sain ?

En Vol

A4.4 Une vie saine

★ **Dire ce que c'est, mener une vie saine**
★ **Les verbes irréguliers au présent [3] ; les adverbes de fréquence**

Interview avec un jeune triathlète

Thomas Pagès, 17 ans, est un triathlète qui participe régulièrement à des triathlons en France et ailleurs. Voici son premier interview avec *Parlons du sport* où il nous explique comment il reste en si bonne forme.

PS : Thomas, dites-nous, qu'est-ce que vous faites pour rester en forme ?

TP : À mon avis, le plus important, c'est d'avoir un régime alimentaire très équilibré. Moi, je fais de l'exercice tous les jours et j'ai donc besoin de beaucoup d'énergie. Par conséquent, je fais toujours très attention à ce que je mange.

PS : C'est-à-dire que vous ne mangez jamais trop de sucreries ou de matières grasses ?

TP : Il s'agit plutôt de manger trois repas par jour qui comprennent des aliments de tous les groupes alimentaires, de la viande, des légumes, du pain…, et de boire de l'eau. Je connais plein d'autres sportifs qui boivent souvent des boissons sucrées mais, à mon avis, boire de l'eau est beaucoup mieux.

PS : Parlez-nous un peu de votre routine quotidienne.

TP : Tous les matins, je me lève tôt mais d'habitude je dors huit heures par nuit tout de même, ce qui est important pour la santé. Je prends toujours un bon petit déjeuner avant de faire deux heures d'entrainement – de la course à pied, du cyclisme et de la natation. Heureusement, mon école se situe en face du centre sportif et je vais donc régulièrement à la piscine à midi pour faire cinq kilomètres en crawl. Quelquefois, si j'ai le temps, je cours sur un tapis roulant aussi. C'est pratique car la salle de gym est à côté de la piscine. Après l'école, je vais toujours à la salle de gym où je fais de la musculation et ensuite je fais du jogging.

PS : Avez-vous le temps de vous détendre ?

TP : En ce qui me concerne, faire du sport représente une façon idéale de se détendre. Cependant, tous les soirs quand je rentre chez moi, je regarde un peu la télé ou je lis.

1   a   Lisez l'interview puis répondez aux questions en français.

Exemple : 1 Il participe à des triathlons.

   1 Pourquoi Thomas doit-il rester en forme ?
   2 Quelle est la conséquence de ne pas manger sain, selon Thomas ?
   3 Qu'est-ce que c'est une alimentation saine, selon Thomas ? [2]
   4 À part un bon régime alimentaire et le sport, qu'est-ce qui est important pour rester en forme ?
   5 Pourquoi certains sportifs ne sont-ils pas en santé excellente, selon Thomas ?
   6 Quels sports fait Thomas pour s'entrainer à midi ? [2]
   7 Pourquoi ne court-il pas dehors sur la piste à midi ?
   8 Que fait-il pour se détendre ? [3]

1 b Relisez l'interview et faites une liste de nouveaux mots. Cherchez-les dans un dictionnaire et apprenez-les par cœur.

Exemple : triathlète, …

2 Vous allez entendre deux jeunes qui parlent d'être en bonne forme. Lisez les affirmations ci-dessous et choisissez la bonne personne/les bonnes personnes chaque fois. Écrivez Z pour Zoé, C pour Céline, S pour la sœur de Céline.

Exemple : 1 C

Qui…
1 mange mieux le matin maintenant ?
2 va souvent à la piscine ?
3 apprend un nouveau sport ?
4 fait du sport le samedi après-midi ?
5 n'aime pas le citron pressé ?
6 est la plus sportive des trois ?
7 fait des tâches ménagères ?
8 va rester tard au lit le lendemain ?

3 a Les verbes irréguliers au présent ; les adverbes de fréquence. Regardez d'abord les sections grammaire C4 et K3. Complétez les phrases avec la bonne forme du verbe entre parenthèses et un adverbe de fréquence dans la liste. Choisissez un adverbe de fréquence différent chaque fois.

Exemple : 1 boivent, souvent
1 Certains jeunes (*boire*) .... des boissons sucrées.
2 Vous (*faire*) ....du sport ?
3 Ma mère (*prendre*) .... un bon petit déjeuner.
4 .... je (*dormir*) huit heures par nuit.
5 Je (*boire*) du café ....
6 Mon père et moi, nous (*aller*) à la piscine ....
7 Tu (*savoir*) nager ? Moi je nage ....
8 .... , il (*faire*) de la course à pied.

souvent	régulièrement	d'habitude
toujours	rarement	tous les matins
une fois par semaine	de temps en temps	

3 b Relisez l'interview. Trouvez des exemples de verbes irréguliers au présent et d'adverbes de fréquence. Copiez-les et traduisez-les dans votre langue.

Exemple : dites-nous

4 Travaillez à deux. Préparez une présentation sur ce que c'est, mener une vie saine. Ensuite faites une présentation devant la classe. Pensez aux points suivants :
- ce qu'on mange
- les sports qu'on fait
- combien de fois par semaine on fait de l'exercice
- les autres activités physiques qu'on fait
- la détente

Exemple : Les jeunes qui veulent rester en bonne forme mangent…

5 Écrivez maintenant une page web pour des jeunes qui veulent savoir comment vivre sainement.

Vocabulaire

A1.1 Là où j'habite

affreux (affreuse)
l'adresse (f)
ancien(ne)
l'appartement (m)
la banlieue
beau (belle)
le bord de la mer (au bord de la mer)
la campagne (à la campagne)
le centre commercial
le centre-ville

la cité
le désert
le domicile
la ferme
habiter
individuel(le)
industriel(le)
jumelé(e)
le magasin
la maison

moderne
la montagne (à la montagne)
le quartier
la région
se situer
touristique
typique
typiquement
la ville
le village

A1.2 C'est comment chez toi ?

le balcon
le bureau
la cave
la chambre
charmant(e)
clair(e)
le confort
confortable
la cuisine
derrière

donner sur
énorme
équipé(e)
l'escalier (m)
l'étage (à l'étage) (m)
le garage
le grenier
horrible
le jardin
joli(e)

laid(e)
magnifique
la pièce
la piscine
le rez-de-chaussée
la salle à manger
la salle de bains
le séjour
sombre
la vue

A1.3 Chez moi, je...

discuter
le DVD
écouter de la musique
ensemble
envoyer des e-mails
faire les devoirs
faire la vaisselle
jouer aux jeux vidéo
jouer de la guitare

parler à quelqu'un
le piano
pratique
préparer le diner
manger
mitoyen(ne)
rarement
regarder la télé
se relaxer

réparer
se reposer
se servir de
seul(e)
surfer sur Internet
sympa
télécharger de la musique
téléphoner à des copains
la télévision

A1.4 Dans ma chambre, il y a...

les affaires (f)
l'affiche (f)
l'ampoule (f) électrique
l'armoire (f)
à côté de
au dessus
au dessous
bien rangé(e)
la chaise
les choses (f)
le coussin

dans le coin
en face de
en désordre
derrière
devant
entre
l'étagère (f)
le fauteuil
la lampe
la moquette
le mur

l'ordinateur (m)
le papier peint
la peinture
le poster
le rideau
sous
sur
le tapis

A2.1 À dix heures j'ai maths

l'allemand (m)
l'anglais (m)
l'art (m)
la bibliothèque
la biologie
commencer
un cours
le déjeuner
le dessin
le dimanche
éducatif (éducative)
l'éducation (f) physique et sportive (EPS)

encourager
l'espagnol (m)
étudier
finir
le français
l'histoire-géo (f)
l'informatique
le jeudi
les langues (f) vivantes
le lundi
le mardi
les maths (f)

le mercredi
la permanence
la physique-chimie
le programme
la récréation
la religion
le samedi
les sciences (f)
la technologie
le vendredi

A2.2 Ma journée à l'école

s'appeler
apprendre
le/la camarade
la classe
commencer
se coucher
le début
se dérouler
se détendre
se disputer

se distraire
se doucher
la durée
durer
l'école (f)
l'emploi (m) du temps
s'ennuyer
finir
s'habiller
la journée

se laver
se laver les dents
une leçon
se lever
se mettre à
la pause
la rentrée
se réveiller
scolaire

A2.3 Mon école

le bâtiment
la bibliothèque
le bourg
le bureau
la cantine
le centre de documentation et
    d'information (CDI)
le centre sportif
le collège
le couloir
la cour

le directeur
la directrice
à droite de
le foyer
à gauche de
le gymnase
le laboratoire
le lycée
mixte
neuf (neuve)
la piscine

près de
la réception
le réfectoire
la salle de classe
la salle d'informatique
la salle des professeurs
le terrain de sport
tout droit
le vestiaire

A2.4 La vie au collège

un atelier (théâtre)
attendre
bavarder
cadet(te)
la cinquième
se défouler
descendre
l'élève (m/f)
l'examen (m)

l'exemple (m)
se fatiguer
la matière
le métro
pénible
se rendre
la responsabilité
en retard
la sixième

le sport
le surveillant
terminer
la troisième
l'uniforme (m)

A3.1 Les repas

la baguette
boire
le café
le chocolat chaud
le déjeuner
délicieux (délicieuse)
le diner
l'eau (f)
l'escargot (m)
les fruits (m)
le gouter

le jus d'orange
le lait
les légumes (m)
les lasagnes (f)
manger
la mousse au chocolat
le petit déjeuner
le piquenique
le plat à emporter
le plat principal
le poisson

le poulet
le riz
sain(e)
la salade
salé(e)
le saumon
sucré(e)
les tartines (f)
le thé
le yaourt

A3.2 La nourriture d'ici et d'ailleurs

la boisson
le couscous
la cuisine
le curry au poulet
épicé(e)
étranger (étrangère)
européen(ne)
les frites
frais (fraiche)

le fruit
le gout
gouter
gouteux (gouteuse)
gras(se)
les légumes
nourrir
la nourriture
l'omelette (f)

original(e)
piquant(e)
la pizza
le plat
les plats (m) préparés
savoureux (savoureuse)
thaï(e)
la variété
végétarien(ne)

A3.3 Manger équilibré

adopter
une alimentation équilibrée
avoir faim
le beurre
le bonbon
les chips
le choix
la crème
cru(e)
cuit(e)
différent(e)(s)

éviter
la faim
le fastfood
le hamburger
les haricots (m) verts
l'huile (f)
l'idéal (m)
maigrir
les matières grasses
le minimum
le pain

les pâtes (f)
un produit laitier
recommander
un régime
régulier (régulière)
le riz
la santé
varié(e)
végétal(e)
la vinaigrette
le yaourt

A4.1 Aïe, j'ai mal

aller mieux
avoir chaud
avoir envie (de vomir)
avoir faim
avoir froid
avoir mal
avoir soif
avoir sommeil
en bonne forme
le bras

la dent
le/la dentiste
le docteur
le dos
enrhumé(e)
l'estomac (m)
la fatigue
fatigué(e)
la fièvre
la forme

la gorge
la jambe
la grippe
malade
la maladie
mal au cœur
le médecin
se plaindre
la tête
le ventre

A4.2 Chez le médecin

combien	le médicament	qu'est-ce que
comment	la nausée	qui
le comprimé	l'œil (*m*)	le repos
un coup de soleil	l'ordonnance (*f*)	saigner
depuis	où	souffrir
le genou	partout	le symptôme
grave	piquer	la température
guérir	une piqure (d'insecte)	tousser
longtemps	pourquoi	la toux
malheureusement	quand	

A4.3 Comment rester en forme

actif (active)	extrêmement	pareil(le)
l'activité (*f*)	la façon	paresseux (paresseuse)
l'ascenseur (*m*)	falloir	peu
bouger	fatigant(e)	à pied
le corps	le foot	le rugby
danser	le gymnase	la salle de gym
l'énergie (*f*)	s'inquiéter	sportif (sportive)
les escaliers	*le jogging*	le tennis
l'escalier roulant	marcher	très
excessivement	la natation	trop
l'exercice (*m*)	le parc	

A4.4 Une vie saine

alimentaire	la détente	le/la participant(e)
l'alimentation (*f*)	d'habitude	la piste
l'athlète (*m/f*)	l'entrainement (*m*)	quotidien(ne)
l'attention (*f*)	s'entrainer	représenter
l'avis (*m*)	la fois (…fois par semaine)	la routine
avoir bonne mine	fumer	*le/la triathlète*
comprendre	l'habitude (*f*)	
courir	*se muscler*	
la course à pied	*la musculation*	
le cyclisme	participer	

Décollage

Bienvenue chez... Mamadou

Salut ! Moi, je m'appelle Mamadou et je suis collégien dans un petit village au Sénégal. On est huit dans ma famille et nous habitons tous dans une petite maison.

Chaque matin, je me lève à six heures et demie, je me lave et je m'habille tranquillement. Ensuite, vers sept heures et demie, je prends le petit déjeuner. D'habitude, je prends du pain. Mon école se trouve à cinq minutes de chez moi et alors j'y vais à pied. Ici, les cours ne commencent pas à une heure fixe car certains élèves habitent beaucoup plus loin et on les attend. À l'école, on parle tous le français, mais chez nous, on parle un dialecte qui s'appelle le wolof.

On a quatre cours par jour qui durent tous deux heures. Moi, j'étudie les maths, les sciences, le français, l'histoire, la géographie, l'EPS et l'art. Ma matière préférée c'est les sciences car plus tard, j'aimerais être médecin. Dans ma classe, il y a cinquante élèves. C'est beaucoup mais il y a assez de place. Les cours finissent à environ dix-sept heures et alors je rentre chez moi. Avant de manger, je joue un peu au basketball avec mes amis ou bien on fait de la musique. C'est ma mère et ma grand-mère qui préparent à manger, d'habitude du riz et de la viande ou du poisson. Mon plat préféré, c'est le thiéboudienne, du poisson avec des herbes, du riz et des légumes. On mange toujours par terre et on partage tous un plat.

Souvent, j'ai des devoirs à faire le soir. Mon frère, Moustapha, lui, est plus jeune et va toujours à l'école primaire qui se situe tout près de chez nous aussi. Lui, il a cours tous les matins mais seulement deux après-midi par semaine. Il a donc plus de temps libre que moi et va souvent à la pêche, l'après-midi, ou bien il joue au foot avec ses copains.

1 Lisez l'article puis répondez aux questions en écrivant VRAI ou FAUX. Corrigez les cinq affirmations qui sont fausses.

1 Mamadou va à un lycée au Sénégal.

2 Il doit se dépêcher le matin.

3 Les autres élèves du collège viennent tous du village aussi.

4 Mamadou est bilingue.

5 Mamadou sait déjà ce qu'il veut faire à l'avenir.

6 Après être rentré, il aide souvent sa mère à cuisiner.

7 La famille mange ensemble autour de la grande table.

8 Ils habitent près de l'eau.

2 Voici des informations sur le musicien sénégalais, Youssou N'Dour. À vous de les mettre en ordre chronologique !

1 *Le Super Étoile* connait du succès et à l'âge de 35 ans, N'Dour a déjà son propre studio d'enregistrement.

2 En 1994, il chante avec la chanteuse suédoise, Neneh Cherry. Leur chanson, *7 seconds* est très populaire.

3 Youssou N'Dour nait en 1956 à Dakar au Sénégal.

4 Huit ans après la Coupe du Monde, N'Dour joue le rôle d'un esclave dans le film *Amazing Grace*.

5 À l'âge d'onze ans il commence à chanter et fait bientôt parti du groupe *Star Band*.

6 Aujourd'hui, il est un homme d'affaires très bien respecté et l'un des musiciens les plus célèbres de Sénégal.

7 Il quitte *Star Band* et crée son propre groupe, *Étoile de Dakar* et alors trois ans plus tard, *Le Super Étoile*.

8 Quatre ans après le succès de *7 seconds*, il compose l'hymne de la Coupe du Monde de football, *La Cour des Grands*. Il la chante avec la Belge, Axelle Red.

3 Lisez les informations sur le Sénégal. Reliez les titres (A-D) aux paragraphes (1-4).

Fiche info

Le Sénégal

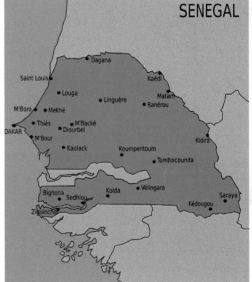
SENEGAL

1 Le Sénégal, un pays d'environ 13.7 millions d'habitants, se trouve dans l'ouest de l'Afrique. En fait sa capitale, Dakar, est la ville la plus à l'ouest de l'Afrique. Voici un pays vraiment ensoleillé avec plus de 3 000 heures de soleil par an !

Le paysage sénégalais est varié, du désert dans le nord aux forêts denses dans le sud-ouest, où le climat est tropical, sans oublier bien sûr les lacs salés à la savane. Il y a quatre fleuves qui traversent ce pays : le fleuve Sénégal dans le nord, le fleuve Casamance dans le sud, le Gambie et le Saloum.

2 La langue officielle du Sénégal, c'est le français. Et c'est cette langue que parlent les élèves à l'école. Il y a aussi six langues nationales : le wolof, le pulaar, le sérère, le mandingue, le soninké et le diola.

3 Les Sénégalais sont vraiment accueillants et respectueux. Ils disent bonjour à tout le monde, même les gens qu'ils ne connaissent pas. Saviez-vous qu'en plus de la musique, ils adorent la lutte sénégalaise, sport où il faut faire tomber son combattant ? Ce sport est aussi populaire au Sénégal que le foot.

4 Les Sénégalais mangent par terre. Ils utilisent leur main droite et partagent tous un plat commun. Un repas typique ? Du riz avec des légumes et de la viande ou du poisson.

A les langues   **C** la géographie
B les gens   **D** les repas

Magazine

Qu'on mange bien en Bretagne !

Située dans le nord-ouest de la France, la Bretagne est connue pour ses belles plages sauvages, ses petits villages fleuris et la langue bretonne. Cependant si vous visitez ce coin de la France, il faut absolument essayer les spécialités gastronomiques qu'il a à offrir.

Vous aimez manger sain ? Dirigez-vous vers un restaurant de fruits de mer. Bon nombre de villes et villages bretons sont au bord de la mer. Vous allez donc y trouver des fruits de mer et du poisson très frais. Du crabe, des crevettes, le homard… vous pouvez tout gouter et c'est délicieux. Les moules et les huitres sont particulièrement populaires en Bretagne, de la baie du Mont-Saint-Michel au golfe du Morbihan. Les moules marinières sont proposées par tous les restaurants en été. Sinon, il y a des coquilles Saint-Jacques qui, elles, aussi sont à gouter.

Si vous êtes en vacances et vous ne voulez pas manger trop sain, il y a bon nombre de spécialités bretonnes qui vont vous intéresser. Les crêpes et les galettes sont peut-être les spécialités les plus connues de Bretagne. Rares sont les gens qui passent du temps là-bas sans manger dans une des nombreuses crêperies. D'habitude on prend une galette pour le plat principal suivi d'une crêpe en dessert. Pas aussi saines que les fruits de mer, elles sont tout de même délicieuses.

N'oubliez surtout pas de gouter le célèbre far breton aux pruneaux. Très sucré et plein de beurre, ce n'est pas sain… du tout. Mais en manger un peu de temps en temps, ça va. Le Kouign aman, une sorte de gâteau breton qui vient de Douarnenez, ville dans le Finistère est, lui aussi, fait du farine, du beurre et du sucre. Comme le far breton, il n'est pas bon pour la santé, mais il faut vraiment le gouter !

En ce qui concerne les boissons, la Bretagne a, depuis 2002, son propre cola, le Breizh Cola qui devient de plus en plus populaire chez les Bretons.

Alors, si jamais vous vous trouvez en Bretagne, prenez le temps d'essayer ces spécialités.

---

1   Lisez l'article et puis répondez aux questions en français.

1 Pourquoi les fruits de mers en Bretagne sont-ils bons ?

2 Quel plat êtes-vous sûr(e) à trouver dans les restaurants bretons en été ?

3 Pourquoi les visiteurs en Bretagne mangent-ils dans les crêperies ?

4 Quel est un désavantage de manger des crêpes ?

5 Quels sont deux ingrédients du far breton aux pruneaux ?

6 En quoi le Kouign amann ressemble-t-il au far breton ?

7 De quelle ville bretonne vient le Kouign amann ?

8 Pourquoi les Bretons boivent-ils maintenant moins de cola américain ?

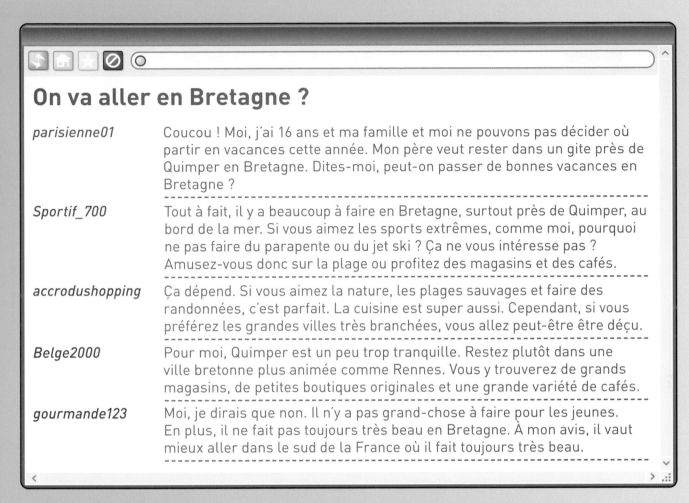

On va aller en Bretagne ?

parisienne01
Coucou ! Moi, j'ai 16 ans et ma famille et moi ne pouvons pas décider où partir en vacances cette année. Mon père veut rester dans un gite près de Quimper en Bretagne. Dites-moi, peut-on passer de bonnes vacances en Bretagne ?

Sportif_700
Tout à fait, il y a beaucoup à faire en Bretagne, surtout près de Quimper, au bord de la mer. Si vous aimez les sports extrêmes, comme moi, pourquoi ne pas faire du parapente ou du jet ski ? Ça ne vous intéresse pas ? Amusez-vous donc sur la plage ou profitez des magasins et des cafés.

accrodushopping
Ça dépend. Si vous aimez la nature, les plages sauvages et faire des randonnées, c'est parfait. La cuisine est super aussi. Cependant, si vous préférez les grandes villes très branchées, vous allez peut-être être déçu.

Belge2000
Pour moi, Quimper est un peu trop tranquille. Restez plutôt dans une ville bretonne plus animée comme Rennes. Vous y trouverez de grands magasins, de petites boutiques originales et une grande variété de cafés.

gourmande123
Moi, je dirais que non. Il n'y a pas grand-chose à faire pour les jeunes. En plus, il ne fait pas toujours très beau en Bretagne. À mon avis, il vaut mieux aller dans le sud de la France où il fait toujours très beau.

2 Mettez-vous au défi. Pouvez-vous lier chaque sujet breton à la bonne définition ?

1 Mam Goz
2 Gwen ha du
3 Les gwerziou
4 Les fest-noz
5 Les Tonnerres de Brest
6 Le gallo
7 Le gouren
8 Mat en traoù ?

A C'est le drapeau breton qui a été créé en 1925 par le Breton Morvan Marchal.

B C'est un personnage célèbre dans toute la Bretagne qui ressemble à une grand-mère bretonne et qui fait rire.

C C'est la langue parlée dans l'est de la Bretagne.

D Cet évènement où les bateaux traditionnels et plus modernes se rassemblent à Brest est important au monde de la mer. Il a lieu tous les quatre ans et attire de nombreux visiteurs.

E C'est « Comment ça va ? » en breton.

F Voici des chansons bretonnes qui racontent des histoires tristes ou historiques.

G C'est un sport pratiqué entre deux lutteurs. Le but ? Faire tomber votre combattant.

H Ce sont les fêtes qui ont lieu la nuit et qui sont devenues de plus en plus populaires en Bretagne. Elles attirent des milliers de danseurs, y compris des jeunes.

Décollage

Coin examen 1.1

Comment réussir à votre examen d'écoute

Dans votre examen, vous pourriez trouver trois types d'exercices d'écoute :

- choisir les affirmations vraies
- corriger l'information fausse
- questions en français

Deux types d'enregistrements possibles sont :

- des interviews
- des témoignages individuels

Stratégies générales pour l'audition

→ Lisez les questions avant d'écouter.
→ Prenez des notes pendant que vous écoutez.
→ Ne paniquez pas ! Vous entendrez l'enregistrement deux fois.

Choisir les affirmations correctes

1 Vous allez entendre, deux fois, quatre jeunes qui parlent de là où ils habitent. Pendant que vous écoutez les jeunes, cochez les cases (✓) si les affirmations sont vraies. Cochez seulement 6 cases (✓✓✓✓✓). Vous avez d'abord quelques secondes pour lire les affirmations.

Miryam   **Vrai**

  a   Miryam habite dans l'ouest de la France. ☐

  b   Miryam habite près d'une grande ville, Liège. ☐

  c   Miryam a un petit jardin. ☐

Kévin

  a   Il y a beaucoup de touristes dans la ville où habite Kévin. ☐

  b   Il aime assez son appartement. ☐

  c   Il aime manger dans le jardin. ☐

Catherine

  a   Catherine habite dans une petite maison individuelle. ☐

  b   La chambre de Catherine n'est pas bien rangée. ☐

  c   Elle va souvent à la plage. ☐

Olivier

  a   Olivier habite en centre-ville. ☐

  b   Il aime la région où il habite. ☐

  c   Sa maison est très grande. ☐

[Total : 6]

Corriger l'information fausse

→ Faites attention aux petits mots qui peuvent changer le sens d'une phrase.
→ Écoutez attentivement les noms, les numéros et les adverbes.
→ Si vous n'êtes pas certain(e), devinez la réponse en utilisant l'information que vous avez déjà.

2   Vous allez entendre deux interviews avec Stéphanie et Christine. Elles parlent de ce qu'elles font pour rester en forme. Il y a une pause après chaque interview. Dans chaque phrase ci-dessous il y a un détail qui ne correspond pas à l'extrait. Écoutez l'extrait et écrivez le(s) mot(s) juste(s) en français. Lisez d'abord les phrases.

Vous avez d'abord quelques secondes pour lire les questions.

1   Stéphanie trouve que la gym **est trop loin de chez elle**.   [1]

2   Elle nage **tous les jours**.   [1]

3   Elle trouve important de manger **deux** repas par jour.   [1]

4   Stéphanie mange **toujours des produits sains**.   [1]

5   Elle prend souvent des noix **pendant la récréation**.   [1]
[PAUSE]

6   Christine, ne fait ni jogging ni **équitation**.   [1]

7   Christine **prend parfois** l'ascenseur au lieu de l'escalier.   [1]

8   Son frère bouge **beaucoup**.   [1]

9   Elle mange **trois** repas équilibrés par jour.   [1]

[Total : 9]

Répondre aux questions en français

→ Avant l'examen, apprenez bien le vocabulaire des questions : *Où ? Quand ?* etc.
→ Donnez toutes les informations nécessaires pour répondre aux questions sans écrire tout ce que vous entendez.
→ N'oubliez pas – vous n'êtes pas obligé(e) d'écrire des phrases complètes quand ce n'est pas nécessaire.

3   Vous allez entendre deux conversations. Caroline et Matthieu décrivent ce qui ne va pas. Il y a une pause après chaque conversation. Pendant que vous écoutez les conversations, répondez aux questions en français. Vous avez d'abord quelques secondes pour lire les questions.

1   Depuis quand Caroline ne va-t-elle pas bien ?   [1]

2   Qu'est-ce qui ne va pas ?   [2]

3   Pourquoi Cléo pense-t-elle que Caroline est vraiment malade ?   [1]

4   Selon Cléo, que pourrait avoir Caroline ?   [1]

5   Depuis combien de temps Matthieu a-t-il mal au dos ?   [1]

6   Que fait-il pour se sentir mieux ?   [1]

7   Qu'est-ce qu'il fait d'habitude chaque semaine ?   [1]

8   Selon Cléo, pourquoi Matthieu a-t-il mal partout ?   [1]

[Total : 9]

Décollage

✈ Coin examen 1.2

Comment réussir à votre examen de lecture (1)

Dans votre examen, vous pourriez trouver trois types d'exercices de lecture :

- Choisir la bonne option.
- Répondre aux questions en français.
- Compléter les phrases.

Trois types de textes possibles sont :

- correspondance personnelle (courriels, lettres etc.)
- informations (annonces, dépliants etc.)
- témoignages individuels (journal intime, blog, forum etc.)

Stratégies générales pour la lecture

→ D'abord, lisez attentivement les instructions et le titre.
→ Pensez au genre de texte. Est-ce que c'est un dépliant, une lettre, un blog… ?
→ D'abord, lisez vite le texte pour comprendre l'essentiel.

Choisir la bonne option

- -

Salut Philippe !

Désolée mais je ne peux pas venir chez toi pour regarder des DVD ce soir. J'essaie depuis quelques semaines d'être en meilleure forme. Je joue donc au tennis au parc chaque vendredi soir maintenant. C'est super marrant, même si je suis nulle ! En plus, je vais au collège à pied depuis une semaine, au lieu de prendre le bus. Je dois, bien sûr, manger plus sain aussi et je ne mange donc plus de fastfood ou de sucreries. Je mange plutôt trois repas équilibrés par jour. J'ai beaucoup plus d'énergie.

À bientôt,

Margot

- -

1 Margot envoie un courriel à son ami Philippe. Lisez le texte attentivement. Cochez la bonne case.

1 Philippe

A		veut regarder des DVD.
B		veut jouer au tennis.
C		veut aller au parc. [1]

2 Margot

A		n'aime pas Philippe.
B		invite Philippe à jouer au tennis.
C		aime jouer au tennis. [1]

3 Elle va à l'école

A		en bus.
B		à pied.
C		en voiture. [1]

4 Margot

A		n'aime pas le fastfood.
B		doit arrêter de manger du fastfood.
C		ne mange pas de fastfood maintenant. [1]

5 Maintenant, Margot

A		se sent bien.
B		est toujours fatiguée.
C		mange seulement un repas par jour. [1]

[Total : 5]

Répondre aux questions en français

Salut Fabienne !

Me voilà à Saint-Antoine-l'Abbaye, petit village charmant dans les Alpes. Je reste avec des amis sympas de ma famille, Monsieur et Madame Moiret et leurs enfants, Jérémy, dix-neuf ans, Agathe qui a seize ans, comme moi, et Claire, treize ans. J'adore être à la montagne. Le paysage est vraiment magnifique et c'est beaucoup moins pollué ici qu'en ville. Si on veut sortir, on peut aller en ville. J'y vais souvent avec Agathe pour retrouver ses amis dans un des cafés.

Les Moiret habitent dans une jolie maison individuelle, typique de la région. Elle n'est pas très grande mais elle est charmante tout de même. Au rez-de-chaussée il y un séjour qui est assez petit mais confortable, une cuisine bien équipée et la chambre de Jérémy. Il n'y a pas de salle à manger alors la famille mange dans la cuisine. Au premier étage, il y a trois chambres et une salle de bains. La chambre d'Agathe est petite mais sympa avec des murs bleu clair et un balcon. Ils ont aussi un beau jardin, ce qui est super car il fait beau ici en ce moment et on passe beaucoup de temps dehors.

À bientôt,

Aurélie

2   Aurélie envoie un courriel à son amie Fabienne. Lisez-le puis répondez aux questions en français.

1	Où reste Aurélie dans les Alpes ?	[1]
2	Ils sont combien dans la famille Moiret ?	[1]
3	Qui a le même âge qu'Aurélie ?	[1]
4	Pourquoi Aurélie aime-t-elle la montagne ?	[2]
5	Où vont Aurélie et Agathe pour rencontrer des amis ?	[1]
6	Il y combien de pièces chez les Moiret ?	[1]
7	Qui dort au rez-de-chaussée ?	[1]
8	De quel couleur est la chambre d'Agathe ?	[1]
9	Où aime aller Aurélie quand il fait beau ?	[1]

[Total : 10]

Décollage

Coin examen 1.3

Comment réussir à votre examen de lecture (2)

Compléter les phrases

Mon collège

Ici David ! Mon collège se trouve en plein centre-ville. Ce n'est pas un collège moderne mais les salles de classes sont bien équipées. Les deux bâtiments principaux sont vieux mais beaux. La cour se trouve derrière le plus grand des bâtiments. À côté d'un deuxième bâtiment se situe le terrain de sport et le nouveau gymnase.

À l'entrée du grand bâtiment il y a la réception. C'est dans ce bâtiment que se trouvent la plupart des salles de classes et la salle d'informatique aussi. Le réfectoire se trouve dans le deuxième bâtiment.

J'aime bien mon collège.

1 a Travaillez à deux. Regardez la grille. Décidez si chaque mot est un verbe, un nom ou un adjectif.

Exemple : cour – nom

1 b Lisez les phrases ci-dessous. Quel genre de mot faut-il pour compléter chaque phrase ?

Exemple : 1 adjectif

> → Utilisez votre connaissance de la grammaire pour éliminer les options.
> → N'oubliez pas que les phrases sont dans le même ordre que le texte original.
> → Devinez la réponse si vous ne savez pas. Ne laissez jamais de blancs !

1 c Lisez le texte. Complétez les phrases avec un mot français choisi dans la grille.

cour	moderne	grands	petit
urbain	moches	réception	mange
ordinateurs	travaille		

1   Le collège de David est ………   [1]

2   Les bâtiments sont vieux mais ils ne sont pas ………   [1]

3   Le grand bâtiment donne sur la ………   [1]

4   Il y a beaucoup d'……… dans le grand bâtiment.   [1]

5   On ……… dans le deuxième bâtiment.   [1]

[Total : 5]

Répondre aux questions en français

Interview avec Jérôme

— Alors, Jérôme. Vous habitez en ville.

— Oui. J'habite avec ma mère à Lyon, grande ville dynamique dans le sud-est de la France. On habite dans un appartement tout près du centre.

— Vous aimez habiter en ville ?

— Oui, j'aime habiter en ville. Notre appartement est dans un quartier touristique et j'aime beaucoup l'ambiance, j'aime voir des touristes partout. Il y a aussi beaucoup de distractions – des magasins, des cafés, le cinéma…. Le seul problème, c'est que notre appartement est trop petit. On n'a pas de jardin et même pas de balcon.

— Vous n'aimez donc pas votre appartement ?

— Non. Il est vraiment très petit et plutôt moche. À côté d'un petit salon sombre se trouve la cuisine. C'est là qu'on mange parce qu'on n'a pas de salle à manger. Ensuite il y a la petite salle de bains et deux chambres, la chambre de ma mère et alors, ma chambre. Je n'aime pas ma chambre. Les murs sont violets et les rideaux blancs. En plus, c'est si petit que c'est toujours en désordre. La seule chose que j'aime c'est que de ma fenêtre je vois la vieille place, ce qui est très intéressant, surtout quand il y a un marché.

— Merci Jérôme.

2 a Lisez vite le texte et notez tous les adjectifs. Traduisez-les dans votre langue.

→ Regardez les questions. S'il faut décrire quelque chose ou quelqu'un, cherchez des adjectifs dans le texte. Ils peuvent vous aider à répondre à ces questions.
→ Faites attention ! Il peut y avoir des phrases négatives.
→ N'oubliez pas de donner le bon nombre de détails dans votre réponse !

2 b Jérôme parle de là où il habite. Lisez l'interview puis répondez aux questions en français.

1 Comment est la ville de Jérôme ? [2]

2 Pourquoi Jérôme peut-il faire facilement du shopping ? [1]

3 Pourquoi aime-t-il habiter en ville ? [2]

4 Quel est le seul inconvénient ? [1]

5 Comment est le salon ? [2]

6 Pourquoi sa chambre n'est-elle pas bien rangée ? [1]

7 Pourquoi aime-t-il regarder la place ? [1]

[Total : 10]

Embarquement

B1.1 Ma famille

> ★ **Décrire sa famille**
> ★ **Nom et âge**

1 a Quelles sont les personnes de sexe masculin et féminin ?

père	oncle	sœur	fils	fille
frère	tante	grand-mère	petite-fille	petit-fils
mère	grand-père	cousin	cousine	

1 b Regardez l'arbre généalogique de la famille Dupont et les images A-F. Comment s'appelle la personne concernée ? Il/Elle préfère quel animal ?

Exemple : 1 Elle s'appelle Lucie, A

    1 La mère de Liam a un chat.
    2 La cousine de Liam aime les animaux. Elle a un lapin.
    3 L'oncle de Lorraine a un cheval.
    4 La fille de Marie adore les souris.
    5 Le grand-père de Liam a des poissons rouges.
    6 Le fils de Lucie a un serpent chez lui.
    7 La sœur d'Henri a deux chats.
    8 Le demi-frère de Liam a deux lapins.

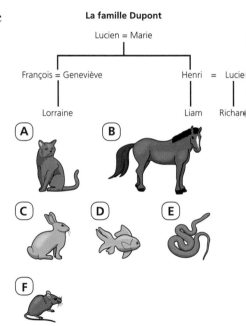

La famille Dupont

Lucien = Marie

François = Geneviève   Henri = Lucie

Lorraine   Liam   Richard

2 a Écoutez Louise qui nous parle de sa famille. Copiez la grille et complétez-la.

Liens de parenté	Âge	Animaux domestiques
1 Arthur – *demi-frère*	*15 ans*	*un lapin*
2 Emma –		
3 Christine –		
4 Lucas –		
5 Jackie –		
6 Nicole –		
7 Eliane –		
8 Stéphanie –		

2 b Ajoutez les mots que vous avez appris à votre liste de vocabulaire et apprenez-les.

3 Nom et âge. Regardez d'abord les sections grammaire K14 et K21. Copiez et complétez les phrases avec la forme correcte des verbes *s'appeler* et *avoir*.

Exemple : 1 Comment t'appelles-tu ? Quel âge as-tu ?

   1 Comment ....-tu ? Quel âge ....-tu ?
   2 Il .... Nathan. Il .... dix-neuf ans.
   3 Moi, j'.......... quinze ans.
   4 Je .... Henri.
   5 J'.......... un frère jumeau qui .... Max.
   6 J'.......... seize ans.
   7 Mon meilleur copain .... Jules. Il .... quatorze ans, comme moi.
   8 Comment .... ta meilleure copine ?

4 Voici la famille Tacussel. Ils ont tous des animaux domestiques différents. Inventez leurs noms, leurs âges et leurs animaux préférés. Posez des questions à questions d'une manière inventive.

La famille Tacussel

Exemple : Comment s'appelle le grand-père ? Il s'appelle Fred.

Quel âge a-t-il ? Il a quatre-vingts ans.

Quels sont ses animaux préférés ? Il aime les tortues.

5 Écrivez environ 100 mots pour décrire votre famille (le nom de chaque personne, les liens de parenté, l'âge de chacun, leurs animaux préférés). Si vous préférez, vous pouvez décrire une famille imaginaire. Pour vous aider :

Mon	père frère grand-père demi-frère	s'appelle...
Ma	sœur mère grand-mère demi-sœur	
Il / Elle	a .... ans.	
Il / Elle	adore	les chiens / les chats / les chevaux / les poissons / les lapins.

6 *Ch* comme *Charles a un chat*. Écoutez cette phrase et séparez-en les mots. Répétez-la trois fois. Attention à la prononciation. Réécoutez pour vérifier. Répétez l'exercice. Traduisez la phrase dans votre langue. Apprenez la phrase par cœur.

ChezluiCharlesaunchatetunchienquiestméchantmaissasœurCharlotteauncheval.

Décollage

B1.2 Comment sont-ils physiquement ?

★ **Décrire une personne physiquement**
★ **Des adjectifs possessifs (*mon, ton, son,...*) ; comment poser des questions**

Salut,

Comment ça va ? Moi, ça va bien.

Je t'envoie une photo de ma famille. Comme tu vois, on est cinq. À gauche, il y a mon père. Il s'appelle Gabriel. Il est assez grand et il porte des lunettes. C'est difficile à croire, mais il a cinquante ans maintenant. Il a les cheveux gris et il commence à les perdre. Il a cinq ans de plus que ma mère. Elle, elle est de taille moyenne et elle est mince. Son nom est Alice.

Ma sœur Emma est à côté de moi. Elle a quatorze ans et a de longs cheveux châtains. Elle a deux ans de moins que moi. On s'entend très bien tous les deux.

Enfin, il y a ma petite sœur qui s'appelle Juliette. Elle est la plus jeune de la famille. Elle va bientôt avoir neuf ans. Elle est sympa et très souriante.

Et toi, comment est ta famille ? Combien de frères et de sœurs as-tu ? Est-ce qu'ils sont plus jeunes ou plus âgés que toi ? Tu t'entends bien avec eux ?

Henri

1 Lisez la lettre d'Henri à son ami français. Regardez bien la photo et répondez aux questions 1 à 8 en français.

Exemple : 1 Henri va bien.

  1 Comment va Henri ?
  2 Nommez chaque personne de la photo (de gauche à droite).
  3 Quel est l'âge de chacune de ces cinq personnes ?
  4 De quelle couleur sont les cheveux d'Emma ?
  5 Faites la description physique du père d'Henri. [2]
  6 Faites celle de sa mère. [2]
  7 Qui s'entend particulièrement bien ?
  8 Quel aspect physique de Juliette le rend agréable ?

2 Écoutez Mathis et Romane parler de leurs copains et copines (Lucie, Zoé, Alice, Jules, Enzo, Sarah). Comment s'appellent les personnes A-F ?

Exemple : A Lucie

3 a Les adjectifs possessifs. Regardez d'abord la section grammaire B9. Copiez et complétez les huit phrases en choisissant l'adjectif possessif correct entre parenthèses.

Exemple : 1 Ma petite sœur ressemble beaucoup à mon père.

   1 .... petite sœur ressemble beaucoup à .... père. (*mon*, *ma*, *mes*)
   2 .... meilleures copines s'appellent Chloé et Lola. (*mon*, *ma*, *mes*)
   3 .... sœur est plus grande que .... frère. (*son*, *sa*, *ses*)
   4 Elle aime beaucoup .... amie Emma. (*son*, *sa*, *ses*)
   5 .... copains sont vraiment sympa. (*ton*, *ta*, *tes*)
   6 Comment sont .... amies ? (*son*, *sa*, *ses*)
   7 Est-ce que .... parents sont sympa ou sévères ? (*ton*, *ta*, *tes*)
   8 Je me confie toujours à .... mère. (*mon*, *ma*, *mes*)

3 b Comment poser des questions. Regardez d'abord la section grammaire E. Traduisez les questions à la fin de la lettre d'Henri dans votre langue. Référez-vous à l'exercice 1.

4 Écrivez des phrases qui décrivent une personne que vous connaissez bien, par exemple une célébrité, un acteur, une chanteuse. Donnez des détails sur cette personne (son nom, son âge, son animal préféré, sa description physique – la couleur de ses yeux et de ses cheveux…).

Exemple : Mon acteur préféré s'appelle Leonardo. Il est très beau…

5 a Écrivez des fiches aide-mémoire sur la personne que vous avez choisie.

Exemple : Sa description physique

Ses yeux et ses cheveux

Sa taille

Sa barbe et sa moustache

Mince et athlétique

Très beau

5 b Travaillez à deux. Utilisez vos fiches aide-mémoire pour faire une présentation d'une minute de la personne que vous avez choisie à votre partenaire. Concentrez-vous sur la prononciation. Apprenez les détails de cette personne par cœur. Puis, refaites votre présentation sans l'aide de vos fiches.

B1.3 Comment sont-ils de caractère ?

Décollage

★ **Décrire le caractère de quelqu'un**
★ **Les adjectifs irréguliers**

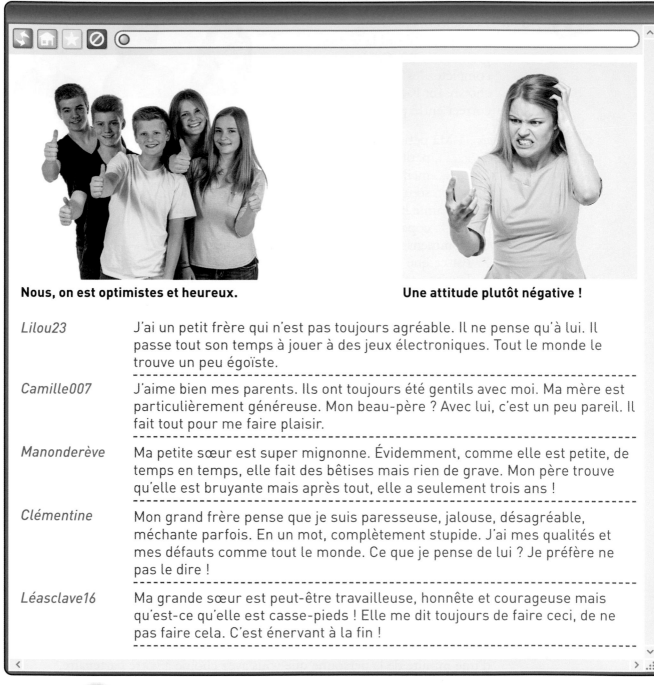

Nous, on est optimistes et heureux.

Une attitude plutôt négative !

Lilou23	J'ai un petit frère qui n'est pas toujours agréable. Il ne pense qu'à lui. Il passe tout son temps à jouer à des jeux électroniques. Tout le monde le trouve un peu égoïste.
Camille007	J'aime bien mes parents. Ils ont toujours été gentils avec moi. Ma mère est particulièrement généreuse. Mon beau-père ? Avec lui, c'est un peu pareil. Il fait tout pour me faire plaisir.
Manonderève	Ma petite sœur est super mignonne. Évidemment, comme elle est petite, de temps en temps, elle fait des bêtises mais rien de grave. Mon père trouve qu'elle est bruyante mais après tout, elle a seulement trois ans !
Clémentine	Mon grand frère pense que je suis paresseuse, jalouse, désagréable, méchante parfois. En un mot, complètement stupide. J'ai mes qualités et mes défauts comme tout le monde. Ce que je pense de lui ? Je préfère ne pas le dire !
Léasclave16	Ma grande sœur est peut-être travailleuse, honnête et courageuse mais qu'est-ce qu'elle est casse-pieds ! Elle me dit toujours de faire ceci, de ne pas faire cela. C'est énervant à la fin !

1 Lisez ces contributions à un forum de discussion sur les rapports familiaux. Est-ce que leurs rapports sont positifs (P), négatifs (N) ou positifs et négatifs (P+N) ? Tous décrivent un ou plusieurs membres de leur famille. Lesquels ?

Exemple : 1 Lilou23, N, son petit frère

2 a Vous allez entendre, deux fois, Louane, Jade, Théo et Nolan parler de leurs amis. Pendant que vous écoutez, identifiez les quatre affirmations qui sont vraies. Étudiez les affirmations avant d'écouter.

Exemple : VRAI : 2

1 Louise est trilingue, travailleuse et intelligente.
2 Elle vient d'un pays nord-africain.
3 Francine a un caractère changeant.
4 Au collège, Francine est sérieuse et travailleuse.
5 Certains aspects du caractère de Clément sont plutôt négatifs.
6 Théo est assez paresseux.
7 Céline est quelqu'un d'optimiste.
8 Nolan aime Céline d'amour, pas seulement d'amitié.

2 b Réécoutez la conversation. Corrigez les phrases fausses de l'exercice 2a.

Exemple : 1 Louise est bilingue.

3 a Les adjectifs irréguliers. Regardez d'abord les sections grammaire B1 et B2, puis copiez et complétez les phrases, en écrivant les adjectifs correctement. Attention à la position de l'adjectif !

Exemple : 1 Alice est ma meilleure copine.

1 Alice est ma copine (*meilleur*).
2 Ma sœur est vraiment (*paresseux*).
3 Son amie est très (*mignon*).
4 Est-ce que tes parents sont (*gentil*) ?
5 Ils ont des attitudes envers tout (*négatif*).
6 Ma mère est une personne (*généreux*).
7 Sa copine s'appelle Lucie (*nouveau*).
8 Moi, je la trouve (*jaloux*).

3 b Faites la liste des 15 adjectifs qui décrivent la personnalité dans le forum de discussion (exercice 1) et traduisez-les dans votre langue.

4 Travaillez à deux. Posez ces questions à votre partenaire au sujet de ses ami(e)s.
● Comment s'appellent tes copains/copines ?
● Tu as un(e) meilleur(e) ami(e) ?
● Comment est-il/elle physiquement ?
● Et de caractère ?
● Quels sont les aspects de sa personnalité que tu aimes/n'aimes pas ?

Préparez vos réponses aux questions de votre partenaire. Dites-les à haute voix. Corrigez la prononciation et les fautes de grammaire de votre partenaire. Apprenez vos réponses par cœur.

5 Écrivez 80-90 mots en français sur deux membres de votre famille ou deux de vos ami(e)s. Mentionnez :
1 leur nom et leur âge
2 leur animal domestique préféré
3 leur apparence physique
4 leur caractère

En Vol

B1.4 Les rapports avec les autres

> ★ **Expliquer si on s'entend avec les autres ou non**
> ★ **Les verbes _s'entendre avec_ et _se disputer_ ; _moi, toi, lui, elle_**

Salut Ahmed,

Dans ta dernière lettre, tu me demandes si j'ai de bons ou de mauvais rapports avec ma famille. Eh bien, bons avec certains, mais pas avec tous.

Je m'entends en général bien avec mon père parce qu'il comprend nos problèmes d'adolescents. Il faut par exemple réussir nos études et ne pas causer de problèmes à la maison. Je le trouve très compréhensif et gentil. Avec ma mère, ce n'est pas pareil. Mon frère et ma sœur sont plus jeunes que moi donc, ils ne demandent pas à sortir le soir ou à passer l'après-midi avec leurs copains : moi, oui. D'habitude, c'est pour ça que nous nous disputons. Ce n'est pas tous les jours comme ça, évidemment, mais dans l'ensemble, nos rapports sont assez tendus. À mon avis, elle a tendance à être trop sévère.

Ma famille. C'est moi qui ai pris la photo.

Mon frère a douze ans et ma sœur a dix ans. Lui, il est plutôt pénible parce qu'il faut toujours qu'on s'occupe de lui. Il est vraiment égoïste. Je ne m'entends pas bien avec lui à cause de ça.

Avec ma sœur, c'est le contraire. On ne se dispute jamais. Elle, elle aime bien discuter de tout avec moi. Elle est sociable et elle a aussi le sens de l'humour. Moi, ça me plait parce que j'aime bien rigoler.

Voilà, tu vois, c'est pas mal dans l'ensemble.

Dans ta prochaine lettre, parle-moi un peu de tes copains.

À bientôt

Théo

1 a Lisez la lettre de Théo à son ami français. Trouvez trois adjectifs qui décrivent de bons rapports et trois autres qui décrivent de mauvais rapports. Traduisez-les dans votre propre langue.

1 b Relisez la lettre de Théo. Comment s'entend-il avec sa famille ? Copiez et complétez la grille.

Lien de parenté	Caractère	Rapports	Raison
Père			
Mère			
Frère			
Sœur			

2 Vous allez entendre Laurent, Annie, Mathieu et Claire parler des rapports qu'eux-mêmes ou leurs amis ont avec les autres. Pendant que vous écoutez, répondez aux questions en français.

Exemple : 1 Il sort quand il veut.
  1 Comment sait-on que les parents de l'ami de Laurent lui donnent beaucoup de liberté ?
  2 Qu'est-ce qui stresse l'ami de Laurent en particulier ?
  3 Quelle est la cause de la dispute entre Annie et Rachel ?
  4 Qu'est-ce qu'Annie va faire quand elle va voir Rachel ?
  5 Pourquoi Mathieu ne s'entend-il pas avec sa professeur d'anglais ?
  6 La professeur d'anglais a trouvé quelle solution à ce problème ?
  7 Pourquoi est-ce que Claire se dispute souvent avec sa sœur ?
  8 Est-ce que sa sœur est plus jeune ou plus âgée qu'elle ?

3 *Moi, toi, lui, elle.* Regardez d'abord la section grammaire D6. Révisez aussi les verbes pronominaux (*s'appeler, s'entendre, se disputer*) dans la section grammaire K14. Copiez et complétez les huit phrases en ajoutant (a) *moi, toi, lui* ou *elle* et (b) la forme correcte du verbe *s'appeler, se disputer* ou *s'entendre*.

Exemple : 1 Lui, il se dispute souvent avec ses frères. Ils sont pénibles.
  1 .... , il .... souvent avec ses frères. Ils sont pénibles.
  2 .... , tu .... comment ?
  3 Ma sœur et .... , nous .... très bien.
  4 Mes frères jumeaux .... Mark et Liam. .... , je les adore.
  5 .... , elle .... bien avec tous ses profs.
  6 Mes parents .... tout le temps. .... , j'en ai assez !
  7 Et .... , tu .... bien avec ta mère ?
  8 .... , je ne .... jamais avec ma famille.

4 Travaillez à deux. Posez des questions à votre partenaire sur son ami(e) idéal(e). Répondez aussi aux questions de votre partenaire. Si possible, ajoutez des détails supplémentaires. Pour vous aider :
  - Comment s'appelle ton/ta meilleur(e) ami(e) ?
  - Quel âge a-t-il/elle ?
  - Il/Elle est comment de caractère ?
  - Quelles sont ses qualités ?
  - Qu'est-ce que vous avez en commun ?
  - Qu'est-ce qui vous différencie ?

5 Écrivez trois paragraphes différents qui décrivent comment vous vous entendez avec :
  1 l'un de vos parents
  2 un autre membre de votre famille
  3 l'un(e) de vos ami(e)s

B2.1 Je me détends chez moi

Embarquement

> ★ **Dire ce qu'on fait pour se détendre à la maison**
> ★ *Aimer, préférer* + l'infinitif ; réviser l'heure

 A

 C

 D

 E

 B

 F

 G

 H

1 Regardez les images. Choisissez la bonne lettre (A, B, C, D, E, F, G ou H) pour chaque phrase (1-8).

Exemple : 1 F

1 Mon petit frère et mon père n'aiment pas lire. Ils préfèrent jouer à des jeux vidéo ensemble.
2 Ma mère aime lire un magazine ou un roman pour se détendre.
3 Ma sœur envoie constamment des textos à ses copains.
4 À vingt heures, je regarde toujours mon feuilleton préféré.
5 À dix-sept heures trente, quand elle rentre du collège, ma sœur écoute toujours de la musique dans sa chambre.
6 Mon père, lui, n'aime pas faire la cuisine ; il préfère faire du jardinage.
7 J'aime beaucoup surfer sur Internet quand j'ai du temps libre.
8 Quand j'ai du temps libre, j'aime énormément jouer du piano. Par contre, ma famille n'aime pas trop ça.

2 Vous allez entendre trois dialogues au sujet de ce qu'on fait à la maison pour se détendre. Deux options dans les phrases ci-dessous sont vraies et une est fausse. Lisez les phrases et trouvez l'intrus chaque fois.

Exemple : 1b

1 Le vendredi, après l'école, Karine…
  a se détend.
  b envoie des textos.
  c regarde la télé.
2 Karine…
  a aime bien la musique.
  b a un portable.
  c n'a pas Internet.

3 Le vendredi soir, Léa…
  a ne mange pas.
  b rentre tard.
  c ne regarde pas la télé.
4 Léa…
  a mange dans le jardin avec des amis le samedi midi.
  b aime jouer de la guitare.
  c se lève tard le dimanche.

5 Laurent…
   a aime les comédies.
   b joue souvent à des jeux vidéos.
   c préfère regarder les films d'amour.

6 Le dimanche, il…
   a n'a pas le temps de manger avec sa famille.
   b aime rester seul dans sa chambre.
   c aime écouter de la musique.

3 *Aimer*, *préférer* + l'infinitif. Regardez la section grammaire K2. Complétez chaque phrase avec la bonne forme d'*aimer* et de *préférer* et choisissez l'infinitif.

Exemple : 1 aime, préfère, tchatter
   1 Moi, j'………. (*aimer*) bien regarder la télé, mais ma sœur ………. (*préférer*) ………. (*tchatter / parle*) avec des amis.
   2 Ma sœur ………. (*aimer*) écouter de la musique, mais moi, je ………. (*préférer*) ………. (*envoyer / lis*) des e-mails.
   3 Mes parents ………. (*préférer*) lire le journal, mais ils ………. (*aimer*) aussi ………. (*lire / lisent*) des magazines.
   4 Mon frère et moi, nous ………. (*aimer*) toujours regarder notre feuilleton préféré à 18h30, mais nos parents ………. (préférer) ………. (*regarder / regardent*) le journal.
   5 Tu ………. (*aimer*) surfer sur Internet après l'école, mais ta sœur, elle ………. (*préférer*) ………. (*jouer / entend*) du piano.
   6 Vous ………. (*aimer*) faire la grasse matinée le dimanche matin, mais moi, je ………. (*préférer*) ………. (*me lever / me lève*) tôt.

4 La prononciation de *s*. Écoutez cette phrase et séparez-en les mots. Répétez la phrase trois fois. Attention à la prononciation. Réécoutez pour vérifier. Répétez l'exercice. Traduisez la phrase dans votre langue. Apprenez la phrase par cœur.

Lesdanseusesontunepiscinedanslejardinoùellespassentdesheures.

5 Posez ces questions à votre partenaire. Répondez aussi à ses questions. Pour vous aider, utilisez la case.
   1 Qu'est-ce que tu fais pour te détendre chez toi le soir ? Et ta famille ?
   2 Tu préfères rester tard au lit le weekend ? Pourquoi (pas) ?
   3 Tu aimes surfer sur Internet ou tu préfères regarder la télé ? Pourquoi ?
   4 Tu aimes lire ? Si oui, qu'est-ce que tu aimes lire ? Sinon, pourquoi ?
   5 Tes amis aiment faire les mêmes choses que toi ?

Quand j'ai du temps libre,	j'aime (beaucoup) je n'aime pas je préfère	surfer sur Internet. lire (un roman / le journal / un livre électronique). envoyer des textos. tchatter avec des amis.
Mes parents Mes copains Mes copines Mon frère Ma sœur	aiment n'aiment pas préfèrent aime n'aime pas préfère	jouer du piano / de la guitare. regarder la télévision. faire du jardinage. faire de la cuisine. rester au lit / faire la grasse matinée.
C'est	marrant / passionnant / ennuyeux / nul / génial.	

6 Écrivez un e-mail à votre correspondant(e) pour décrire ce que vous faites chez vous quand vous avez du temps libre. Dites aussi ce que font vos amis et votre famille.

Exemple : Salut Jennifer,

Tu veux savoir ce que j'aime faire quand j'ai du temps libre. J'aime vraiment…

B2.2 Range ta chambre !

★ **Parler des tâches ménagères**
★ **L'impératif (*tu*)**

- -

Mes parents me font trop travailler

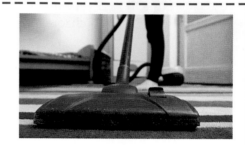

Chère Marthe,

J'en ai vraiment marre ! Je suis une collégienne de seize ans qui a beaucoup de devoirs mais mes parents m'obligent toujours à faire des tâches ménagères. Vraiment, ils sont exigeants. J'entends constamment, « Range ta chambre ! », « Fais la vaisselle ! », « Mets le couvert ! », « Chérie, viens aider ta mère ! », « Fabienne, donne à manger au chat ! », « Remplis le lave-linge ». Ils ne comprennent tout simplement pas que mes devoirs sont importants.
En plus, mon frère de quatorze ans ne fait rien et c'est à cause de lui que la maison est en désordre. Il laisse ses affaires partout. Ma petite sœur, elle, a cinq ans et ne peut pas vraiment aider.

Fabienne, 16 ans

- -

Chère Fabienne,

Tes parents sont, en effet, un peu exigeants. Tu fais certainement bon nombre de tâches ménagères ! Cependant, n'oublie pas que les parents aussi ont souvent beaucoup à faire et apprécient donc de l'aide. Tes parents doivent tout de même te donner le temps de faire tes devoirs. Explique-leur calmement que tu veux les aider mais que tu dois aussi faire ton travail scolaire et que tu n'as pas le temps de faire autant de tâches ménagères. Sois polie et surtout ne te mets pas en colère.
Dis-leur tout simplement que tu peux mettre le couvert mais que tu ne peux pas faire la vaisselle aussi. Range ta chambre régulièrement. Comme ça, elle ne va pas être en désordre. Finalement demande à tes parents si ton frère peut aider aussi. À l'âge de quatorze ans il peut certainement faire son lit, débarrasser la table ou bien sortir la poubelle...

Bonne chance !

Marthe

- -

1 Lisez le message et la réponse. Ensuite, lisez les affirmations ci-dessous et choisissez la bonne personne chaque fois. Écrivez F pour Fabienne, M pour Marthe, P pour les parents de Fabienne, FR pour son frère et S pour sa sœur.

Exemple : 1 F

Qui...
1 n'a pas assez de temps pour tout faire ?
2 veut faire le travail scolaire ?
3 n'est pas très compréhensif ?
4 peut aider mais n'aide jamais ?
5 est trop jeune pour aider ?
6 est responsable du désordre ?
7 donne des conseils pour résoudre le problème ?
8 doit rester calme et serein ?

2 Vous allez entendre, deux fois, une mère et son fils qui parlent des tâches ménagères. Choisissez les quatre affirmations qui sont vraies. Étudiez les affirmations avant d'écouter.

Exemple : **2, …**

1 La mère de Matthieu va au supermarché.

2 Ils attendent des invités qui vont manger chez eux.

3 Matthieu veut bien ranger sa chambre.

4 Sa mère lui demande de faire la cuisine.

5 La salle de bains est déjà très propre.

6 Matthieu doit aussi mettre la table.

7 Le père de Matthieu fait aussi des tâches ménagères.

8 La mère de Matthieu va se détendre en ville.

3 L'impératif (*tu*). Regardez d'abord la section grammaire K10. Lisez les phrases ci-dessous et choisissez les phrases impératives.

Exemple : **3**

1 Faire des taches ménagères, c'est fatigant.

2 Aides-tu souvent à la maison ?

3 Sois gentil, Sylvain ! Aide ton père !

4 Ne t'inquiète pas, je vais t'aider !

5 Ma sœur n'aime pas faire son lit.

6 Mets le couvert s'il te plait !

7 Tu peux m'aider à changer les draps ?

8 Viens avec moi au supermarché, Paul !

4 Travaillez à deux pour faire un jeu de rôle. Choisissez le rôle B (vous) ou le rôle A (le parent).

B (vous)

Vous êtes un(e) adolescent(e) qui ne veut pas faire de taches ménagères.

1 Expliquez que vous ne pouvez pas parce que vous <u>sortez</u>. Dites <u>où vous allez</u>.

2 Dites que vous ne pouvez pas et donnez vos excuses.

3 Dites que vous n'aimez pas ça et que vous allez faire autre chose ce soir.

4 Donnez trois tâches ménagères que vous pouvez faire et dites quand vous allez les faire.

5 Dites que ce n'est pas un problème et demandez-lui <u>de vous emmener en ville demain</u>.

A (le parent) et B (vous)

A	Écoute, tu peux <u>passer l'aspirateur</u> ce matin ?
B	1
A	<u>Range donc ta chambre avant de sortir</u> !
B	2
A	Ce soir alors, <u>aide-moi à préparer à manger</u>.
B	3
A	Qu'est-ce que tu vas faire pour m'aider alors ?
B	4
A	Bon, merci, c'est gentil.
B	5

5 Vous organisez une fête surprise pour un ami. Écrivez un e-mail pour dire à vos autres copains ce qu'ils doivent faire pour aider. Utilisez l'impératif à la deuxième personne.

1 Qui va faire chaque tâche ménagère ? Quand ?

2 Qui va faire le gâteau ?

3 Qui va acheter/apporter le cadeau ?

Exemple : La fête, c'est demain. Isabelle, sois sure d'apporter le cadeau. On doit tous arriver à 15h00. Ensuite, Madeleine, mets la table et range le séjour s'il te plait…

Fais	la vaisselle / les taches ménagères / le jardinage / les courses / le repassage / la poussière / la lessive / le ménage / le lit.
Mets / Débarrasse	la table.
Remplis / Vide	le lave-vaisselle.
Sors	la poubelle.
Nettoie	la salle de bains.
Achète	des provisions.

En Vol

B2.3 Bienvenue chez moi

★ **Parler des visites et des visiteurs**
★ **L'impératif (*tu*) et (*vous*)**

Salut Sandra et Élise,

C'est Hélène. Alors, vous allez diner chez les Dubois le weekend prochain. Vous allez vraiment vous amuser bien, surtout s'il fait beau car ils ont une piscine dans le jardin. N'oubliez pas d'apporter vos maillots de bain ! Tu dis que vous êtes un peu inquiètes tout de même. Ne vous inquiétez pas. Ils ont l'air très strict mais sont en fait plutôt gentils. Je vais vous aider. Ils habitent quatre rue d'Iris. Si vous avez du mal à trouver leur maison surtout n'hésitez pas à leur téléphoner pour les prévenir. Garez-vous sagement dans la rue devant la maison. Soyez tranquilles, il y a beaucoup de place. N'oubliez pas d'apporter un petit cadeau – des fleurs ou une boite de chocolats peut-être.

En entrant, enlevez vos chaussures. Dis-moi, Sandra, es-tu toujours végétarienne ? Si oui, sois sure de prévenir Madame Dubois aussitôt que possible. Comme ça elle peut préparer un plat végétarien. On mange bien chez les Dubois, mais s'il y a quelque chose que vous n'aimez pas, dites-le leur. Vraiment, ils sont gentils. Après le déjeuner, demandez-leur si vous pouvez les aider à débarrasser la table. Ils vont certainement dire non, mais demandez de toute façon car c'est poli.

Monsieur Dubois, c'est un grand amateur de jardinage et il va surement vous faire visiter son joli jardin. Élise, je sais bien que tu as horreur de visiter des jardins, mais sois polie et ne refuse surtout pas d'y aller. Ils vont peut-être vous inviter à nager si l'eau n'est pas trop froide. L'après-midi, ils aiment jouer à des jeux de société (ne vous inquiétez pas, c'est marrant) ou, s'il fait beau, ils se détendent tout simplement dans le jardin.

Madame Dubois aime savoir à quelle heure les invités vont partir. Dites-lui ! Finalement, remerciez-les pour leur hospitalité. Ça c'est très important.

J'espère que vous vous y amuserez bien.

À bientôt,

Hélène

1 a Lisez l'e-mail puis répondez aux questions en écrivant VRAI ou FAUX. Si l'affirmation est FAUSSE, corrigez-la selon le texte.

Exemple : 1 VRAI

1 Sandra et Élise vont manger chez M. et Mme Dubois.
2 Elles savent déjà où ils habitent.
3 Hélène connait les Dubois.
4 Sandra ne va pas manger parce qu'elle est végétarienne.

5 M. Dubois va rarement dans le jardin.
6 On ne peut pas toujours nager dans la piscine.
7 Mme Dubois sait à quelle heure les filles vont rentrer chez elles.
8 Sandra et Élise doivent absolument dire merci à la fin de la visite.

1 b Relisez le courriel et faites une liste de nouveaux mots. Cherchez-les dans un dictionnaire et apprenez-les par cœur.

Exemple : 1 maillot de bain,…

2 Vous allez entendre quatre conversations entre Gaétan, Marc et la mère de Gaétan. Choisissez la bonne réponse chaque fois. Écrivez G pour Gaétan, M pour Marc, Ma pour la mère de Gaétan et F pour son frère.

Exemple : 1 G

Qui…

1 prend le manteau de Marc ?
2 doit poser son sac à dos par terre ?
3 met la table ?
4 doit préparer un plat végétarien ?

5 ne range pas sa chambre ?
6 monte au premier étage ?
7 s'assied à côté du frère de Gaétan ?
8 va aider la mère de Gaétan ?

3 a L'impératif (*tu* et *vous*). Regardez d'abord la section grammaire K10. Complétez les phrases avec l'impératif des verbes entre parenthèses. N'oubliez pas de choisir la bonne forme.

Exemple : 1 Sonnez

1 .... à la porte ! Mon mari va vous faire entrer. (*sonner*)
2 — Maman, c'est moi. Je vais être en retard.
　　 — .... tranquille, chérie ! Ce n'est pas grave. (*être*)
3 Les filles, n'.......... pas d'apporter un cadeau ! (*oublier*)
4 Tu aimes ça, Christine ? ....-en un peu plus ! (*prendre*)
5 .... plus lentement David ! Tu as le temps. (*manger*)
6 .... sages, les enfants ! (*être*)
7 ....-moi, monsieur. À quelle heure est-ce qu'on doit arriver ? (*rappeler*)
8 Salut Claire. Ça va ? ....-moi prendre ton sac. (*laisser*)

3 b Relisez l'e-mail dans l'exercice 1. Trouvez des exemples de l'impératif. Copiez-les. Ensuite changez la forme de l'impératif.

Exemple : N'oubliez pas d'apporter vos maillots de bain ! (*n'oublie pas*)

4 Travaillez à deux pour faire un jeu de rôle. Un copain/Une copine arrive pour déjeuner chez vous. Votre partenaire jouera le rôle du copain/de la copine. Ensuite changez de rôle. Pensez aux points suivants :
- Comment accueillir votre copain/copine – est-ce qu'il/elle a un manteau/un sac à prendre ?
- Est-ce que votre copain/copine a un petit cadeau ?
- Connait-il/elle déjà votre famille ou dois-tu les lui présenter ?
- Qu'est-ce qu'il/elle aime manger/boire ? Est-il/-elle végétarien(ne) ?
- Comment est le repas ?

5 Écrivez maintenant un courriel pour donner des conseils à un copain/une copine français(e) qui va diner chez une famille dans votre pays. Vous devez écrire 130-140 mots en français.
- Expliquez comment trouver la maison de la famille.
- Expliquez ce qu'il/elle doit apporter en cadeau et dites ce qu'aime/n'aime pas la famille.
- Expliquez ce qu'aime faire la famille et s'il faut apporter un manteau, des bottes, un maillot de bain etc.
- Expliquez ce qu'il/elle doit faire s'il y a un plat qu'il/elle n'aime pas ou s'ils lui offrent une deuxième part.
- Expliquez ce qu'il/elle doit/ne doit pas faire après le repas.

B3 Leisure, entertainments, invitations

Embarquement

B3.1 Mon temps libre

★ **Parler des passetemps**
★ *Jouer à ; jouer de*

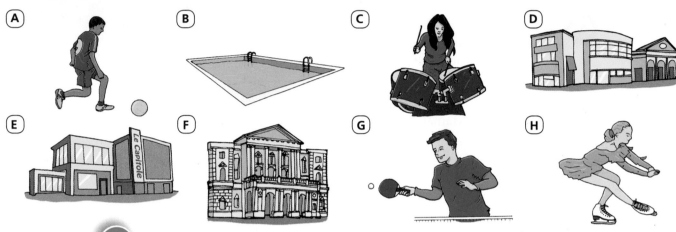

1 a Faites correspondre ce que disent ces jeunes (1 à 8) aux images A à H.

Exemple : 1 H

1 Je vais à la patinoire le weekend.
2 Avec mes copines, on va au centre commercial.
3 Je joue de la batterie dans ma chambre.
4 Le samedi soir, je vais au théâtre.

5 Le dimanche, je joue au foot.
6 J'aime beaucoup aller au cinéma.
7 Je fais de la natation régulièrement.
8 À la maison des jeunes, je joue au tennis de table.

1 b Faites la liste des activités mentionnées dans l'exercice 1a. Faites une autre liste d'activités que vous connaissez ou trouvez dans un dictionnaire. Traduisez-les dans votre langue et apprenez-les.

Exemple : jouer de la batterie

2 a Vous allez entendre huit jeunes parler de leur passetemps. Quels passetemps mentionnent-ils ? Répondez en utilisant les images A à H de l'exercice 1.

Exemple : 1 B

2 b Réécoutez les jeunes et répondez aux questions en français.

Exemple : 1 le samedi

1 Quand fait-il cette activité ?
2 Elle parle de qui ?
3 Quand ont-ils un match ?
4 Elle y va avec qui ?

5 Il parle de qui ?
6 Elle parle de qui ?
7 Quand font-ils du sport ?
8 Où font-ils cela ?

3 *Jouer à/jouer de.* Regardez d'abord les sections grammaire A5 et K2. Copiez et complétez ces huit phrases en utilisant la forme correcte du verbe *jouer* et la préposition correcte. Choisissez *à la, au, aux, de la, du, de l', des.*

Exemple : 1 Je joue de la guitare.

1 Je .... guitare.
2 Il .... piano.
3 Nous .... handball.
4 Elles .... tennis.

5 Tu .... batterie.
6 Vous .... rugby.
7 Elle .... volley.
8 On .... violon.

4 Travaillez à deux. A pose les questions, B répond. Ensuite, changez de rôle. Ajoutez votre opinion et un ou deux détails supplémentaires.

Exemple : 1 Oui, j'aime beaucoup la musique rap mais je n'aime pas la musique classique. Je trouve ça ennuyeux.

1 Vous aimez la musique ?
2 Quelle sorte de musique préférez-vous écouter ?
3 Est-ce que vous jouez d'un instrument ?

4 Vous faites du sport ?
5 Quel est votre sport préféré ?
6 À part cela, qu'est-ce que vous faites avec vos copains quand vous avez du temps libre ?

Je joue Nous jouons		du piano de la guitare	le dimanche. le soir.
		au foot au cricket	
Je	vais	en ville au stade à la patinoire à la bibliothèque	avec mes copains/copines.
	fais	du shopping	
	regarde	la télé	
	téléphone	à mes ami(e)s.	
J'	écoute	de la musique.	

5 Écrivez une phrase pour chacune de vos activités pendant votre temps libre. Ajoutez deux détails supplémentaires et votre opinion.

Exemple : Je joue au foot le samedi avec mes copains au stade. Cela me plait beaucoup.

6 Les sons *g, ge* et *j* comme par exemple je trouve le golf génial. Écoutez cette phrase et séparez-en les mots. Répétez-la trois fois. Attention à la prononciation ! Réécoutez pour vérifier. Répétez l'exercice. Traduisez la phrase dans votre propre langue. Apprenez la phrase par cœur.

JaimejoueraugolfavecmonamiGillesetjejoueaussidelaguitareparcequecestgénial.

B3.2 Tu veux sortir ?

Décollage

★ **Parler des activités de loisir**
★ **Le futur proche ; les verbes suivis de l'infinitif**

Salut Henri,

J'attends ta visite avec plaisir. Je vais aller te chercher à la gare en voiture avec mes parents.

Je vais te dire ce qu'on peut faire ici. S'il fait beau, on peut aller se baigner. Je dois dire que j'y vais souvent avec mes copains. La semaine où tu vas venir, il va y avoir une fête foraine. Ça va se passer sur la place de la mairie.

Si tu préfères visiter la ville, alors, je vais te montrer l'ancien château qui se trouve dans la vieille ville en face de l'office de tourisme. Juste à côté, on peut visiter le musée, si ça t'intéresse.

En ce qui concerne les soirées, on a tout ce qu'il faut ici. Il y a trois cinémas, plein de cafés, une patinoire et bien sûr, on peut retrouver mes copains et faire la fête ensemble. Si tu veux, on peut même aller voir un match de foot.

Dis-moi ce que tu en penses. Je vais en parler à mes copains aussi. Tu vas voir, on va bien s'amuser.

À bientôt,

Max

1 Lisez la lettre de Max et choisissez les fins de phrases (A à L) qui correspondent aux débuts de phrases (1 à 6).

Exemple : 1 F

1 Henri va arriver	**A** faire un match de foot.	**G** voir ses copains.
2 Max aime bien	**B** en voiture avec ses parents.	**H** aller à la piscine.
3 S'il fait beau, ils vont	**C** dans l'ancien château.	**I** en face du syndicat d'initiative.
4 La fête foraine va avoir lieu	**D** faire de la natation.	
5 Le château est situé	**E** loin du musée.	**J** sur la place de la mairie.
6 Le soir, ils vont peut-être	**F** en train.	**K** aller dans la vieille ville.
		L aller voir un film.

2 Vous allez entendre, deux fois, Max et ses copains Lucas et Lucie discuter de ce qu'ils vont faire quand Henri va venir. Pendant que vous écoutez la conversation, répondez aux questions en français. Étudiez les questions avant d'écouter.

Exemple : 1 (Elle ne doit pas) sortir le soir.

1 Qu'est-ce que Lucie ne doit pas faire ?
2 Quelles activités propose-t-elle ? [2]
3 Qu'est-ce que Lucas propose de faire ?
4 Que va-t-il se passer le dimanche ?

5 Quelles activités est-ce que Lucie propose pour les autres jours ?
6 Lucas en pense quoi ?
7 Le jeudi, qu'est-ce qu'il y a de spécial ?
8 Que pense Max de la suggestion de Lucas ?

3 a Le futur proche. Regardez d'abord la section grammaire K6, puis réécrivez ces phrases au futur proche. Ensuite, traduisez-les dans votre langue.

Exemple : 1 Ils vont visiter le château.

1 Ils visitent le château.
2 Il en parle à ses copains.
3 Nous allons au marché.
4 Vous venez chez moi, j'espère.

5 On rencontre nos copains.
6 Je vais au cinéma.
7 Nous visitons le musée.
8 Il est ici mardi.

3 b Verbes suivis d'un infinitif. Relisez la lettre de Max (exercice 1) et, à part les exemples du futur proche, notez les sept exemples de verbes suivis d'un infinitif, puis traduisez-les dans votre langue.

Exemple : on peut faire.

4 a Travaillez à deux pour faire un jeu de rôle. Choisissez le rôle B (l'invité(e)) ou le rôle A (l'hôte).

B (l'invité(e))
Un copain/Une copine vous téléphone pour vous inviter à une fête d'anniversaire.
1 **(i)** Saluez votre copain.
  (ii) Demandez-lui s'il/elle va bien.
2 Acceptez l'invitation et remerciez votre copain.
3 Demandez où et quand cela va se passer.
4 Dites l'heure de votre arrivée.
5 **(i)** Mentionnez le cadeau que vous allez apporter.
  (ii) Demandez l'heure à laquelle la fête finit.

A (l'hôte) et B (l'invité(e))

A	Salut.
B	1(i) + (ii)
A	<u>Ça va</u>. Écoute, c'est mon anniversaire <u>dimanche</u>. On va faire la fête. Tu veux venir ?
B	2 +
A	C'est chez moi, <u>à seize heures</u>.

B	4
A	D'accord.
B	5(i)
A	C'est <u>gentil</u>.
B	5(ii)
A	<u>À onze heures</u>. À dimanche.

4 b Maintenant, changez de rôle et faites le dialogue une deuxième fois. Changez les expressions soulignées en choisissant des mots et expressions dans la liste.

la musique	dix-sept heures	samedi	génial	vingt heures	très bien

5 Imaginez que vous allez passer une semaine chez un(e) ami(e). Écrivez une phrase pour chaque jour de votre visite. Si possible, ajoutez des détails supplémentaires.

Exemple : Mardi, je vais aller à la plage avec les copains d'Emma. Ils sont sympa et moi, j'adore me baigner à la mer.

En Vol

B3.3 Mes loisirs

★ **Parler de ses heures de loisir**
★ **Le futur**

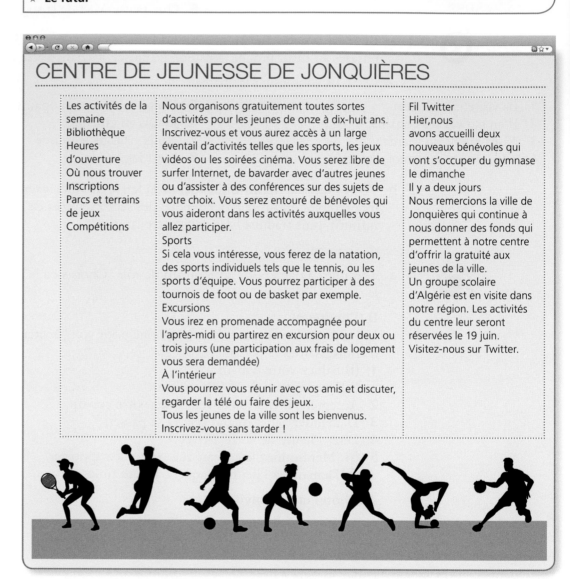

CENTRE DE JEUNESSE DE JONQUIÈRES

Les activités de la semaine Bibliothèque Heures d'ouverture Où nous trouver Inscriptions Parcs et terrains de jeux Compétitions	Nous organisons gratuitement toutes sortes d'activités pour les jeunes de onze à dix-huit ans. Inscrivez-vous et vous aurez accès à un large éventail d'activités telles que les sports, les jeux vidéos ou les soirées cinéma. Vous serez libre de surfer Internet, de bavarder avec d'autres jeunes ou d'assister à des conférences sur des sujets de votre choix. Vous serez entouré de bénévoles qui vous aideront dans les activités auxquelles vous allez participer. Sports Si cela vous intéresse, vous ferez de la natation, des sports individuels tels que le tennis, ou les sports d'équipe. Vous pourrez participer à des tournois de foot ou de basket par exemple. Excursions Vous irez en promenade accompagnée pour l'après-midi ou partirez en excursion pour deux ou trois jours (une participation aux frais de logement vous sera demandée) À l'intérieur Vous pourrez vous réunir avec vos amis et discuter, regarder la télé ou faire des jeux. Tous les jeunes de la ville sont les bienvenus. Inscrivez-vous sans tarder !	Fil Twitter Hier, nous avons accueilli deux nouveaux bénévoles qui vont s'occuper du gymnase le dimanche Il y a deux jours Nous remercions la ville de Jonquières qui continue à nous donner des fonds qui permettent à notre centre d'offrir la gratuité aux jeunes de la ville. Un groupe scolaire d'Algérie est en visite dans notre région. Les activités du centre leur seront réservées le 19 juin. Visitez-nous sur Twitter.

1 Lisez le site web du Centre de jeunesse de Jonquières puis répondez aux questions en écrivant VRAI ou FAUX. Si l'affirmation est FAUSSE, corrigez-la selon le texte.

Exemple : 1 VRAI

   1 Ce centre est pour les jeunes qui ont l'âge d'aller au collège ou au lycée.
   2 Avant de pouvoir bénéficier de ce qu'offre le centre, il faut s'y inscrire.
   3 Toutes les activités offertes sont gratuites.
   4 Il y a une piscine et un terrain de jeux.
   5 Le centre offre la possibilité de participer à toutes sortes de compétitions.
   6 En cas de pluie, les activités sont annulées.
   7 La ville de Jonquières paie les employés du centre.
   8 On peut y emprunter un livre si l'on veut.

2 Écoutez Hugo et Clément parler de ce qu'ils feront demain et aussi le weekend prochain. Copiez la grille et complétez-la en faisant la liste de leurs activités.

Demain	Le weekend prochain
Exemples : tennis de table	*Excursion*
1	*1*
2	*2*
3	*3*

3 a Le futur. Regardez d'abord la section grammaire K5. Réécrivez ces huit phrases au futur.

Exemple : 1 Tu danseras ?

1 Tu vas danser ?
2 Vous allez choisir vos activités.
3 Ils vont demander de l'argent à leurs parents.
4 Ils vont bien s'amuser.
5 Je vais aller à la piscine.
6 Ils vont être libres le weekend prochain.
7 Il va faire de la planche à voile.
8 Il y a une excursion super bien.

3 b Relisez le texte Centre de jeunesse de Jonquières (exercice 1) et notez les sept verbes différents utilisés au futur. Quel est l'infinitif de chacun de ces verbes ?

Exemple : 1 aurez – avoir

4 a Utilisez la liste d'activités dans la grille de l'exercice 2 pour poser des questions à votre partenaire sur son temps libre. Répondez aux questions de votre partenaire en ajoutant des détails supplémentaires.

Exemple : 1 Tu as déjà fait du VTT ? Non, je n'en ai jamais fait. Je n'aime pas ce sport. Je préfère les sports d'équipe. C'est plus motivant.

1 Tu as déjà fait du VTT ?
2 Quels sont les avantages de faire de la musculation ?
3 Tu ne trouves pas le patin à roulettes dangereux ?
4 Qu'est-ce que tu penses des soirées disco ?
5 Comment était la dernière excursion que tu as faite ?
6 Quelles activités feras-tu le weekend prochain ?

4 b À tour de rôle, posez d'autres questions sur les activités que vous ferez les prochaines vacances.

Exemples :

Tu vas partir en vacances ? Où ? Avec qui ?

Quelles seront tes activités pendant la journée ? Et le soir ?

Auras-tu la permission de sortir le soir avec tes copains ?

Que feras-tu le soir ?

5 Vous devez écrire 130-140 mots en français. Ecrivez une lettre à votre ami(e) français(e) qui décrit les activités que vous avez l'intention de faire pendant les grandes vacances.
  1 Décrivez les activités là où vous irez en vacances et celles que vous voulez faire.
  2 Décrivez ce que vous ferez quand vous serez chez vous.
  3 Dites quelles sont vos activités préférées et pourquoi.

B4 Eating out

Embarquement

B4.1 Je voudrais une glace à la fraise

★ **Dire ce qu'on veut dans un café ou un restaurant**
★ *au, à la*; réviser les articles indéfinis ; *c'est combien ?*

1 Regardez les images. Complétez chaque phrase avec le bon mot dans la liste.

Exemple : 1 glace à la fraise

A

B

C

D

E

F

G

H

1 Je voudrais de la ...., s'il vous plait. C'est combien ?
2 Mon frère et moi, nous allons partager une .... C'est délicieux !
3 Maman, tu prends un .... au fromage ? Ils sont bons ici et pas chers.
4 Je n'aime pas la soupe à l'ognon. Je prends donc une .... de tomates.
5 Moi, je prends un coca. Non. Attendez, je prends une ....
6 Laisse-moi choisir. Bon, en dessert, je prends une ....
7 J'aimerais vraiment des .... Je les adore avec de la mayonnaise.
8 Qu'est-ce que tu prends, toi ? Moi je veux bien un ....

croquemonsieur	*glace à la fraise*	frites
limonade	crêpe à l'orange	pizza au fromage
sandwich	salade	

2 Vous allez entendre, deux fois, une conversation dans un café entre trois jeunes et le serveur. Pendant que vous écoutez la conversation, répondez aux questions en choisissant A, B, C ou D. Étudiez les questions avant d'écouter.

Exemple : 1 B

1 La première fille
  a veut un plat froid.
  b choisit un croquemonsieur.
  c n'aime pas les frites.
  d choisit de la pizza.
2 La première fille commande
  a aussi un jus d'orange.
  b aussi des fruits.
  c aussi une limonade.
  d un jus de pomme

3 La deuxième fille
  a prend des frites à la mayonnaise.
  b prend un sandwich au poulet.
  c prend un sandwich au fromage.
  d pense que les frites coutent trop cher.
4 Elle
  a pense que l'eau coute trop cher.
  b prend un citron pressé.
  c pense que le citron pressé coute trop cher.
  d prend une limonade.

5 Le garçon
   a veut savoir le prix des glaces.
   b prend une crêpe au chocolat.
   c prend une glace à la menthe.
   d veut savoir le prix des crêpes.

6 Il
   a boit un sirop de menthe.
   b ne prend pas de boisson.
   c boit un sirop de fraise.
   d mange aussi des fraises.

3 *Au, à la* ; les articles indéfinis. Regardez d'abord les sections grammaire A1, A2 et A3.1. Complétez chaque phrase avec *au, à l'* ou *à la* et le bon article indéfini.

Exemple : 1 au, un, au

au	à l'	à la		un	une	des

   1 Je suis désolé madame, il n'y plus de sandwichs .... fromage. Voulez-vous .... sandwich .... thon ?
   2 Monsieur ! Je prends .... chocolat chaud et .... café .... lait, s'il vous plait.
   3 .... salade de tomates, s'il vous plait et .... frites .... mayonnaise aussi.
   4 Je voudrais deux sirops .... menthe, s'il vous plait, pour les enfants, et .... jus d'orange pour moi.
   5 Alors, nous allons prendre .... pizza .... feu de bois pour partager.
   6 .... mousse .... chocolat et .... café, s'il vous plait.

4 Les sons *x, aux, eaux*. Écoutez cette phrase et séparez-en les mots. Répétez la phrase trois fois. Attention à la prononciation ! Réécoutez pour vérifier. Répétez l'exercice. Traduisez la phrase dans votre langue. Apprenez la phrase par cœur.

Lesdeuxgâteauxauxagrumessontdélicieux,lamousseauxnoixestcrémeusemaismangerdes pruneaux,c'estmieux.

5 a Travaillez à deux pour faire un jeu de rôle. Choisissez le rôle A (le serveur/la serveuse) ou le rôle B (le client/la cliente).

A   Bonjour. Je vous sers ?
B   Oui, vous avez des <u>plats chauds</u> ?
A   Oui, nous avons des sandwichs <u>grillés, des frites, des omelettes aux champignons</u>…
B   Alors, je prends <u>une omelette aux champignons</u>, s'il vous plait.
A   Voulez-vous boire quelque chose ?
B   <u>Une limonade</u>, s'il vous plait.
A   Très bien. Alors, une omelette aux champignons et une limonade.
B   C'est combien ?
A   Onze dollars quinze, s'il vous plait.

5 b Changez de rôle et faites le dialogue une deuxième fois. Changez les expressions soulignées en choisissant des expressions dans la liste. Maintenant, écrivez votre nouveau dialogue.

Exemple : Le serveur :   Bonjour. Je vous sers ?

Le/La client(e) : Oui, vous avez des sandwichs ?

au fromage	sandwichs	un sandwich au fromage
au poulet ou au thon	un jus d'orange	

Décollage

B4.2 Je vais au restaurant

★ **Apprendre comment commander un repas dans un restaurant**
★ *Je voudrais, j'aimerais ; les expressions de quantité*

C'est l'anniversaire de Mme Hardy et la famille Hardy dîne au restaurant La Salamandre.

Le serveur : Bonjour. Voici le menu. Vous voulez commander des boissons ?

M. Hardy : Oui, on veut bien. Ma femme et moi, nous prenons une bouteille d'eau pétillante. Samuel, que veux-tu ?

Samuel : Je voudrais un verre de limonade, s'il vous plaît.

Stéphanie : Et moi, j'aimerais un jus d'orange.

Le serveur : Très bien. Je vous donne un peu de temps pour regarder le menu et puis je reviens.

Un peu plus tard

Le serveur : Alors, vous avez choisi ?

Mme Hardy : Oui, moi, pour commencer, je voudrais l'assiette de crudités et comme plat principal, je prends le saumon avec de la salade. Il y a une vinaigrette avec ça ?

Le serveur : Oui, madame.

M. Hardy : Pour commencer, je voudrais le pâté de campagne. Cependant, en ce qui concerne le plat principal, je ne peux pas choisir entre le poulet rôti et le steak-frites... ou je prends peut-être les moules marinières. Non, je voudrais le poulet rôti avec des légumes, s'il vous plaît.

Samuel : Pour moi, le saumon fumé comme entrée et puis comme plat principal, le steak-frites.

Stéphanie : Pour commencer, j'aimerais la soupe de poisson et puis, je voudrais la grande salade paysanne, mais sans vinaigrette si possible. J'ai horreur de la vinaigrette. Je voudrais quelques tranches de pain aussi s'il vous plaît.

Le serveur : Oui, bien sûr. C'est tout ?

M. Hardy : On prend une deuxième bouteille d'eau pétillante aussi. Ma fourchette est un peu sale aussi, je peux en avoir une autre ?

Le serveur : Oui, aucun problème, monsieur.

Plus tard

Le serveur : C'est terminé ? Vous voulez peut-être un dessert, une part de tarte au citron ? Ou bien quelques morceaux de fromage ?

M. Hardy : Non merci, mais je peux avoir l'addition s'il vous plaît ?

---

1 Lisez la conversation. Ensuite, reliez les débuts et fins de phrase selon le sens de la conversation en écrivant la lettre qui correspond à chaque numéro. Attention ! il y a trois fins de phrase de trop.

Exemple : 1 B

1 M. Hardy commande
2 Ils prennent tous
3 Mme Hardy mange
4 On sert le saumon avec
5 M. Hardy
6 Pour commencer, Samuel choisit un
7 Stéphanie
8 Ils ne

A une bouteille d'eau pétillante.
B deux bouteilles d'eau pétillante.
C de la viande
D de la salade.
E une entrée et un plat principal.
F prennent pas de dessert.
G plat froid.
H du poisson.
I un coca.
J a du mal à choisir un plat principal.
K n'aime pas la vinaigrette.

2 Vous allez entendre, deux fois, une conversation dans un restaurant. Choisissez les quatre affirmations qui sont vraies. Étudiez les affirmations avant d'écouter.

Exemple : 2, …

1 Le premier garçon prend une bouteille d'eau.
2 Le premier garçon veut manger du poisson.
3 La fille ne veut pas de crème.
4 Elle prend un jus de fruit.

5 La serveuse recommande au deuxième garçon de prendre le poulet.
6 Il prend le poulet.
7 Il ne veut pas d'orange pressée.
8 La serveuse est très efficace.

3 *Je voudrais, j'aimerais* ; les expressions de quantité. Regardez d'abord la section grammaire A5. Complétez les phrases avec *je voudrais* ou *j'aimerais* selon l'infinitif entre parenthèses et une des expressions de quantité choisie dans la liste.

Exemple : je voudrais, bouteille

1 Moi, ... (*vouloir*) une .... d'eau pétillante.
2 D'abord, ... (*aimer*) l'.......... de charcuterie.
3 Et pour finir .... (*vouloir*) une .... de café.
4 Je ne veux pas de .... de coca. Non, ... (*aimer*) un petit .... de limonade.
5 L'.......... de fruits de mers doit être très bonne. Cependant, ... (*aimer*) un .... de pâtes.
6 Pour eux, une .... d'eau du robinet et moi, ... (*vouloir*) une orange pressée.
7 D'habitude je prends l'.......... de crudités, mais aujourd'hui, ... (*vouloir*) le pâté de campagne.
8 — Vous prenez un .... de jus d'orange ou bien une petite .... ?
— .... (*aimer*) vraiment une ....

| verre | bouteille | tasse | assiette | bol | carafe | cannette |

4 Travaillez à deux pour faire un jeu de rôle. Choisissez le rôle A (le serveur/la serveuse) ou le rôle B (vous).

B (vous)
Vous mangez dans un restaurant.
1 Dites bonjour et puis ce que vous prenez comme entrée.
2 Ditcs que vous ne pouvez pas choisir entre deux des plats. Demandez au serveur / à la serveuse s'il/si elle peut vous rccommander quelque chose.
3 Dites ce que vous allez prendre et pose une question au sujet du plat.
4 Dites si vous voulez prendre un dessert. Si oui, dites ce que vous allez prendre.
5 Dites ce que vous voulez boire et que vous voulez quelque chose d'autre aussi.

A (le serveur/la serveuse) et B (vous)

A   Bonjour, monsieur/mademoiselle. Vous avez choisi ?
B   1
A   Très bien. Et comme plat principal ?
B   2
A   Le saumon est vraiment très bon. Autrement, les salades sont délicieuses.
B   3
A   Répondez à la question et dites : 'Et en dessert ?'
B   4
A   D'accord. C'est tout ?
B   5

En Vol

B4.3 J'aime manger italien

★ **Parler de la nourriture et des restaurants différents**
★ **Le superlatif**

N@Nantes	Salut. Nathalie de Nantes ici. Aidez-moi ! J'ai des visiteurs qui arrivent ce soir et je veux les emmener à un bon restaurant original. Connaissez-vous des bons restaurants près de chez moi où ils servent des plats originaux ?
Gigi20	Allez à un restaurant indien. Moi, j'adore la cuisine indienne qui est la plus savoureuse de toutes les cuisines du monde, à mon avis. Soyez tranquille. Si vous n'aimez pas les plats piquants, il y a aussi des plats épicés mais doux. Vraiment, c'est bon. Le meilleur restaurant indien que moi je connaisse se trouve tout près de chez vous en centre-ville. Bon appétit !
Yan_2000	Personnellement, je trouve les plats indiens trop gras et les desserts beaucoup trop sucrés. En ce qui me concerne, la meilleure cuisine est la cuisine italienne. Je choisis toujours les plats les plus simples et les plus frais. C'est très bon pour la santé. En plus, ça change un peu de la cuisine française. Le meilleur restaurant italien que je connaisse est aussi le moins cher mais se trouve à Tours. Un peu trop loin, peut-être ? Il y aussi de bons restaurants italiens à Nantes.
texmex	Gigi et Yan_2000 ont tous les deux tort. La cuisine mexicaine est la meilleure cuisine du monde à mon avis et la plus intéressante. C'est gouteux et ce n'est pas couteux. Les meilleurs restaurants mexicains se trouvent à Paris, mais il y en a aussi près de Nantes. Le pire restaurant mexicain est dans un village dans l'est de la France, mais c'est loin de Nantes.
rosbif100	On dit que la cuisine anglaise est la pire du monde, mais en fait, il y a des plats qui sont délicieux. Pourquoi ne pas emmener vos visiteurs à un pub anglais ? Il y en a quelques-uns près de Nantes, je pense. Le meilleur plat anglais ? C'est sans doute le bœuf rôti suivi de la tarte aux pommes avec de la crème anglaise.

1 Lisez le forum puis répondez aux questions en français.

Exemple : 1 Un restaurant original où emmener ses visiteurs.

1 Que veut trouver *N@Nantes* et pourquoi ? [2]
2 Pourquoi, selon *Gigi 20*, la cuisine indienne est-elle le choix idéal ?
3 Quel est l'avantage de manger des plats italiens au lieu des plats indiens ? [2]
4 Pourquoi le restaurant italien préféré de *Yan_2000* n'est-il pas idéal ?

5 À part le fait qu'elle est intéressante et gouteuse, quel est l'avantage de manger mexicain ?

6 Pourquoi, *N@Nantes* a-t-elle intérêt de ne pas choisir un restaurant mexicain ?

7 Pourquoi *rosbif100* n'est-il/elle pas d'accord que la cuisine anglaise est la pire du monde ?

8 Qu'est-ce qu'il/elle conseille à *N@Nantes* de faire ?

2 Vous allez entendre une conversation entre deux jeunes. Pendant que vous écoutez les jeunes, complétez le paragraphe ci-dessous avec des mots choisis dans la liste. Attention ! il y a huit mots de trop.

Exemple : 1 manger

Philippe et Maude veulent sortir **1**.......... en ville avec leurs amis. Cependant, ils ne savent pas où aller. Maude a envie de manger **2**.......... parce que le nouveau restaurant est très **3**.......... , mais Philippe ne veut pas. Lui, il propose le restaurant le plus **4**.......... de la ville parce qu'on y mange **5**........... . Philippe et Maude ne veulent pas manger du **6**........... . Heureusement, Maude se souvient d'un restaurant nord **7**.......... qu'elle aime bien. Là il y a des plats pour tous les **8**........... .

fastfood	sain	mexicain	poisson	grand	enfants
manger	populaire	cher	danser	loin	
monde	gouts	africain	beaucoup	américain	

3 Le superlatif. Regardez d'abord la section grammaire B4. Complétez les phrases avec le superlatif des adjectives entre parenthèses. N'oubliez pas de choisir la bonne forme.

Exemple : 1 le moins cher

1 Je n'ai pas beaucoup d'argent. Je choisis donc toujours le plat .... (*cher*)

2 Ce restaurant n'est pas populaire. En fait, c'est le restaurant .... de la ville. (*fréquenté*)

3 La cuisine française est bonne. .... du monde, peut-être. (*bon*)

4 Beaucoup de gens n'aiment pas la cuisine anglaise. Mais est-ce que c'est vraiment .... de monde ? (*mauvais*)

5 Ce plat est très épicé. C'est peut-être le plat .... (*piquant*)

6 Ma mère n'est pas contente parce que je prends toujours la boisson .... (*cher*)

7 J'en ai marre. C'est toujours le serveur .... qui me sert. (*impoli*)

8 Le chef cuisinier travaille beaucoup, mais ce sont les serveurs qui sont .... (*travailleur*)

4 Préparez et faites une présentation d'une ou deux minutes au sujet de votre cuisine préférée.

● Pourquoi aimez-vous cette cuisine ?

● Il y a des plats que vous n'aimez pas. Pourquoi ?

● Vous la mangez chez vous ou au restaurant ?

● Aimez-vous aussi la cuisine d'autres pays ? Pourquoi (pas) ?

● Quels sont les avantages/inconvénients de manger votre cuisine préférée ?

5 Écrivez maintenant un article où vous comparez au moins deux types différents de cuisine. Vous devez écrire 130-140 mots en français.

1 Décrivez les types de cuisine.

2 Dites si vous aimez ces types de cuisine et pourquoi.

3 Dites laquelle des cuisines est la plus saine, à votre avis, et pourquoi.

4 Dites si ces types de cuisine sont populaires dans votre pays.

5 Recommandez un des types de cuisine aux lecteurs. Donnez des raisons.

B5 Festivals and special occasions

Embarquement

B5.1 Jours de fêtes

★ **Décrire une occasion spéciale**
★ **Le passé composé des verbes réguliers formés avec *avoir* ; la date**

Salut Adam,

Le douze avril, j'ai fêté mon anniversaire avec mes copains. D'abord, on a écouté de la musique ensemble et nous avons joué à des jeux électroniques. J'ai bien aimé ça. Puis, une de mes copines a commencé à danser. On a bien rigolé. Plus tard, j'ai entendu mes copains chanter « Joyeux anniversaire ». Après ça, ils m'ont donné des cartes d'anniversaire et aussi des cadeaux. La fête a fini à six heures. Et toi, comment as-tu fêté ton anniversaire ?

Amicalement,

Oscar

---

1 Lisez le courriel d'Oscar et complétez les huit phrases en choisissant les bons mots dans la case.

Exemple : 1 douze

1 La date de mon anniversaire est le .... avril.
2 J'ai célébré .... avec mes copains.
3 Nous avons écouté de la ....
4 Puis, on a joué à des ....

5 Lucie a commencé à ....
6 Mes copines m'ont chanté ....
7 On m'a donné beaucoup de cartes et de ....
8 On a fini la fête à .... heures.

onze	joyeux anniversaire	*douze*
musique	jeux électroniques	cadeaux
danser	mon anniversaire	six

2 Vous allez entendre quatre personnes qui parlent des occasions spéciales qu'elles ont fêtées. Choisissez deux images (A à H) pour chaque personne.

Exemple : 1 A E

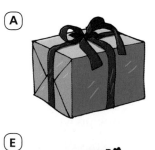

3 a Le passé composé des verbes réguliers formés avec *avoir*. Regardez d'abord la section grammaire K8. Copiez et complétez les huit phrases en utilisant les verbes donnés entre parenthèses au passé composé.

Exemple : 1 On a rencontré nos amis.

1 On .... nos amis. (*rencontrer*)
2 Nous .... Noël en famille. (*passer*)
3 Vous .... la fête à quelle heure ? (*finir*)
4 Ils .... de la musique. (*écouter*)
5 Il m'.......... ....une carte d'anniversaire. (*donner*)
6 J'.......... .... mon anniversaire le douze mars. (*fêter*)
7 Ma sœur et son mari .... toute la soirée. (*danser*)
8 Tu .... tes amis chez toi ? (*attendre*)

3 b La date. Regardez d'abord la section grammaire G2. Mettez ces dates dans l'ordre chronologique et écrivez-les en utilisant des chiffres.

le onze février	le quatorze juillet	le premier avril
le douze aout	*le quinze janvier*	le vingt mars
le vingt-cinq décembre	le deux juin	

Exemple : le quinze janvier, 15/1

4 Travaillez à deux. Répondez aux questions de votre partenaire, puis changez de rôles. Pour vous aider, utilisez les verbes dans la case. Si possible, ajoutez des détails supplémentaires.

- Quelle est la date de ton anniversaire ?
- Comment as-tu fêté ton anniversaire ?
- Où as-tu fêté ça ?
- Avec qui as-tu fêté ton anniversaire ?

- Qu'est-ce que vous avez mangé ?
- Qu'est-ce que vous avez fait ?
- Qu'est-ce que tu as pensé de la fête ?

Mon anniversaire	est le	dix juin.
Pour fêter mon anniversaire	j'ai joué à j'ai regardé	des jeux vidéo. un film au cinéma.
J'ai fêté ça	chez moi au restaurant	avec des amis. avec ma famille.
Nous avons mangé	un gâteau du poisson	et des glaces / frites.
Aussi, on a	écouté de la musique	et dansé.
On m'a donné	des cartes	et des cadeaux / de l'argent.
J'ai trouvé que c'était	super.	

5 Comment prononcer la lettre *é*. Écoutez cette phrase et séparez-en les mots. Répétez-la trois fois. Attention à la prononciation. Réécoutez pour vérifier. Répétez l'exercice. Traduisez la phrase dans votre langue. Apprenez la phrase par cœur.

CetétéZoéafêtélepremieranniversairedeChloésonbébé.

6 Envoyez un courriel à votre ami(e) français(e) qui décrit comment vous avez fêté votre dernier anniversaire. Commencez par donner votre âge et la date de votre anniversaire. Pour vous aider, relisez le courriel d'Oscar (exercice 1) et changez les phrases qu'il utilise.

Décollage

B5.2 On fait la fête avec les copains

★ **Décrire une fête entre copains**
★ **Le passé composé des verbes irréguliers ; le passé composé formé avec *être***

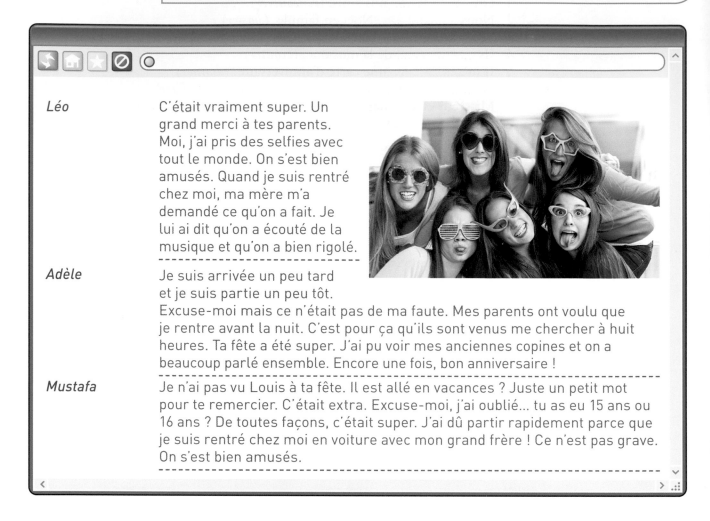

Léo   C'était vraiment super. Un grand merci à tes parents. Moi, j'ai pris des selfies avec tout le monde. On s'est bien amusés. Quand je suis rentré chez moi, ma mère m'a demandé ce qu'on a fait. Je lui ai dit qu'on a écouté de la musique et qu'on a bien rigolé.

Adèle   Je suis arrivée un peu tard et je suis partie un peu tôt. Excuse-moi mais ce n'était pas de ma faute. Mes parents ont voulu que je rentre avant la nuit. C'est pour ça qu'ils sont venus me chercher à huit heures. Ta fête a été super. J'ai pu voir mes anciennes copines et on a beaucoup parlé ensemble. Encore une fois, bon anniversaire !

Mustafa Je n'ai pas vu Louis à ta fête. Il est allé en vacances ? Juste un petit mot pour te remercier. C'était extra. Excuse-moi, j'ai oublié... tu as eu 15 ans ou 16 ans ? De toutes façons, c'était super. J'ai dû partir rapidement parce que je suis rentré chez moi en voiture avec mon grand frère ! Ce n'est pas grave. On s'est bien amusés.

1 Lisez ces trois messages laissés sur Facebook. Qui dit ça ?

Exemple : 1 Mustafa

   1 Je ne me rappelle plus de ton âge.
   2 On ne me permet pas de sortir tard le soir.
   3 J'ai pris de bonnes photos.
   4 J'ai été contente de retrouver toutes mes amies.
   5 Comme j'aime beaucoup la musique, c'était parfait.
   6 Mon frère est venu me chercher un peu tôt, à mon avis.
   7 Un de mes copains n'était pas là.
   8 Mes parents ont voulu savoir ce qu'on a fait.

2 Vous allez entendre, deux fois, Manon qui téléphone à trois de ses amis qui vont l'aider à préparer une fête entre copains. Lisez les questions avant d'écouter.

Exemple : 1 Elle a choisi la musique qu'ils vont écouter.

1 Comment est-ce que Sarah a aidé Manon dans ses préparatifs pour la fête ?
2 Donnez deux exemples de ce qu'elle a sélectionné.
3 Où est-ce qu'Henri est allé hier ?
4 Qu'est-ce qu'Henri a déjà acheté ?
5 Qu'est-ce que Manon a choisi de faire cuire au barbecue ? [2]
6 Qu'est-ce qu'Hugo a envoyé par e-mail ?
7 Pourquoi est-ce qu'Hugo est sorti hier ?
8 Où exactement est-ce que Manon a décidé de faire la fête ?

3 a Le passé composé des verbes irréguliers et le passé composé formé avec *être*. Regardez d'abord la section grammaire K8.2, K8.4 et K8.5. Copiez et complétez les huit phrases en utilisant le verbe entre parenthèses au passé composé. Attention ! il y a quatre phrases au passé composé formé avec *être* et quatre phrases au passé composé formé avec *avoir*. Traduisez aussi les huit phrases dans votre langue.

Exemple : 1 Ils sont arrivés à l'heure.

1 Ils .... à l'heure. (*arriver*)
2 Elle .... chez moi hier. (*venir*)
3 Il n'.......... pas .... y aller. (*pouvoir*)
4 Tu .... un taxi ? (*prendre*)
5 Tes copains et toi, vous .... tard ? (*partir*)

6 Elles .... venir avec moi. (*vouloir*)
7 J' .... tous les achats. (*faire*)
8 Mon frère et moi .... à pied. (*rentrer*)

3 b Relisez les trois messages dans l'exercice 1 et notez les vingt exemples de verbes utilisés au passé composé. Écrivez aussi l'infinitif de chacun de ces verbes.

Exemple : J'ai pris – prendre

4 Travaillez à deux. Posez ces questions à votre partenaire sur la dernière fête à laquelle il / elle a été invité(e).

- C'était quand ?
- Où ?
- Qui a organisé la fête ?
- C'était à quelle occasion ?
- Tu es arrivé(e) à quelle heure ?

- Qu'est-ce que vous avez fait ?
- C'était comment ?
- Ça a fini tard ?
- Comment es-tu rentré(e) chez toi ?

Répondez aussi aux questions de votre partenaire et ajoutez, si possible, des détails supplémentaires.

5 Utilisez vos réponses de l'exercice 4 pour écrire environ 100 mots à propos de la dernière fête entre copains à laquelle vous avez été invité(e).

Pour vous aider :
Le weekend dernier, je suis allé(e) à ....
C'était à l'occasion de ....
Ça s'est passé .... (où et quand)

On a/On est .... (activités)
J'ai trouvé que c'était ....
Ça a fini vers ....
Je suis retourné(e) chez moi .... (transport)

En Vol

B5.3 Une occasion spéciale

★ **Décrire un évènement**
★ **Les accords à faire au passé composé**

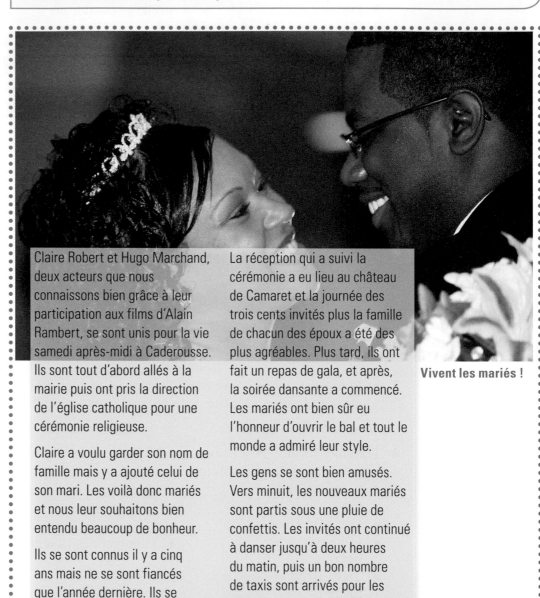

Claire Robert et Hugo Marchand, deux acteurs que nous connaissons bien grâce à leur participation aux films d'Alain Rambert, se sont unis pour la vie samedi après-midi à Caderousse. Ils sont tout d'abord allés à la mairie puis ont pris la direction de l'église catholique pour une cérémonie religieuse.

Claire a voulu garder son nom de famille mais y a ajouté celui de son mari. Les voilà donc mariés et nous leur souhaitons bien entendu beaucoup de bonheur.

Ils se sont connus il y a cinq ans mais ne se sont fiancés que l'année dernière. Ils se connaissent donc bien et leur mariage n'a pas été une décision prise à la légère.

La réception qui a suivi la cérémonie a eu lieu au château de Camaret et la journée des trois cents invités plus la famille de chacun des époux a été des plus agréables. Plus tard, ils ont fait un repas de gala, et après, la soirée dansante a commencé. Les mariés ont bien sûr eu l'honneur d'ouvrir le bal et tout le monde a admiré leur style.

Les gens se sont bien amusés. Vers minuit, les nouveaux mariés sont partis sous une pluie de confettis. Les invités ont continué à danser jusqu'à deux heures du matin, puis un bon nombre de taxis sont arrivés pour les ramener chez eux. Une journée sensationnelle pour tous, mariés et invités.

Vivent les mariés !

1 Lisez cet article de magazine sur le mariage de deux acteurs célèbres. Répondez aux questions 1-8.

Exemple : 1 Leur nom, leur profession, leur religion.

  1 Que savons-nous des mariés ? [3]
  2 Comment s'appelle Claire maintenant ?
  3 Combien de temps ont-ils attendu avant de se fiancer ?

4 Combien de personnes ont été présentes à la réception ?

5 Qu'est-ce que les invités ont fait à la réception ?

6 Qui a eu l'honneur de la première danse ?

7 Que s'est-il passé au moment du départ des mariés ?

8 À deux heures du matin, qu'est-ce qui est arrivé ?

2 Vous allez écouter Arthur et Inès parler du mariage de Claire et Hugo. Reliez les débuts de phrases (1-8) aux fins de phrases (A-H).

Exemple : 1 D

1 Inès a beaucoup aimé
2 Arthur et Inès ont tous les deux
3 Arthur et Inès pensent que
4 Inès a passé le début de soirée avec
5 Plus tard, elle a
6 Arthur a beaucoup apprécié
7 Le groupe a essayé de plaire à
8 Inès est rentrée chez elle fatiguée mais contente de

a la soirée dansante.
b les nouveaux mariés seront heureux ensemble.
c pris beaucoup de photos.
d la robe de mariée.
e sa journée.
f les parents d'Hugo.
g rencontré des amis des parents d'Hugo.
h tout le monde.

3 Les accords à faire au passé composé. Regardez d'abord la section grammaire K8.5. Copiez et complétez les huit phrases en utilisant les verbes entre parenthèses au passé composé. Attention aux accords !

Exemple : Ils sont arrivés à dix heures.

1 Ils .... à dix heures. (*arriver*)
2 Elle .... à minuit. (*partir*)
3 Elles .... à son mariage. (*aller*)
4 Mon frère et moi, nous .... bien .... (*s'amuser*)
5 Son amie .... en taxi. (*rentrer*)
6 Nous .... samedi dernier. (*se marier*)
7 Ma fille .... le mois dernier. (*se fiancer*)
8 Est-ce que vous .... de manière traditionnelle ? (*s'habiller*)

4 Travaillez à deux. Imaginez que vous avez assisté au mariage d'une vedette de la chanson. Vous êtes interviewé par un(e) journaliste (votre partenaire). Répondez à ses questions et ajoutez des détails supplémentaires si possible. N'oubliez pas de changer de rôle.
- Ça s'est passé où exactement ?
- C'était quand ?
- Qu'est-ce qui s'est passé ?
- Il y avait combien d'invités ?
- Qu'est-ce que vous en avez pensé ?

5 Écrivez 130-140 mots en français sur une fête à laquelle vous avez été invité(e). Mentionnez :
1 la raison pour cette fête, où et quand elle a eu lieu
2 ce que vous avez mangé et bu
3 comment vous vous êtes amusé(e) [3]
4 la fête que vous voulez organiser pour votre anniversaire
Ajoutez des détails supplémentaires si possible.

Embarquement

B6.1 Quel genre de vacances ?

★ **Parler de différents types de vacances**
★ *Au/en suivi d'un pays : au, à la, à l', aux, à*

A B C D

E F G H **ROMA** **NAPOLI**

1 a Lisez ces commentaires sur les vacances. Quelle est la préférence de chacun ? Choisissez une image (A-H).

Exemple : 1 E

1 Avec un camping-car, on peut aller où on veut. Ça, c'est un gros avantage. (*Jade*)
2 Moi, j'aime bien me baigner. J'adore les vacances au bord de la mer. (*Jules*)
3 En général, on va à la campagne. C'est bien pour faire des promenades. (*Lola*)
4 Nous, on prend nos vacances à l'étranger. Cette année, on est allés en Italie. (*Clément*)
5 J'aimerais bien partir en vacances avec mes copains. (*Ali*)
6 Faire des randonnées en été et du ski en hiver, c'est super. C'est pour ça qu'on va toujours à la montagne. (*Enzo*)
7 On part toujours en vacances en famille. (*Farah*)
8 Mes parents ont fait une croisière récemment. Moi, les voyages en bateau, ça me plait aussi. (*Liam*)

1 b Relisez les commentaires et notez quatre lieux de vacances et quatre activités.

2 Écoutez ces six personnes parler de leurs vacances préférées. Copiez et complétez la grille.

	Type de vacances	Destination	Activités	Raison
1	à la montagne	au Canada	le ski	elle est sportive
2				
3				
4				
5				
6				

3 Regardez d'abord la section grammaire A3. Copiez et complétez les huit phrases en ajoutant les bons mots.

Exemple : 1 Elle a pris des vacances au bord de la mer en Espagne.
   1 Elle a pris des vacances .... bord de la mer .... Espagne.
   2 Il est parti .... Belgique avec ses copains.
   3 Elle est allée .... Inde avec sa famille.
   4 Ils ont passé une semaine .... campagne .... Canada.
   5 Il va faire une croisière .... îles Caraïbes.
   6 Ils vont rester quelques jours .... hôtel .... Australie.
   7 Nous allons faire un safari .... Kenya.
   8 On a décidé d'aller .... Bordeaux, ... France.

4 Ne prononcez pas la lettre *s* à la fin d'un mot. Prononcez-le comme un *z* si le mot suivant commence par une voyelle (a, e, i, o, u). Écoutez cette phrase et séparez-en les mots. Répétez-la trois fois. Attention à la prononciation ! Réécoutez pour vérifier. Répétez l'exercice. Traduisez la phrase dans votre langue. Apprenez la phrase par cœur.

NousavonspassédesvacancesagréablesavecnosparentsauxAntilles.

5 Travaillez à deux. À tour de rôle, posez ces questions à votre partenaire. Utilisez la grille pour vous aider à répondre aux questions de votre partenaire. Ajoutez des détails supplémentaires si possible.
   1 Tu préfères quelle sorte de vacances ?
   2 Tu aimes aller au bord de la mer ? Pourquoi (pas) ?
   3 Quelle est ta destination préférée pour les vacances ? C'est dans quel pays ?
   4 Avec qui aimes-tu aller en vacances ?
   5 Qu'est-ce que tu aimes faire en vacances ?

Je préfère J'aime Je n'aime pas	aller partir	au bord de la mer à la campagne à la montagne en Espagne / Italie… en vacances	parce que avec	j'adore je déteste ma famille.	nager faire du vélo / cheval.
	jouer	au foot / au volley sur la plage			
	faire	du ski			

6 Envoyez une carte postale à votre ami(e) français(e). Utilisez la grille de l'exercice 5 pour vous aider. Dites-lui :
   ● où vous êtes en vacances
   ● le genre de vacances que c'est
   ● ce que vous faites
   ● ce que vous en pensez

Décollage

B6.2 Tu passes de bonnes vacances ?

> ★ **Expliquer ce qu'on fait pour les vacances**
> ★ **Les adverbes de temps et de lieu, y compris l'adverbe *y***

Apolline12

Nous, on est allés à une agence de voyages où on a pris des dépliants qui nous ont donné tous les renseignements qu'on voulait. On a décidé d'aller en Italie et on a voyagé en train. On y est restés une semaine et comme on était au bord de la mer, on a pu se baigner et faire de la voile. Le soir, on a mangé au restaurant de notre hôtel. C'était super.

Mathiswisdom

D'habitude, on passe nos vacances en Provence, dans un petit village qui s'appelle Sarrians. Comme mon père connait maintenant le propriétaire du gite, il lui parle directement et organise donc notre séjour là-bas. Il faut trois heures de route pour y arriver. C'est un coin tranquille, à la campagne, que nous aimons bien. Cette année, on va y aller en septembre. C'est un peu tard, à mon avis.

Juliettereine

Mes parents ont décidé de visiter l'Inde l'année prochaine. Aujourd'hui, ils veulent essayer d'obtenir des visas pour toute la famille. Comme c'est loin, c'est un voyage qui est assez cher, bien sûr. Si tout marche bien, on prendra l'avion pour y aller. Moi, j'attends ça avec plaisir.

On va passer les vacances en Inde

1 Lisez ces trois contributions à un forum de discussion sur les vacances et répondez aux questions en français.

Exemple : 1 À l'agence de voyages.
   1 Où est-ce qu'*Apolline12* a trouvé des dépliants ?
   2 Quel moyen de transport ont-ils utilisé pour aller en Italie ?
   3 Qu'est-ce qu'ils ont fait pendant la journée ?
   4 Où se trouve Sarrians ?
   5 Combien de temps leur faut-il pour y aller en voiture ?
   6 Que faut-il de plus qu'un passeport pour aller en Inde ?
   7 Pourquoi est-ce que ça coûte cher d'aller en Inde ?
   8 Comment vont-ils voyager ?

2 Vous allez entendre Léo, Marine, Antoine et Eva parler de leurs prochaines vacances. Lisez les phrases 1-8. Écrivez le nom de la personne qui dit cela.

Exemple : 1 Léo

   1 C'est un pays qui me plait parce qu'il y fait chaud et il y a beaucoup de monuments historiques à visiter.
   2 C'est dommage. Je voudrais bien voir l'Afrique.
   3 Mon mari aime bien les sites touristiques. Moi, non.
   4 Nous, on va aller faire des promenades en montagne au printemps.
   5 Pour leur expliquer ce qu'on a décidé, je leur enverrai un courriel.
   6 On va passer huit jours dans un hôtel.
   7 Je ferai une réservation pour mes vacances à une agence de voyages que je connais.
   8 Nous, on a réservé nos vacances par Internet.

3 a Les adverbes de temps et de lieu. Regardez d'abord les sections grammaire C2, C4, D3 et D4. Écrivez les mots des huit phrases dans le bon ordre. Soulignez les adverbes de lieu en rouge et les adverbes de temps en noir. Traduisez les huit phrases dans votre langue.

Exemple : 1 On y va rarement.

   1 Rarement va y on
   2 Est tard il trop
   3 Vais aujourd'hui aller je y
   4 A montagne il aimé toujours la
   5 Allons nous aller demain y
   6 Tôt trop c'est
   7 Fait il dehors froid
   8 Tout viens suite de ici

3 b Relisez le texte de l'exercice 1 et notez quatre exemples de l'utilisation de *y*. Traduisez-les aussi dans votre langue.

4 Envoyez un courriel à votre ami(e) français(e) qui décrit vos dernières vacances. Mentionnez :
   ● où vous êtes allé(e) et pour combien de temps
   ● comment vous avez voyagé et avec qui
   ● vos activités de vacances
   ● ce que vous avez aimé et ce que vous n'avez pas aimé
   ● si vous y retournerez l'année prochaine

5 Utilisez les détails de l'exercice 4 pour faire une présentation au sujet de vos vacances. Travaillez avec votre partenaire. Faites-lui votre présentation à haute voix. Corrigez la prononciation et les fautes de grammaire de votre partenaire. Finalement, essayez de faire votre présentation sans regarder vos notes.

En Vol

B6.3 Projets de vacances

> ★ **Discuter des prochaines vacances**
> ★ **Les verbes irréguliers au futur : l'adverbe y**

Vue du pont d'Avignon et du Palais des Papes

A Ville historique

Vous serez surpris par cette ville provençale. Vous y verrez non seulement le fameux pont, bien connu de tous grâce à la célèbre chanson « Sur le pont d'Avignon, on y danse, … » mais aussi le Palais des Papes qui a accueilli les papes au quatorzième siècle. Vous pourrez apprécier les anciens remparts toujours intacts qui entourent la ville.

B Promenades

Il y a bien des manières de visiter la ville. Vous prendrez peut-être le petit train qui passe dans les rues commerçantes de la vieille ville. Après cela, vous irez sans doute vous promener dans le jardin du Rocher des Doms qui domine la ville où vous aurez alors, à vos pieds, toute la vallée du Rhône et sa région. N'oubliez pas de faire une promenade en bateau sur le Rhône, vous ne le regretterez pas.

C Ville européenne de la culture

Nommée ville européenne de la culture en l'an 2000, Avignon reste la ville du spectacle. Chaque été, des dizaines de milliers de visiteurs de tous pays y viennent pour assister au Festival d'Avignon. Vous pourrez assister à des spectacles de danse, d'opéra, de musique classique, de pièces de théâtre. Le festival, quant à lui, vous permettra d'explorer des formes artistiques moins traditionnelles. Tous les jours du festival, vous aurez un choix de spectacles énorme. Que ce soit le cinéma, la chanson, le théâtre, la danse, toutes formes d'expression artistique y sont représentées.

D Accès

Avec son aéroport, sa liaison en Eurostar avec Londres et l'autoroute A7 tout près, notre ville est facile d'accès.

Bienvenue à tous et à toutes. Nous vous souhaitons un agréable séjour.

1 Lisez cet extrait d'une brochure touristique sur Avignon, une ville exceptionnelle. Reliez les affirmations 1-8 aux quatre paragraphes du texte (A, B, C, D).

Exemple : 1 D

  1 On peut facilement arriver en Avignon en train, en avion ou en voiture.
  2 Avignon est une ville bien connue pour ses monuments médiévaux.
  3 Si vous voulez faire les magasins, prenez-le !
  4 De cet endroit, on a une vue impressionnante sur la Provence.
  5 Si vous aimez les soirées spectacle, venez nous voir.

6 Dans l'ancien temps, c'était une manière pour la ville de se protéger contre ses ennemis.

7 Le grand public peut y rencontrer toutes les vedettes de renommée internationale.

8 À part le côté historique, c'est une des raisons pour lesquelles la ville reçoit tant de visiteurs chaque année.

2 Vous allez écouter M. et Mme Perrault qui discutent de leurs prochaines vacances en Avignon, puis la conversation privée de leur fils Luc et de leur fille Emma.

Exemple : 1 Parce qu'il est en plein cœur de la ville et que le prix des chambres est raisonnable.

Première partie

1 Pour quelles raisons est-ce que M. Perrault suggère l'hôtel du Rocher ? [2]

2 De quoi s'inquiète sa femme ?

3 Quels aspects de la ville intéressent M. Perrault ?

4 Quelles activités est-ce qu'il suggère pour les trois autres jours de leur visite ? [3]

Deuxième partie

5 Quelle est l'activité qui intéresse Luc et Emma ?

6 Quelles sortes de magasins plaisent à Luc et à sa sœur ? [2]

7 Pourquoi est-ce que Luc n'est pas tenté par une sortie en boite de nuit ?

8 Pourquoi est-ce qu'Emma a peur de s'ennuyer le soir ?

3 Les verbes irréguliers au futur. Regardez d'abord la section grammaire K5, puis réécrivez les huit phrases au futur.

Exemple : 1 On verra le Palais des Papes.

1 On va voir le Palais des Papes.

2 Vous avez un choix formidable.

3 Ils peuvent assister à toutes sortes de spectacles.

4 C'est vraiment bien.

5 Tu dois absolument trouver un parking.

6 Du Rocher des Doms, nous voyons toute la vallée du Rhône.

7 On envoie des cartes postales à nos amis.

8 Tu viens avec nous ?

4 Travaillez à deux. À tour de rôle, posez des questions à votre partenaire. Demandez à votre partenaire :

● où il/elle ira en vacances l'été prochain

● ce qu'il/elle pense de cette idée et pourquoi

● comment il/elle va y aller et avec qui

● s'il/elle séjournera dans un hôtel

● ce qu'il/elle fera comme activités

5 Écrivez une lettre de 130-140 mots à votre ami(e) français(e) pour lui expliquer ce que vous avez l'intention de faire les prochaines vacances d'été. Mentionnez :

1 Où vous irez, avec qui et pourquoi cette destination.

2 Combien de temps vous y resterez. Dates.

3 Ce que vous aimeriez y faire pendant la journée et aussi le soir. Pourquoi ?

4 Ce que vous avez fait les dernières vacances d'été.

B7 Accommodation

Embarquement

B7.1 On va loger où ?

★ **Parler de logement de vacances**
★ **Prépositions de lieu**

 A

 B

 C

D

 E

 F

 G

 H

1 Faites correspondre les images A à H aux phrases des vacanciers (1 à 8).

Exemple : 1 C

1 Nous, on est sous la tente. On aime bien faire du camping.
2 Mes parents ont loué un appartement qui est assez loin du centre.
3 On a réservé un gite à la campagne pour une semaine. C'est bien parce qu'il y a une piscine.
4 Avec le camping-car de mon père, on peut s'arrêter où on veut.
5 J'aime les auberges de jeunesse. On s'y fait de nouveaux copains.
6 En vacances, on reste en chambre d'hôte en général.
7 Notre hôtel est en face de la mairie, à côté du centre-ville.
8 L'année dernière, on a passé nos vacances dans une caravane, tout près de la plage.

2 Écoutez ces cinq personnes parler de leur logement de vacances. Copiez et complétez la grille. Ajoutez quatre lignes à la grille.

	Type de logement	Où
1	camping	à la campagne

 G

3 Les prépositions de lieu. Regardez d'abord les sections grammaire J et A3.1. Copiez et complétez les huit phrases en choisissant l'expression correcte. Traduisez aussi les huit phrases dans votre langue.

du	de la	de l'	des

Exemple : 1 du

1 L'hôtel est situé près .... lac.
2 L'auberge de jeunesse est à un kilomètre .... ville.
3 Notre caravane est au milieu .... terrain de camping.
4 Le gite qu'on a loué est à côté .... école.
5 Notre appartement est loin .... magasins.
6 Le terrain de camping est en face .... terrain de foot.
7 Notre chambre d'hôte est au bord .... mer.
8 On a laissé notre camping-car dans un parking près .... plage.

4 Travaillez à deux. Demandez à votre partenaire de vous parler de ses dernières vacances. Posez-lui les quatre questions ci-dessous. Corrigez sa prononciation et ses fautes de grammaire. Répondez aussi aux questions de votre partenaire. Utilisez la grille pour vous aider et ajoutez des détails supplémentaires.

- Où es-tu allé(e) en vacances ?
- Où as-tu logé ?
- C'était où exactement ?
- C'était comment ?

Je suis allé(e)	au bord de la mer à la campagne à la montagne	au Maroc. en Suisse. en Espagne.
J'ai logé	dans un hôtel dans un gite dans une caravane	au bord de la mer. près d'une rivière. dans une forêt.
L'hôtel / Le camping était	en face à côté loin	de la plage. du lac. du centre ville.
J'ai pensé que	c'était	très bien. super.

5 Comment prononcer les lettres *o/au/aux/eau/eaux*. Écoutez cette phrase et séparez-en les mots. Répétez-la trois fois. Attention à la prononciation ! Réécoutez pour vérifier. Répétez l'exercice. Traduisez la phrase dans votre langue.

JojolebeaufrèredeCocoaachetéunnouveaubateauquiestbeau.

6 Imaginez que vous êtes en vacances en ce moment. Écrivez un courriel à votre ami(e) français(e). Dites-lui :

- où vous passez vos vacances en ce moment
- le type de logement que vous avez
- ce que vous pensez de vos vacances

Ajoutez des détails supplémentaires.

B7.2 Réservations de vacances

Décollage

* ★ **Comment réserver ses vacances**
* ★ **Les nombres ordinaux ; l'heure**

Monsieur, Madame,

Nous avons l'intention de passer une semaine dans votre ville et nous voulons rester dans votre hôtel. Comme nous sommes une famille de quatre, nous voulons réserver deux chambres doubles, une avec un grand lit, l'autre avec deux lits simples, de préférence au deuxième ou au troisième étage, pour la période du premier au huit aout. J'espère que vous avez toujours des chambres libres pour cette semaine-là.

En vous remerciant d'avance.

Jean-Pierre Arnoux

Bonjour,

Nous serons dans votre région du 18 au 21 juillet. Si cela est possible, nous voudrions nous arrêter à votre terrain de camping pour ces trois nuits. Pouvons-nous réserver un emplacement pour deux tentes (une petite et une familiale), s'il vous plait ? Si possible, on préfèrerait être assez près des blocs sanitaires. Est-ce que le camping a son propre parking ?

En espérant une réponse positive de votre part. Merci d'avance.

Hélène Martin

Bonjour,

Nous faisons une randonnée ce weekend et avons besoin d'un lit samedi soir. Est-ce qu'on peut réserver trois lits, s'il vous plait ? Nous sommes tous les trois membres de l'association des auberges de jeunesse. Nous pensons arriver à votre auberge vers 22 heures. Dites-nous si cela est un problème.

À samedi.

Cordialement

Michel Guérin

Une auberge de jeunesse

---

1 Lisez les courriels de ces trois personnes qui veulent réserver ou passer la nuit et les affirmations 1-8. Qui dit cela ? Répondez J-P (pour Jean-Pierre Arnoux), H (pour Hélène Martin) ou M (pour Michel Guérin).

Exemple : 1 M

1 On voudrait réserver trois lits dans le dortoir des garçons.

2 Vous avez un endroit où je peux garer ma voiture ?

3 Comme on aime être au calme, on préfèrerait ne pas être au rez-de-chaussée.

4 Comme les enfants sont grands maintenant, on va avoir besoin d'une chambre de plus.

5 On est là pour faire de la marche.

6 Pas trop loin des toilettes et des douches, s'il vous plaît.

7 Nous avons l'intention d'arriver vers dix heures du soir.

8 On aimerait passer huit jours dans votre établissement.

2 Écoutez, deux fois, Jean-Pierre, Hélène et Michel qui, chacun à leur tour, téléphonent pour avoir confirmation de leurs réservations et répondez aux questions en français. Étudiez les questions avant d'écouter.

Exemple : 1 Quatorze heures.

1 Dans cet hôtel, les chambres sont libres à quelle heure ?

2 À quelle heure est-ce que Jean-Pierre et sa famille espèrent arriver à l'hôtel ?

3 À la fin de leur séjour, qu'est-ce que les résidents doivent faire avant midi ?

4 Où exactement est situé l'emplacement douze dans ce camping ?

5 Est-ce que le parking est gratuit ?

6 À quelle heure est-ce qu'Hélène pense partir le dernier jour ?

7 Le petit déjeuner est servi de quelle heure à quelle heure ?

8 À quel étage est le dortoir ?

3 L'heure. Regardez d'abord la section grammaire G1, puis écrivez l'heure qu'il est.

Exemple : 1 Il est onze heures.

1	11.00	2	8.30	3	1.15	4	11.45
5	5.50	6	14.25	7	19.35	8	23.00

4 a Travaillez à deux pour faire un jeu de rôle. Choisissez le rôle B (le/la réceptionniste) ou le rôle A (le/la client(e)).

B (le/la réceptionniste)
Un(e) client(e) vous téléphone pour faire une réservation à l'hôtel des Princes où vous travaillez. Commencez la conversation.

B Allo. L'hôtel des Princes.
A 1 (i) + (ii)
B Certainement. C'est à quel nom ?
A 2 (i) + (ii)
B Très bien. C'est pour quelle date ?
A 3

B D'accord.
A 4
B Oui. Aucun problème.
A 5
B Donnez une réponse appropriée.

A (le/la client(e))
1 (i) Saluez le/la réceptionniste.
   (ii) Donnez la <u>raison de votre coup de téléphone</u>.
2 (i) Donnez votre nom.
   (ii) Dites <u>combien de personnes</u> sont avec vous.
3 Donnez <u>les dates</u> de votre séjour.
4 Expliquez le genre <u>de chambre</u> que vous voulez.
5 Posez une question (par exemple sur l'heure du petit déjeuner, <u>l'étage où se trouve votre chambre, le prix de la chambre</u>,…).

4 b Faites le même exercice pour une réservation dans un camping. Réservez un emplacement, pas une chambre. Changez les autres détails soulignés.

5 Écrivez un courriel à un copain de 80-90 mots en français. Expliquez-lui la réservation de logement que vous avez faite pour vos vacances. Dites-lui :
1 Quelle sorte de logement vous avez réservé et pourquoi
2 Où vous allez en vacances, et avec qui.
3 Ce que vous espérez faire pendant votre séjour.
4 Combien de temps vous allez y rester.

En Vol

B7.3 Il y a quelque chose qui ne va pas ?

★ **Comment se plaindre**
★ **Les expressions négatives**

Monsieur, Madame,

Je vous contacte parce que nous sommes vraiment déçus du séjour que nous faisons à l'Hôtel de la plage sur l'ile de la Réunion. En effet, vous nous avez recommandé cet hôtel.

La chambre qu'on nous a donnée n'est pas propre et donne sur les poubelles. Il y a donc de mauvaises odeurs qui entrent dans la chambre dès qu'on ouvre la fenêtre. Je n'ai jamais rien vu de pareil !

Ce matin, nous sommes allés nous plaindre et on nous a maintenant mis au quatrième étage, et là, rien ne marche ! La climatisation est en panne et la douche est froide. De plus, personne ne peut utiliser l'ascenseur car il est en réparations.

Bien souvent, il n'y a personne à la réception et il est donc impossible de parler de ces problèmes, On ne peut rien y faire nous-mêmes.

En ce qui concerne le petit déjeuner, il n'y a ni jus de fruits ni céréales, et comme boisson, il n'y a que du café.

Il est clair que cet hôtel ne mérite pas ses deux étoiles. Le prix de la chambre est bien trop élevé pour la qualité de logement offerte et il est impératif que vous arrêtiez de conseiller à vos clients d'y faire un séjour.

Veuillez agréer, Monsieur, Madame, mes sentiments les meilleurs.

Mustafa Ahmed

---

1   Lisez le courriel de Mustafa Ahmed à l'agence de voyages qui lui a recommandé l'Hôtel de la plage sur l'ile de la Réunion, puis répondez aux questions en français.

Exemple : 1 Il n'est pas content.
  1   Qu'est-ce que M. Ahmed pense du séjour qu'il fait à l'Hôtel de la plage ?
  2   Comment est la première chambre qu'on leur a donnée ?
  3   Pourquoi y a-t-il de mauvaises odeurs dans la chambre ?
  4   Quels problèmes ont-ils dans la deuxième chambre qu'on leur a offerte ? [2]
  5   Le fait d'être au quatrième étage a créé un autre problème. Lequel ?
  6   Qu'est-ce qui manque au petit déjeuner ? [3]
  7   Que pense M. Ahmed du rapport qualité-prix de cet hôtel ?
  8   Que suggère M. Ahmed à l'agence de voyages ?

2   Vous allez écouter Mme Morel se plaindre à la réception du terrain de camping et choisissez les cinq affirmations qui sont vraies.
  1   Mme Morel et ses deux enfants sont arrivés au terrain de camping la veille.
  2   L'accès à l'eau potable n'est pas difficile.
  3   Le réceptionniste explique à Mme Morel pourquoi il est impossible de changer d'emplacement aujourd'hui.

4 Mme Morel n'a personne pour l'aider.

5 Le réceptionniste promet à Mme Morel de lui trouver un autre emplacement.

6 L'emplacement trente-huit est apprécié par tous les campeurs.

7 L'emplacement trente-huit se trouve à côté du bloc sanitaire mais loin des poubelles.

8 Le parking du terrain de camping est tout près des sanitaires.

Un camping pas bien organisé

9 Mme Morel n'est pas contente de l'autre emplacement qui lui est offert.

10 Le parc pour amuser les enfants n'est pas acceptable.

3 Les expressions négatives. Regardez d'abord la section grammaire F. Copiez et complétez les huit phrases avec les expressions négatives entre parenthèses.

Exemple : 1 Il n'a vu personne à la réception.

1 Il a vu à la réception. (*ne…personne*)
2 Il y a un emplacement de libre. (*ne…que*)
3 Elle a pu faire. (*ne…rien*)
4 Ils y sont allés. (*ne…jamais*)

5 Nous voulons de cette chambre. (*ne…plus*)
6 Les a aidés. (*ne…personne*)
7 Il y a jus de fruits céréales. (*ne…ni…ni…*)
8 Nous avons pris le petit déjeuner. (*ne…plus*)

4 a Travaillez à deux. Vous êtes à une auberge de jeunesse et n'êtes pas satisfait(e) de votre séjour. Expliquez au/à la réceptionniste (votre partenaire) ce qui ne va pas. Il/Elle commence la conversation. Tout d'abord, remettez ce que dit le/la réceptionniste dans le bon ordre.

Vous

1 (i) Saluez le/la réceptionniste.
   (ii) Dites votre nom et quand vous êtes arrivé(e).

2 Expliquez pourquoi vous n'avez pas pu prendre une douche ce matin.

3 Plaignez-vous des toilettes.

4 Plaignez-vous de la qualité du petit déjeuner. Demandez :
   (i) votre carte de membre
   (ii) combien vous devez pour votre séjour

Le/La réceptionniste

— Oui, tout va bien ?

— Je vais en parler au personnel d'entretien.

— Écoutez. Ce n'est pas un hôtel ici.

— Bonjour. Qu'est-ce que je peux faire pour vous ?

— J'en parlerai au personnel de service.

— Voilà votre carte. Quinze dollars, s'il vous plait.

4 b Vous êtes dans un camping et vous avez des raisons de vous plaindre, par exemple de la proximité des poubelles, etc. Allez vous plaindre à la réception. Vous jouerez le rôle du/de la réceptionniste. Adaptez la conversation de l'exercice 4a.

5 Vous faites un séjour dans un hôtel dont vous n'êtes pas du tout satisfait(e). Écrivez un courriel à l'agence de voyages qui vous l'a recommandé. Expliquez :

● l'état dans lequel vous avez trouvé votre chambre
● ce qui ne marche pas (la télé, la douche, la climatisation, l'ascenseur)
● la mauvaise qualité des repas
● comment le personnel est peu serviable.

Pour savoir commencer et finir une lettre formelle, reportez-vous à l'exercice 1.

Vocabulaire

B1.1 Ma famille

l'arbre généalogique (*m*)	la fille	l'oncle (*m*)
le chat	le fils	le petit fils
le cheval	la grand-mère	la petite fille
le chien	le grand-père	le poisson rouge
le demi-frère	*le jumeau*	la souris
la demi-sœur	le lapin	la tante

B1.2 Comment sont-ils physiquement ?

âgé(e)	joli(e)	une oreille
avoir l'air	laid(e)	petit(e)
la barbe	les lunettes (*f*)	ressembler à
les cheveux (*m*)	mignon(ne)	roux (rousse)
grand(e)	mince	sourire
gros(se)	la moustache	la taille
jeune	moyen(ne)	les yeux (*m*)

B1.3 Comment sont-ils de caractère ?

agréable	énervant(e)	méchant(e)
la bêtise	faire plaisir	*menteur (menteuse)*
bruyant(e)	généreux (généreuse)	paresseux (paresseuse)
casse-pieds	gentil(le)	la qualité
courageux (courageuse)	heureux (heureuse)	*le rapport*
le défaut	honnête	stupide
égoïste	jaloux (jalouse)	travailler

B1.4 Les rapports avec les autres

l'amitié (*f*)	se fâcher	réussir
compréhensif (compréhensive)	la faute	rigoler
se disputer	le gout	le sens de l'humour
s'entendre	la liberté	sévère
s'excuser	pénible	*tendu(e)*
fâché(e)	le rapport	

B2.1 Je me détends chez moi

constamment	faire de la cuisine	la radio
la détente	le feuilleton	le roman
le documentaire	le film	le SMS
écouter de la musique	généralement	surfer sur Internet
écrire	le jardinage	*tchatter*
l'émission (*f*)	le jeu (vidéo)	texter
énormément	jouer (du piano)	le texto
envoyer (des e-mails/un texto)	le magazine	
le Facebook	l'ordinateur (*m*)	

B2.2 Range ta chambre !

aider	faire (le lit)	le nettoyage
balayer	garder (un enfant)	nettoyer
les courses	la lessive	s'occuper de
débarrasser (la table)	le ménage	passer l'aspirateur
donner à manger à	mettre (le couvert)	la poussière

préparer à manger
propre
ranger (la chambre)

remplir (le lave-linge)
le repassage
sortir (la poubelle)

la tâche ménagère
tondre (la pelouse)
la vaisselle

B2.3 Bienvenue chez moi

apprécier
bientôt (à bientôt)
la bise
la boite de chocolats
le cadeau
chez les…
la connaissance
diner
enlever (les chaussures)

faire visiter
les fleurs (f)
se garer
hésiter
l'hospitalité (f)
l'hôte (m/f)
l'invitation (f)
l'invité(e)
inviter

le jeu de société
poli(e)
poser
prévenir
présenter
remercier
rencontrer

B3.1 Mon temps libre

la batterie
la bibliothèque
le centre commercial
le copain (la copine)
l'équipe (f)
faire les magasins
génial(e)

l'instrument (m)
jouer à/de
la maison des jeunes
la natation
le passe temps
passer
le patin à glace

la patinoire
la piscine
préféré(e)
le temps libre
le tennis de table
le théâtre

B3.2 Tu veux sortir ?

se baigner
barbant(e)
le château
chercher
devoir
ensemble
espérer

faire la fête
faire un tour
la fête foraine
le magasin
montrer
se passer
la piscine

pouvoir
rencontrer
la soirée
sortir
le syndicat d'initiative
la vielle ville
vouloir

B3.3 Mes loisirs

accueillir
avoir envie de
bavarder
emprunter
entourer
l'escalade (f)

les frais (m)
gratuitement
s'inscrire
la musculation
s'occuper de
le patin à roulettes

la planche à voile
la plongée
se réunir
le ski nautique
le tournoi
le VTT

B4.1 Je voudrais une glace à la fraise

apporter
la carte
le coca
choisir
le choix
la commande
commander
le citron pressé
la crêpe (au citron, au sucre, à l'orange…)
le croquemonsieur
désirer

la fraise
les frites
la glace (au citron, au chocolat, à la fraise…)
la limonade
la mayonnaise
le menu
le morceau
l'orange (f) pressée
le parfum
la pizza
la pizzéria

le plat (chaud/froid)
le poulet
le prix
la salade (de tomates)
le sandwich (au fromage, au poulet, grillé…)
le sirop
la soupe (à l'ognon)
la tomate

B4.2 Je vais au restaurant

l'addition (f)
l'assiette (f)
le bol
la bouteille
la cannette
la carafe
la charcuterie
commencer (pour commencer)
le couteau
les crudités (f)

le dessert
l'eau (pétillante, du robinet)
l'entrée (f)
la fourchette
le menu
les moules marinières
le pâté
le plat principal
la portion
le potage

la salade
le saumon (fumé)
le serveur (la serveuse)
service inclus
la soupe (de poisson)
le steak-frites
le verre
la vinaigrette

B4.3 J'aime manger italien

anglais(e)
avoir tort
Bon appétit !
changer
le chef cuisinier
couteux (couteuse)
la crème anglaise
emmener

être d'accord
les fruits de mer
impoli(e)
indien(ne)
italien(ne)
marocain(e)
mexicain(e)
le monde

original(e)
le/la meilleur(e)
le/la pire
proposer
le pub
rôti(e)
simple

B5.1 Jours de fêtes

acheter
Aïd
un anniversaire
l'argent (m)
le cadeau
la carte
célébrer

chanter
danser
la fête
fêter
le feu d'artifice
la journée
le mariage

musulman(e)
Noël
l'occasion (f)
le portable
rencontrer
la soirée

B5.2 On fait la fête avec les copains

à l'heure
s'amuser
la boisson
cuire
la fête
s'inquiéter

la nourriture
organiser
permettre
le préparatif
promettre
se rappeler

retrouver
rigoler
tard
tôt
la viande

B5.3 Une occasion spéciale

avoir lieu
le bal
le bonheur
la cérémonie
connaitre
épouser
une épouse
un époux

étonnant(e)
un évènement
se fiancer
heureux (heureuse)
l'invité(e)
la mairie
présenter
ramener

la réception
sensationnel(le)
souhaiter
suivre
s'unir

B6.1 Quel genre de vacances ?

le bord de la mer
la campagne
le camping-car
le coin
la croisière
découvrir

la destination
éducatif (éducative)
à l'étranger
l'endroit (*m*)
explorer
faire du cheval

louer
la montagne
le pays
la plage
la randonnée
le voyage

B6.2 Tu passes de bonnes vacances ?

l'agence de voyages (*f*)
l'arrangement (*m*)
bronzer
le dépliant
faire de la voile
faire une réservation

la galerie d'art
le gite
nager
obtenir
prendre un bain de soleil
le/la propriétaire

le renseignement
le séjour
le site touristique
les sports nautiques (*m*)
le vol
voyager

B6.3 Projets de vacances

accueillir
assister
l'autoroute (*f*)
avoir peur
la boite de nuit
la carte postale
le choix

le cœur
garer
impressionnant(e)
s'inquiéter
passionner
la pièce de théâtre
plaire

la renommée
la rue commerçante
séjourner
le spectacle
tenter
la vedette
la vue

B7.1 On va loger où ?

l'appartement (*m*)
s'arrêter
au milieu de
l'auberge de jeunesse (*f*)
le bruit
la campagne
le camping-car

la caravane
la chambre d'hôte
dommage
le gite
lo logement
loger
loin de

louer
la tente
le terrain de camping
tranquille
le vacancier

B7.2 Réservations de vacances

à l'appareil
à partir de
l'auberge de jeunesse (*f*)
le bloc sanitaire
la carte bancaire
la clef
le coin

compris(e)
confirmer
le départ
disponible
le dortoir
l'emplacement (*m*)
l'établissement (*m*)

l'étage (*m*)
garer
gratuit(e)
de passage
prendre possession de
la randonnée

B7.3 Il y a quelque chose qui ne va pas ?

l'ascenseur (*m*)
la climatisation
complet (complète)
donner sur
l'eau potable (*f*)
élevé(e)
en panne
l'entretien (*m*)

l'hôtelier
la laverie automatique
manquer
marcher
mériter
l'odeur (*f*)
la poubelle
propre

la réparation
se plaindre
serviable

La Martinique, où règnent la nature et la musique

La ville de Fort-de-France

Ma nouvelle vie

Il y a deux mois, je suis arrivée en Martinique pour y **1**.......... . Je suis infirmière à l'hôpital de Fort-de-France, la **2**.......... dc la Martinique.

J'aime bien mon boulot, mais ce que j'**3**.......... encore plus, c'est le weekend. Ici, on est entourés par la mer et les plages sont superbes. Comme le climat le permet, on fait des barbecues entre copains et ça me donne aussi l'occasion de **4**.......... des gens et de me faire de nouveaux amis.

Je trouve les gens vraiment sympa dans l'ensemble. Le seul problème est que la plupart des locaux **5**.......... créole. Je me suis donc inscrite à un cours de langue et je commence à me débrouiller.

La ville de Fort-de-France est jolie et très animée. Il y a des **6**.......... de fruits et légumes, d'épices et de poissons.

On peut, bien sûr, faire toutes sortes d'activités nautiques. La cuisine est bien différente de la cuisine française mais très **7**.......... . Pour ceux qui aiment sortir le soir, à part les **8**.......... il n'y a pas grand-chose. Il y a le théâtre mais pour ce qui est des boites de nuit par exemple, ce n'est pas comme à Paris ! Moi, ça ne me dérange pas. Je préfère avoir une vie **9**.......... et être entourée de **10**.......... . Quand je ne suis pas au travail, j'en profite beaucoup.

Une plage de rêve

1 Lisez le blog d'Anaïs qui nous parle de sa vie en Martinique et complétez-le en choisissant les bons mots dans la case (1-10). Attention ! il y a trois mots de trop.

rencontrer	apprécie	marchés	restaurants	capitale
calme	parlent	bonne	nature	
ile	travailler	est	animée	

Quatre incontournables*

A

À Sainte-Marie, vous découvrirez un endroit original. Vous apprendrez tout sur ce fruit local, de la plantation à la consommation. La visite est guidée et vous serez invité à y gouter. Saviez-vous qu'il en existe plus de soixante variétés ?

B

Partez de bonne heure le matin pour faire une randonnée de cinq heures. Prenez des bouteilles d'eau et un piquenique avec vous. N'oubliez pas l'anti-moustique pour la partie mangrove. Vous aurez de très belles vues de la mer et vous verrez un grand nombre d'espèces végétales et d'oiseaux.

C

Passez la matinée à observer ces animaux de notre bateau. Leur ballet aquatique est impressionnant et chaque fois différent. Après, nous vous invitons à une pause baignade et à prendre une boisson fraiche avec nous.

D

C'est l'endroit idéal pour s'initier à ce sport. L'eau est chaude, la visibilité est excellente. Dans le sud de l'ile, il y a des sites en couleurs avec des plateaux de corail. La meilleure saison est de novembre à juin.

* un incontournable – quelque chose de fantastique, à ne pas manquer

2 Lisez les détails de ces quatre incontournables, puis faites correspondre les sous-titres (1-4) aux incontournables (A-D).

1 La plongée sous-marine   3 Le musée de la banane

2 Le parc naturel régional   4 Les dauphins

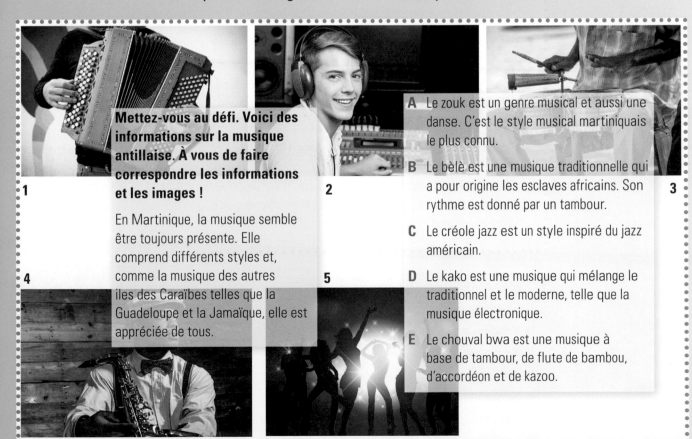

Mettez-vous au défi. Voici des informations sur la musique antillaise. À vous de faire correspondre les informations et les images !

En Martinique, la musique semble être toujours présente. Elle comprend différents styles et, comme la musique des autres iles des Caraïbes telles que la Guadeloupe et la Jamaïque, elle est appréciée de tous.

A Le zouk est un genre musical et aussi une danse. C'est le style musical martiniquais le plus connu.

B Le bèlè est une musique traditionnelle qui a pour origine les esclaves africains. Son rythme est donné par un tambour.

C Le créole jazz est un style inspiré du jazz américain.

D Le kako est une musique qui mélange le traditionnel et le moderne, telle que la musique électronique.

E Le chouval bwa est une musique à base de tambour, de flute de bambou, d'accordéon et de kazoo.

1 2 3 4 5

En Vol

La Provence : la région que tout le monde veut visiter

1 La Provence est une région qui est située dans le sud-est de la France. C'est une région chargée d'histoire. On y trouve des monuments qui datent de l'époque romaine, tels que le théâtre antique d'Orange que le roi Louis XIV appelait « le plus beau mur de la France ». Il y a aussi des monuments du Moyen-Âge, comme le Palais des Papes en Avignon où les papes ont résidé au quatorzième siècle.

2 Châteauneuf-du-Pape est un village à une vingtaine de kilomètres d'Avignon, bien connu pour ses vignobles et son vin mais aussi pour le château que les papes utilisaient quand ils n'étaient pas en Avignon.

3 C'est une région au climat méditerranéen. Il y fait chaud et sec en été, assez froid en hiver à cause du Mistral, un vent froid qui vient du nord, et plutôt doux pendant le printemps et l'automne. Le climat attire beaucoup de touristes, surtout dans les stations balnéaires.

4 Le festival d'Avignon et les Chorégies d'Orange sont des attractions annuelles et des spectacles de toutes formes d'expression artistique y sont appréciés.

5 C'est aussi une région qui a sa propre langue, le provençal, peu parlée aujourd'hui mais que nos arrière-grands-parents connaissaient bien.

6 Beaucoup de Provençaux ont un accent assez prononcé quand ils parlent français. Il est très différent de l'accent des autres régions mais n'est pas difficile à comprendre.

7 C'est une région variée. Le Mont Ventoux est une montagne dont le sommet est à presque 2000 mètres d'altitude. Il domine la vallée du Rhône et ses routes sont parfois utilisées par la célèbre course cycliste appelée le Tour de France. Plus au sud, en Camargue, c'est complètement différent. C'est une réserve naturelle où vous pouvez voir des flamands roses, des chevaux blancs sauvages et des taureaux. Venez visiter la Provence, vous ne le regretterez pas !

1 Faites correspondre les sept sous-titres (A-G) aux sept paragraphes de l'article (1-7).

A Le temps qu'il y fait

B L'accent provençal

C Sa langue

D Son aspect historique

E Sa variété géographique

F Ses vins

G Les évènements artistiques

Le taureau piscine

Le taureau piscine est un sport pour le grand public. Cela se passe au printemps ou en été aux arènes de Nîmes, d'Arles, ou du Grau-du-Roi par exemple. Au milieu des arènes, on a mis une petite piscine en plastique. Bien que cette occasion s'appelle « taureau piscine », on utilise une petite vache. Les vaches sont moins agressives que les taureaux. Le but est de faire traverser la piscine à la vache. Pour cela, si vous voulez y participer, attirez l'attention de la vache qui va vous courir après, traversez la piscine et la vache vous suivra. Si vous y arrivez, vous gagnerez un prix. Plus c'est difficile, plus le prix est élevé. Bonne chance !

Taureau piscine en action

Vous voulez gagner un prix à un taureau piscine ?
Remettez ces conseils dans le bon ordre. Bonne chance !

1 Vous devez traverser la piscine.
2 Vous devez entrer dans l'arène avec beaucoup de confiance.
3 Vous devez courir dans l'arène dans la direction de la piscine et la vache doit vous suivre.
4 Vous devez tout d'abord attirer l'attention de la vache.
5 Vous devez vous échapper rapidement de l'arène sans être blessé(e).
6 La vache doit continuer à vous suivre et aussi traverser la piscine.

Le festival d'Avignon

Que pensent ces jeunes du festival d'Avignon ?

GabyL	Les spectacles auxquels on a assisté étaient super. Cependant, pendant la période du festival, il faut dire que le prix des chambres d'hôtels ou des repas au restaurant sont trop élevés. À part ça, une animation dans la ville extraordinaire et une ambiance de fête.
AnnieTa	Le problème, c'est que les billets pour les spectacles sont devenus trop chers. Pour le festival OFF, par contre, les prix sont plus raisonnables.
HenriX	Vous avez raison, AnnieTa, et les spectacles sont aussi bons sinon meilleurs. Nous, on a fait du camping à l'extérieur de la ville. Comme ça, ça va, on peut rester la semaine.
Enzo32	Si vous voulez voir un grand spectacle, il faut être prêt à payer. Moi, je préfère assister à un seul spectacle mais voir quelque chose d'exceptionnel.
Mathisocial	Ce qui me plait le plus, c'est l'ambiance qu'il y a en ville plutôt que les spectacles. Pendant la saison du festival, il y a énormément de monde qui est là pour se détendre. Je trouve ça vraiment sympa.

2 **Qui dit ça ?**

1 Je n'ai jamais assez d'argent pour les grands spectacles du festival « in ».

2 Moi, je ne suis pas ici pour les spectacles.

3 Pendant cette période, ils profitent des touristes et tout augmente.

4 On n'a pas pu s'offrir une chambre d'hôtel.

5 La qualité du spectacle, ça se paie.

Décollage

Coin examen 2.1

Écrire une petite rédaction

Apprendre à écrire une bonne rédaction

Pour votre examen écrit, vous devrez écrire une petite rédaction.

1 a Avec un(e) partenaire, étudiez cet exemple du genre de travail écrit que vous devez faire dans votre examen.

Récemment, vous avez commencé à correspondre avec un(e) amie qui habite en France. Écrivez-lui une lettre.

a) Présentez-lui votre famille.

b) Parlez un peu de deux de vos ami(e)s.

c) Dites ce que vous aimez faire avec vos ami(e)s.

d) Expliquez ce que vous allez faire pendant les prochaines vacances scolaires.

Écrivez environ 80-90 mots en français.

1 b Lisez la liste de stratégies et classez-les en quatre catégories.

    A Utiles pour la préparation avant l'examen

    B Utiles avant de commencer à écrire

    C Utiles pendant l'écriture de la rédaction

    D Utiles une fois la rédaction finie

---

1 Lisez les instructions avec soin.
2 Assurez-vous que vous connaissez les temps des verbes et leurs terminaisons.
3 Répondez à chaque lettre (a, b, c et d).
4 Trouvez la lettre qui vous demande de donner deux renseignements. Ici, la lettre b vous demande de parler de deux ami(e)s.
5 Si on vous demande votre opinion, donnez-la et justifiez-la si possible.
6 Écrivez lisiblement un paragraphe pour chaque lettre (a, b, c, d).
7 Relisez ce que vous avez écrit et vérifiez que votre travail ne contient pas de fautes d'orthographe ou de grammaire.
8 Vérifiez que vous avez inclus une variété d'adjectifs et que vous avez fait les accords.
9 Écrivez entre 80 et 90 mots en français.
10 Écrivez des phrases complètes. Chaque phrase doit inclure au moins un verbe. Pour éviter d'écrire des phrases trop courtes, utilisez des mots comme *et, mais, parce que, car.*
11 Vérifiez que le temps de chaque verbe est correct et que vous avez utilisé la personne correcte pour chaque verbe.
12 Identifiez les temps (présent, passé, futur) que vous allez utiliser.
13 Écrivez quatre paragraphes de 20 mots chacun. Il vous reste dix mots si vous en avez besoin.
14 Utilisez une ou deux formes négatives.

Réponses possibles

2 Lisez ces deux réponses à l'exercice 1a. Laquelle est la meilleure ? Référez-vous à la liste de stratégies ci-dessus pour vous aider à décider.

Salut,

Je vais te parler de ma famille. On est cinq. Il y a mon frère, ma demi-sœur, ma belle-mère et mon père. On s'entend très bien. Mon meilleur copain s'appelle Henri. Il est vraiment sympa. Pendant les vacances scolaires, on va en famille au bord de la mer. On y reste une semaine. Après ça, je reste à la maison. Et toi ?

Luc

Salut,

Pour répondre à tes questions, dans ma famille, il y a cinq personnes. En effet, j'ai un frère et une sœur. Moi, je suis l'ainé.

J'ai quelques amis mais mon meilleur copain s'appelle Henri. On s'entend bien ensemble. Avec Arthur, c'est différent. On se dispute quelquefois, surtout à propos de nos activités.

Souvent, on va au cinéma. Hier on a fait du foot avec d'autres copains.

Pendant les grandes vacances cette année, on va partir au bord de la mer et on fera du camping. Et toi ?

Luc

À vous !

3 a Lisez la réponse à l'exercice ci-dessous et discutez-en avec votre partenaire. Reportez-vous à la liste de stratégies pour décider comment en écrire une meilleure.

3 b Écrivez une bonne réponse vous-même.

3 c Comparez votre travail à celui de votre partenaire. Puis, faites l'exercice encore une fois pour produire une réponse parfaite !

Votre professeur de français vous a donné l'adresse e-mail d'un(e) élève français(e). Envoyez un courriel à votre nouveau/nouvelle correspondant(e).

a) Présentez-vous et dites où vous habitez.

b) Décrivez votre maison.

c) Parlez un peu de vos études.

d) Dites ce que vous allez faire le weekend prochain.

Écrivez 80-90 mots en français.

Salut,

Je suis ton correspondant. Je m'appelle Max. J'habite à Bruxelles, dans le centre-ville. On est une grande famille. J'ai trois frères et deux sœurs. On a une grande maison. Au premier étage, il y a cinq chambres. Au rez-de-chaussée, il y a la cuisine, la salle à manger et le salon. Il y a aussi un grand jardin. Mon collège est à deux kilomètres de chez moi. Je vais au collège en bus. C'est pas mal comme collège. Mes profs sont sympa. Le weekend prochain, je vais voir mes amis et on va aller au cinéma ensemble. Il y a un film super en ce moment. Et toi, qu'est-ce que tu vas faire ?

Max

Décollage

Coin examen 2.2

Préparer une présentation pour votre examen oral (1)

Choisir un titre de présentation

1 Choisissez un sujet qui vous intéresse et vous est personnel.
2 Assurez-vous que votre niveau de langue est suffisant pour ce sujet.
3 Ne choisissez pas un sujet qui est trop vaste ou trop compliqué.
4 Ne décrivez pas votre famille, vos ami(e)s ou votre routine journalière. Ces sujets font partie de la conversation générale.
5 Choisissez un sujet qui vous permet de démontrer vos connaissances de langue (l'usage des temps, un vocabulaire varié, l'expression de vos opinions etc.).

---

1 a Étudiez la liste de titres de présentation (1-9) et donnez-leur une note sur 10 (0 : très mauvais choix à 10 : un choix excellent). Puis, justifiez votre note.

Titres de présentation	Mes notes	Mes raisons
1 Le sport dans ma vie	10	Ça m'intéresse beaucoup. Je connais le vocabulaire. Je peux utiliser le présent, le passé et le futur.
2 Ma famille	2	On en parlera dans la conversation générale. C'est trop général.
3 L'union européenne	1	C'est trop compliqué.
4 La criminalité dans mon pays		
5 Mes dernières vacances		
6 Mon régime alimentaire		
7 Le terrorisme		
8 Mon futur métier		
9 Mon sport préféré		

1 b Travaillez à deux. Choisissez chacun trois titres de présentation et discutez-en avec votre partenaire. Vous devez décider du titre qui, pour vous, est parfait.

Pour vous aider à décider, posez-vous ces questions :

1 Est-ce que j'ai beaucoup à dire sur ce sujet ?

2 Est-ce que je connais le vocabulaire nécessaire ?

3 Est-ce que je peux donner mon opinion et la justifier ?

4 Est-ce que je peux utiliser le présent, le passé et le futur ?

Vous avez votre titre!

Préparer le plan de votre présentation

2 a Étudiez ces deux exemples et mettez les six idées (A-F) contenues dans chaque présentation dans un ordre logique. Indiquez aussi dans la grille les idées qui vous donneront l'occasion d'utiliser le présent, le passé ou le futur.

Exemple : 1 Mes vacances habituelles et mes dernières vacances.

	Présent	Passé	Futur
A notre gite	✓		
B ce que j'ai fait		✓	
C où et quand on y va			
D l'hôtel où on a logé			
E où et quand on y est allés			
F mes activités habituelles			

Exemple 2 Mes deux cousins canadiens

	Présent	Passé	Futur
A Le cousin avec qui je m'entends le mieux – Raisons			
B Ma prochaine visite au Canada			
C Ce qu'on fera au Canada			
D Ce qu'on aime faire ensemble			
E Mes cousins – noms et âges			
F Nos activités quand ils sont venus ici			

2 b À vous maintenant ! Complétez six fiches aide-mémoire en écrivant six idées dont vous voulez parler dans votre propre présentation.

2 c Étudiez ces idées pour l'exemple 2 de l'exercice 2a (10 mots maximum par idée). Notez que des couleurs ont été utilisées : noir pour information, bleu pour votre opinion et vert pour l'utilisation des verbes.

Exemple 2 de l'exercice 2 :

E Cousins – noms et âges – opinion de mes cousins – raisons – présent

F Activités – cinéma – piscine – fête d'anniversaire – excursion – opinion – raisons – passé

2 d Travaillez à deux. Choisissez une des six fiches aide-mémoire de votre présentation. Utilisez vos notes (en utilisant le code couleurs), réfléchissez à ce que vous voulez dire puis, dites-le à haute voix à votre partenaire. Répétez l'exercice pour chacune de vos six fiches aide-mémoire.

3 Mettez vos fiches aide-mémoire sur la table pour les évaluer avec votre partenaire.

Variété de vocabulaire	✓✓
Les adjectifs et les accords	
Les temps (présent, passé, futur)	
Les adverbes	
Les comparaisons	
Les opinions	
Les justifications d'opinion	
L'ordre logique	

Votre préparation est finie. Vous êtes prêt(e) à passer à l'action !

Décollage

Coin examen 2.3

Préparer une présentation pour votre examen oral (2)

Passons à la pratique

1 Pratiquez votre présentation en utilisant vos six fiches aide-mémoire.

> → Vous devez parler pour un minimum d'une minute et un maximum de deux minutes.
> → Votre partenaire vous dira combien de temps vous avez utilisé pour faire votre présentation.
> → Résultats possibles :
>   • Vous avez parlé moins d'une minute.
>   Action : Ajoutez des détails supplémentaires à votre présentation.
>   • Vous avez parlé plus de deux minutes.
>   Action : a) Vous pouvez essayer de parler un peu plus vite mais, attention à la prononciation ! b) Si vous avez souvent hésité, vous avez perdu du temps. Refaites l'exercice sans hésitation, si possible. c) Votre présentation est peut-être trop longue. Réduisez la longueur.

2 Avec l'aide de votre partenaire, discutez de la manière dont vous avez parlé, c'est-à-dire :

• Avez-vous parlé clairement ?

• N'avez-vous pas parlé trop vite ?

• Avez-vous parlé sans hésitations ?

• Avez-vous fait assez attention à la prononciation ?

• Avez-vous pu regarder la personne qui vous écoute dans les yeux ?

Comment faire une bonne présentation

3 Écoutez deux présentations avec le même titre. Pour chacune des deux présentations, copiez et cochez les différentes catégories de la grille ci-dessous. Quelle est la meilleure présentation ? Pour quelles raisons ? Discutez-en avec votre partenaire.

Variété de vocabulaire	
Répétitions	
Les adjectifs et les accords	
Les temps (présent, passé, futur)	
Les adverbes	
Les comparaisons	
Les opinions	
Les justifications d'opinion	
L'ordre logique	
Expression claire	
Bonne prononciation	
Hésitations	
Parle trop vite	

4 a Faites votre présentation à votre partenaire avec l'aide de vos fiches aide-mémoire. Prenez une seule fiche et parlez-en sans hésitations. Faites cet exercice pour chacune de vos fiches.

4 b Faites le même exercice, cette fois <u>sans</u> l'aide de votre première fiche aide-mémoire. Votre partenaire qui a votre fiche aide-mémoire peut vous aider si c'est nécessaire. Quand vous aurez réussi à le faire sans hésitations, répétez l'exercice avec la deuxième fiche, puis avec la troisième fiche, etc.

4 c Continuez à pratiquer votre présentation. Vous devez faire votre présentation entière sans l'aide de vos fiches et ne pas dépasser deux minutes.

Votre présentation est prête. Bravo !

La conversation qui suit la présentation

5 Après avoir fait votre présentation, vous devez répondre à des questions qui développent le sujet de votre présentation. Lisez les dix questions sur la présentation intitulée « Mes loisirs ». Sept de ces questions sont de très bonnes questions. Cependant, trois de ces questions ne sont pas de bonnes questions parce qu'elles ne vous donnent pas l'occasion de développer vos réponses. Lesquelles ?

1 À part le foot et le vélo, quels autres sports vous intéressent ?

2 Pourquoi est-ce que vous aimez le foot ?

3 Parlez-moi de la sortie à vélo en montagne que vous allez faire avec votre frère.

4 Qu'est-ce que vous faites exactement quand vous retrouvez vos copains en ville ?

5 Quel film est-ce que vous allez voir ?

6 Qu'est-ce que vous ferez cet après-midi après le film ?

7 C'est quand, votre anniversaire ?

8 Comment restez-vous en contact avec vos anciens copains ?

9 Où êtes-vous allé(e) la dernière fois que vous êtes parti(e) en vacances ?

10 Qu'est-ce que vous faites chez vous le soir ?

6 a Écrivez cinq questions qui concernent votre propre présentation (dont une au passé) et écrivez de bonnes réponses.

6 b Travaillez à deux. Posez à votre partenaire les questions qu'il/elle a préparées. Votre partenaire va répondre à vos questions, d'abord en consultant ses notes, puis sans ses notes. Ensuite, changez de rôles.

6 c Discutez de la manière dont vous pouvez améliorer ses réponses (et aussi les vôtres !)

6 d Finalement, avec votre partenaire, sans vos notes, faites votre présentation, puis répondez aux questions de votre partenaire. Ensuite, changez de rôles.

Vous voilà maintenant prêt(e) pour l'examen oral !

L'importance de la présentation dans votre examen oral

1	Deux jeux de rôle	30	10 contributions (2x5) – 3 points maximum par contribution	15 minutes de préparation
2	**La présentation suivie de questions**	**30**	**15 points pour la communication – 15 points pour la qualité de la langue**	**Entre 1 et 2 minutes (présentation – 3 minutes (questions)**
3	Conversation générale	30	15 points pour la communication – 15 points pour la qualité de la langue	5 minutes
		10	Impression – basée sur tout l'examen oral	
		Total 100		

C1 Home town and geographical surroundings

Embarquement

C1.1 Je vais en ville

★ **Parler des bâtiments et des installations en ville**
★ **Les conjonctions**

1 Regardez les images. Complétez les phrases avec le bon mot dans la liste.
Attention ! il y a huit mots de trop.

Exemple : 1 poste

1 Ma mère cherche la .... car elle veut acheter des timbres.
2 Je dois être à la .... à 10h parce que mon train part à 10h15.
3 La .... se trouve en face du lycée mais je n'y vais jamais.
4 L'.......... ? C'est un vieux bâtiment en centre-ville. Quand vous arrivez au carrefour, tournez à gauche.
5 Beaucoup d'enfants aiment jouer au .... ou bien aller à la piscine.
6 Mon frère est étudiant, alors il passe beaucoup de temps à la ....
7 Je veux acheter des provisions donc je vais au ....
8 Excusez-moi ! Nous sommes en vacances et ne connaissons pas la région. Où se trouve l'.......... , s'il vous plait ?

office de tourisme	hôtel de ville	gare	théâtre
piscine	*poste*	supermarché	musée
magasins	bibliothèque	centre sportif	collège
gendarmerie	parc	zoo	cinéma

2 Vous allez entendre quatre conversations dans un office de tourisme. Choisissez les deux bons endroits dans la liste pour chaque personne 1-4. Attention ! il y a deux endroits de trop.

Exemple : 1 C, …

A le supermarché	**E** les boutiques	**I** le centre sportif
B les cafés	**F** la boucherie	**J** le musée
C *le château*	**G** le parc	
D les restaurants	**H** l'épicerie	

3 a Les conjonctions. Regardez d'abord la section grammaire H. Reliez les phrases avec une conjonction choisie dans la liste pour faire des phrases correctes.

Exemple : 1 On peut aller au cinéma *ou* on peut aller à la piscine.

1 On peut aller au cinéma. On peut aller à la piscine.

2 Il y a un cinéma en ville. Il n'y a pas de théâtre.

3 Je n'aime pas le centre sportif. Il est vieux.

4 Nous allons toujours à la petite boulangerie au coin de la rue. Nous sommes en ville.

5 Il fait beau. Ils vont au parc.

6 Mes amis veulent aller au bowling. Moi, je trouve que c'est trop cher.

7 C'est dimanche. Beaucoup de magasins sont fermés.

8 À Paris, vous pouvez faire du shopping. Vous pouvez faire un circuit touristique.

ou	alors	donc	parce que
mais	pourtant	car	quand

3 b Relisez les phrases de l'activité 1. Trouvez huit exemples de conjonctions. Copiez-les et traduisez-les dans votre langue.

Exemple : Je veux acheter des provisions donc je vais au supermarché.

4 Le son *gn*. Écoutez cette phrase et séparez-en les mots. Répétez la phrase trois fois. Attention à la prononciation ! Écoutez encore une fois pour vérifier. Répétez l'exercice. Traduisez la phrase dans votre langue. Apprenez la phrase par cœur.

AgnèsquihabiteàAvignonaccompagnesamèrepouracheterdesognonsespagnols.

5 Travaillez à deux pour faire un jeu de rôle. Choisissez le rôle A (le/la touriste) ou le rôle B (l'employé(e)) à l'office du tourisme.

A Bonjour. Je suis en vacances. Vous pouvez me dire ce qu'il y a en ville pour les <u>enfants</u>, s'il vous plaît ?

B Il y a <u>l'aquarium et le zoo</u>.

A Et si l'on veut <u>manger</u> ?

B Alors, <u>le petit café en face de la poste est très bien</u>.

A Qu'est-ce qu'il y a comme magasins ?

B Il y a une grande variété de grands magasins et de petites boutiques.

A Et si l'on veut <u>sortir le soir</u> ?

B Pourquoi ne pas aller <u>au théâtre</u> qui se trouve en centre-ville ?

A Pour acheter des provisions ? Qu'est-ce qu'il y a en ville ou bien tout près ?

B Il y a un hypermarché à environ cinq minutes de la ville.

6 Maintenant, écrivez environ 100 mots en français pour décrire ce qu'il y a dans votre ville/village. Pour vous aider, utilisez la case.

Exemple : J'habite à Ambarès, une petite ville en France…

Pour les jeunes / les adultes / les touristes / les sportifs (sportives), il y a	un collège / un supermarché et une banque / une bibliothèque / une cathédrale / une gare (routière) / de beaux magasins mais / pourtant il n'y a pas de centre sportif ou d'aéroport.
Et si l'on veut faire du shopping / connaitre la région,	vous pouvez aller au supermarché / à la boulangerie / à l'épicerie / à la boucherie / au centre commercial / au marché / à l'office de tourisme / à l'hôtel de ville / au musée. il y a beaucoup de petites boutiques / de grands magasins des magasins de vêtements / de souvenirs.

C1.2 À la campagne et en ville

Décollage

★ **Décrire des endroits différents**
★ **Les quantificateurs [2]**

Aujourd'hui, je visite…

Ruffec, Poitou-Charentes

Les gens qui aiment être à la campagne vont beaucoup aimer Ruffec. Ce village est tout à fait charmant. Il est assez typique de la région avec ses petits magasins, son bistrot très populaire et la grande église si intéressante sur la place d'Armes. Là, on peut aussi admirer l'hôtel de ville fort impressionnant aussi.

Vous aimez les villes beaucoup plus animées ? Vous allez être un peu déçu. Il n'y a pas de grands magasins ou de cinéma ici. Il y a quand-même une piscine et des courts de tennis pour les sportifs.

Bruxelles

Bruxelles est une ville très animée, grande, mais pas trop grande. On peut facilement visiter les nombreuses attractions touristiques tellement impressionnantes. Ici, il y a des musées comme le Centre Belge de la Bande Dessinée et le musée Magritte. Il y a aussi une grande variété de cafés et de restaurants. Si l'on aime bien faire du shopping, il y a beaucoup de magasins.

Quand on est fatigué, on peut se reposer dans un des parcs. Ou bien on peut admirer le Musée d'Art Moderne de Bruxelles de la terrasse d'un café à la place Royale.

1 Lisez la page web au sujet de deux endroits différents. Ensuite répondez aux questions en français.

Exemple : 1 sur à la place d'Armes.

  1 Où à Ruffec peut-on voir l'église et l'hôtel de ville ?
  2 Que peuvent faire les gens actifs à Ruffec ? [2]
  3 Quel endroit, Ruffec ou Bruxelles, est le meilleur choix pour quelqu'un qui aime le calme ? Pourquoi ? [2]
  4 Pourquoi peut-on visiter Bruxelles en une journée ?
  5 Où peuvent aller les gens qui aiment l'art à Bruxelles ? [2]
  6 Quel endroit, Ruffec ou Bruxelles, offre le plus grand choix de cuisines ?
  7 Où peut-on aller à Bruxelles si l'on est fatigué ?
  8 Qu'est-ce qu'on peut voir si on prend une boisson à un café de la place Royale ?

2 Vous allez entendre Magalie et Steve qui décrivent là où ils habitent. Lisez les questions 1-8 page 113 et choisissez la bonne personne chaque fois. Écrivez M pour Magalie, S pour Steve ou M+S pour les deux. Étudiez les affirmations avant d'écouter.

Exemple : 1 M+S

Qui…

1 aime où il/elle habite ?
2 fait du sport dehors ?
3 n'aime pas trop le bruit ?
4 passe du temps avec des copains ?

5 peut boire dans une variété de cafés ?
6 est assez actif/active ?
7 voit souvent des films ?
8 doit payer pour faire du sport ?

3 Les quantificateurs. Regardez d'abord la section grammaire C4. Choisissez le bon quantificateur pour faire des phrases correctes.

Exemple : 1 suffisamment

1 Ma cousine habite à Paris et trouve qu'à la campagne il n'y a pas *suffisamment / peu / trop* de cafés et de magasins.
2 Ma grand-mère aime le calme. Elle déteste la ville mais trouve la campagne *beaucoup plus / beaucoup moins / trop* bruyante.
3 Mon frère est *tout à fait / assez / un peu* paresseux. Il ne fait rien.
4 Les jeunes détestent le village. Ils le trouvent *fort / peu / un peu* ennuyeux.
5 Mes parents aiment *tellement / assez / trop* passer leurs vacances à la montagne car ils aiment faire des randonnés.
6 Il y a un client du café qui parle *peu / excessivement / trop*. Il préfère lire son journal.
7 Des touristes adorent le château *si / peu / assez* impressionnant.
8 Je passe toujours *trop / un peu / beaucoup moins* de temps dans les magasins et je n'ai donc pas le temps de visiter les monuments.

4 Posez ces questions à votre partenaire. Répondez aussi à ses questions. Si possible, ajoutez des détails supplémentaires. Écrivez vos réponses et apprenez-les par cœur.

- Où habites-tu ? À la campagne, en ville, à la montagne… ?
- Qu'est-ce qu'il y a à voir là où tu habites ?
- Qu'est-ce qu'il y a à faire là où tu habites ?
- Aimes-tu habiter là ?
- Pourquoi ?

J'habite	à Paris / à Bruxelles / à Londres / à Dakar. dans une grande ville / un petit village / une belle ville touristique.	
Là, il y a Ici, il y a	un musée très intéressant / un château imposant / un centre sportif moderne / un terrain de foot / un petit magasin / un parc. une grande église impressionnante / une bibliothèque / une grande variété de restaurants et de cafés. beaucoup de grands magasins / de beaux monuments / de petites boutiques originales.	
C'est une ville / un village	très / assez / trop / peu	animé(e) / calme / dynamique / intéressant(e) / ennuyeux (-euse).
Il y a Il n'y a pas	beaucoup / peu à faire pour les jeunes / les touristes / les sportifs.	

5 Maintenant, écrivez deux paragraphes pour décrire une ville ou un village que vous connaissez.

- Dites où se trouve la ville/le village.
- Dites ce qu'il y a à voir.
- Dites ce qu'on peut faire là-bas.
- Dites si vous aimez la ville/le village et pourquoi.

En Vol

C1.3 Je déteste ma ville

★ Parler des avantages et des inconvénients d'habiter dans des endroits différents
★ Les quantificateurs [3]

Ghislaine

Je déteste mon village. Ça devient de plus en plus ennuyeux ici. Vraiment, il n'y a pas beaucoup à faire pour les jeunes comme moi. Il y a un seul vieux café, et un petit bistrot. Pour aller au collège, à la bibliothèque ou à l'hôpital on doit aller en ville. C'est à presque huit kilomètres d'ici. Il y a de moins en moins de transports en commun. On doit donc y aller en voiture.

Mes parents aiment beaucoup plus que moi habiter ici. À leur avis, vivre dans un village est si reposant et meilleur pour la santé que vivre en ville. Ils aiment énormément leur jardin où ils cultivent toutes sortes de légumes.

Moi, par contre, je veux sortir un peu le soir, faire du bowling ou aller au théâtre. C'est vrai qu'ici nous avons le grand lac où on peut faire de la pêche ou des sports nautiques en été. Cependant, en hiver, mes copains et moi, on s'ennuie tout à fait.

Mahmoud

Vivre en ville est super. J'adore tellement le bruit, le monde, les cafés… C'est très animé. En plus, je peux sortir facilement le soir. Tout se trouve tout près de chez moi et les transports en commun sont excellents. Mes parents, eux, s'inquiètent un peu. Ils pensent que vivre en ville peut être dangereux et que la campagne est beaucoup plus sure. Selon eux, la ville est extrêmement polluée. En plus, ma mère aimerait avoir un cheval et faire de l'équitation, ce qui n'est pas possible en ville.

Personnellement, je ne voudrais pas habiter à la campagne. J'aime trop l'ambiance en ville. Il n'y a pas beaucoup à faire pour les jeunes à la campagne, à mon avis.

 1 Lisez l'article puis reliez les débuts et les fins de phrase. Attention ! il y a trois fins de phrases de trop.

Exemple : 1 F

1 Selon Ghislaine, il n y a pas
2 Ghislaine va au
3 Les parents de Ghislaine
4 Ghislaine comprend
5 Mahmoud
6 Selon ses parents,
7 La mère de Mahmoud
8 Mahmoud veut absolument

A ne veut pas rester en ville.
B a un cheval.
C rester en ville.
D voudrait avoir un animal.
E qu'il y a des avantages d'habiter à la campagne.
F beaucoup de distractions dans son village.
G aime la vie urbaine.
H il y a des inconvénients d'habiter en ville.
I aiment faire du jardinage.
J collège en voiture.
K adore la pêche.

2 a Vous allez entendre quatre jeunes parler d'endroits différents. Écoutez d'abord Mireille et Agathe. Dans chaque phrase il y a un détail qui ne correspond pas à l'extrait. Écrivez les mots justes en français.

Exemple : 1 au bord de la mer
   1 La cousine d'Agathe habite <u>à la montagne</u>.
   2 Agathe est allée à Royan <u>l'hiver</u> dernier.
   3 Mireille <u>aime beaucoup</u> habiter à la montagne.
   4 Elle pense qu'il y a <u>peu</u> de distractions en ville.

2 b Maintenant écoutez Christian et Julien. Répondez aux questions en français.

Exemple : 5 C'est bruyant, il y a beaucoup de monde, c'est pollué.
   5 Pourquoi Christian ne veut-il pas habiter en ville ? [3]
   6 Pourquoi Julien aime-t-il là où il habite ? [2]
   7 Qu'est ce qu'on peut faire à la montagne ? [2]
   8 Selon les garçons où vont-ils habiter à l'avenir ?

3 a Les quantificateurs. Regardez d'abord la section grammaire C4. Complétez le paragraphe avec des quantificateurs dans la liste.

Exemple : 1 de plus en plus

Moi je deviens **1**.......... aventureux. L'année dernière, par exemple je suis allé aux États-Unis. Le paysage là-bas est **2**.......... impressionnant. Et tout est grand, les voitures **3**.......... les bâtiments. Ici, dans mon village, les bâtiments sont **4**.......... petits, mais aux États-Unis ils sont énormes. Je suis resté au bord de la mer et les plages y sont **5**..........belles. Le seul problème ? En France, je prends **6**.......... la voiture, mais aux États-Unis, **7**.......... des gens vont partout en voiture. En plus, j'aime **8**.......... la nourriture américaine qui est trop grasse à mon avis.

de plus en plus	fort	de moins en moins
peu	comme	extrêmement
la plupart	tellement	

3 b Relisez l'article. Trouvez des exemples de quantificateurs. Copiez-les et traduisez-les dans votre langue. Ensuite, apprenez-les par cœur.

Exemple : tellement

4 Travaillez en groupes de trois ou quatre. Présentez la ville ou le village où se trouve votre collège à la classe. Pensez aux points suivants :
   ● ce qu'il y a pour les jeunes
   ● le paysage
   ● la pollution
   ● le bruit
   ● l'ambiance

5 Les vacances à la campagne. L'année dernière vous avez fait du camping à la campagne près d'une grande ville que vous avez visitée aussi. Écrivez un e-mail à un(e) ami(e) français(e). Vous devez écrire 130-140 mots en français.
   ● Décrivez les deux endroits (la campagne et la ville) et dites ce qu'il y avait à faire à chaque endroit.
   ● Vous avez mieux aimé la campagne ou la grande ville ? Expliquez pourquoi.
   ● Vos parents ont préféré la campagne ou la grande ville ? Pourquoi ?
   ● Où voudriez-vous partir en vacances dans le futur ? Pourquoi ?

C2 Shopping

Embarquement

C2.1 Qu'est-ce qu'on achète ?

★ **Aller aux magasins, acheter et payer**
★ **Les nombres cardinaux jusqu'à 100 ; les mots interrogatifs**

1 Quels magasins ? Quels articles ? Voici une liste de magasins. Quelles sont les choses que l'on peut y acheter ? Quelle est la chose qu va pas avec les autres.

Exemple : 1 un sac à main

  1 On achète *des gâteaux, des tartes, un sac à main, des croissants* à la pâtisserie.

  2 On achète *des livres, des journaux, un croissant, des crayons* à la librairie.

  3 On achète *du lait, des œufs, des boites de conserves, une robe* à l'alimentation générale.

  4 On achète *des boucles d'oreille, une bouteille de lait, des bracelets, des bagues* à la bijouterie.

  5 On achète *une baguette, du porc, du poulet, du steak haché* à la boucherie.

  6 On achète *un crayon, des baguettes, du pain de campagne, des pains au chocolat* à la boulangerie.

2 Vous allez entendre six conversations dans des magasins différents. Répondez aux questions en écrivant la lettre qui correspond au type de magasin et le prix que vous entendez.

Exemple : 1 A, E

  1   **A** boulangerie
        B supermarché
        C bijouterie
        D 3,60 $
        E 3,80 $
        F 3,16 $

  4   **A** pâtisserie
        B librairie
        C crêperie
        D 19,60 $
        E 5,60 $
        F 9,60 $

  2   **A** boucherie
        B pharmacie
        C alimentation générale
        D 6,50 $
        E 5,70 $
        F 7,60 $

  5   **A** parfumerie
        B poissonnerie
        C pharmacie
        D 6,25 $
        E 25,12 $
        F 20,25 $

  3   **A** charcuterie
        B magasin de chaussures
        C librairie
        D 45,00 $
        E 65,00 $
        F 50,00 $

  6   **A** magasin de sport
        B bijouterie
        C tabac
        D 19,00 $
        E 9,10 $
        F 99,00 $

3 Comment prononcer la lettre *c*. Écoutez ces phrases et séparez-en les mots. Répétez les phrases trois fois. Attention à la prononciation. Écoutez encore une fois pour vérifier. Répétez l'exercice. Traduisez les phrases dans votre propre langue. Apprenez les phrases par cœur.

Commentçavaçavabienmercicombiencoutecesacencuircelui-cinoncelui-ladanslecoin.

4 a Les nombres cardinaux jusqu'à 100. Regardez la section grammaire I1. Ensuite écrivez les chiffres en lettres.

Exemple : 1 quatre dollars cinquante

   1 Elodie va à la boulangerie. Elle paie .... (*4,50 $*).
   2 Jean-François va à la poissonnerie. Il paie .... (*12,70 $*).
   3 Dominique va à la librairie. Elle paie .... (*14,95 $*).
   4 Fabienne va au supermarché. Elle paie .... (*99,00 $*)
   5 Giles va à la pharmacie. Il paie .... (*10,72 $*).
   6 Soraya va à la crêperie. Elle paie .... (*3,45 $*).

4 b Les mots interrogatifs. Regardez la section grammaire E3. Ensuite écrivez les quatre exemples de phrases avec des mots interrogatifs que vous voyez dans le titre et les instructions de l'exercice 1. Traduisez-les dans votre langue.

5 a Travaillez à deux pour faire un jeu de rôle à la librairie. Choisissez le rôle A (l'employé(e)) ou le rôle B (le/la client(e)).

A   Bonjour, je peux vous aider ?
B   Bonjour, je voudrais <u>ce journal et ce livre</u>, s'il vous plait.
A   Voilà. Vous désirez autre chose ?
B   C'est combien <u>le grand paquet de crayons</u>, s'il vous plait ?
A   <u>Il est à 6</u> $.
B   Et <u>le petit</u> paquet, il coute combien ?
A   <u>Il coute 4</u> $.
B   Ok, je vais prendre <u>le petit paquet de crayons</u> aussi.
A   Bon, ça vous fait <u>7,30</u> $, s'il vous plait. Merci. Au revoir.
B   Au revoir.

5 b Maintenant changez de rôle et faites le dialogue une deuxième fois. Vous êtes à la pharmacie. Changez les expressions soulignées en choisissant des expressions dans la liste.

Je voudrais	un tube de dentifrice / de la crème solaire / des pastilles pour la gorge.
C'est combien	la trousse de toilette / le savon / le parfum ?
Il / Elle est à	?? $
Et	la brosse à dents / le peigne / les lunettes de soleil ?
Il(s) / Elle(s) coute(nt)	?? $
Ok, je vais prendre	la brosse à dents / le peigne / les lunettes de soleil
Bon, ça vous fait	?? $

C2.2 Faisons les courses

Décollage

★ Acheter de la nourriture au supermarché, aux petits magasins, au marché
★ Les quantités ; les démonstratifs – les adjectifs et les pronoms

Au marché   **Au supermarché**

Mehdi	Salut, je m'appelle Mehdi et j'habite loin d'un supermarché. Nous avons des magasins au village et j'aime bien ces magasins. Aussi il y a le marché sur la place du village tous les jours. On y va deux fois par semaine pour acheter du poisson frais, des fruits et des paquets d'épices.
Noor	Je m'appelle Noor et j'habite à Bruxelles. Nous allons à l'hypermarché quand nous voulons acheter de l'électroménager. Un frigo par exemple. Mais d'habitude nous faisons nos courses au supermarché. Dans le charriot nous mettons des bouteilles d'eau minérale et des produits d'entretien pour la maison et de la nourriture bien sûr !
Nathan	Bonjour, je suis Nathan et j'habite une petite ville dans le centre de la France. Il y a un supermarché et un petit libre-service. Mais ce que nous aimons faire le mieux c'est d'aller au marché le samedi matin pour acheter des produits locaux de très bonne qualité comme des kilos de fruits et de légumes.
Denise	Moi, je suis Denise, bonjour. Ma grand-mère n'aime pas les supermarchés. Elle préfère aller au marché couvert. Elle sait exactement chez qui elle veut aller... Elle me dit « Non, je ne veux pas aller chez ce marchand de poisson. Je préfère celui-ci. Son poisson est plus frais. Cette boulangerie est trop chère, celle-là est moins chère. »

1 Ces quatre personnes parlent de leurs courses. Copiez et complétez les phrases avec des mots choisis dans la liste entre parenthèses.

Exemple : 1 Mehdi va au marché deux fois par semaine.

   1 Mehdi va au marché (*une fois par semaine / tous les jours / deux fois par semaine*).
   2 Mehdi fait ses courses (*au supermarché / en ville / au village*).
   3 Mehdi achète du poisson (*tous les jours / deux fois par semaine / une fois par semaine*).
   4 Noor va régulièrement (*au supermarché / au magasin d'électroménager / à l'hypermarché*).
   5 Noor achète de la nourriture (*au marché / au supermarché / à l'hypermarché*).

6 Nathan habite (*une grande ville / un petit village / au centre de la France*).

7 Nathan aime mieux aller (*en grande surface / au libre-service / au marché*).

8 La grand-mère de Denise va (*au supermarché / au marché / au marché couvert*).

2 Vous allez entendre trois conversations dans trois endroits différents. Pendant que vous écoutez, prenez des notes. Ensuite répondez aux questions en français.

Exemple : 1 deux paquets

A : à l'épicerie

1 Mehdi achète combien de paquets de sucre ?

2 Quels sont les autres articles que Mehdi achète ? [3]

B : au supermarché

3 Noor et sa mère achètent combien de yaourts ?

4 Elles achètent combien de fromage ?

C : au marché

5 Nathan et son père achètent combien de kilos de pommes de terre ?

6 Nathan et son père achètent combien de salades ?

3 Les démonstratifs. Regardez les sections grammaire B5 et B6. Complétez les phrases avec la bonne forme du pronom ou adjectif démonstratif choisi dans la case.

Exemple : 1 Celle-ci… ?

1 Quelle sorte de confiture veux-tu ? .... ?

2 Je n'aime pas .... couleur.

3 J'ai acheté .... livre hier, il est très bien.

4 Quel fromage préfères-tu ? .... ou .... ?

5 Il a acheté .... panier au marché.

6 Je vais donner .... fraises à ma voisine. Elle n'en a pas dans son jardin.

celui-ci	ce	*celle-ci*	cette	ce	celui-là	ces

4 Travaillez à deux pour faire un jeu de rôle au marché. Vous achetez des fruits et des légumes. Choisissez le rôle B (le/la client(e)) ou le rôle A (le/la marchand(e)). Écrivez vos réponses et apprenez-les par cœur.

B (le/la client(e))

Vous êtes au marché, au rayon des fruits et légumes.

1 (i) Saluez le/la marchand(e).

(ii) Demandez une quantité de fruits.

2 Demandez une quantité de légumes.

3 Demandez si le / la marchand(e) a des fraises.

4 Demandez le prix.

5 (i) Dites que vous voulez deux paniers.

(ii) Demandez combien vous devez payer en tout.

A (le/la marchand(e)) et B (le/la client(e))

A	Bonjour. Qu'est-ce que vous voulez ?	A	Elles sont à 3,50 $ le panier.
B	1(i) + (ii)	B	5(i)
A	Voilà ? Voulez-vous autre chose ?	A	Voilà.
B	2 + 3	B	5(ii)
A	Oui, les voici.	A	Alors, ça vous fait 13,50 $. Merci et au revoir.
B	4		

5 Expliquez comment vous et votre famille faites vos courses. Écrivez environ 80-90 mots en français.

- Habitez-vous en ville ou à la campagne ?
- Y a-t-il beaucoup de magasins près de chez vous ?
- Où faites-vous vos courses ? Pourquoi ?
- Qu'est-ce que vous achetez d'habitude ?

En Vol

C2.3 Tu penses que ça me va… ?

> ★ **Décrire et choisir des vêtements ; donner son avis et exprimer son mécontentement**
> ★ **Les interrogatifs**

Collection pour femmes

Retrouvez tout le prêt-à-porter qui vous correspond dans notre nouvelle collection pour hommes et femmes !

Les vêtements que nous portons tous les jours sont une réflexion de qui nous sommes. Et qui êtes-vous ? Il est très important de pouvoir trouver des vêtements et des articles de mode qui nous vont bien. Nous vous proposons une large sélection de vêtements, et notre nouvelle collection vous permet de créer des looks et des tenues tendance qui reflètent votre personnalité.

Qu'est-ce que vous cherchez ? Une robe de soirée ? Laquelle ? Une belle jupe, un pantalon ou une écharpe ? Parmi notre collection vous trouverez des pièces qui vous plaisent et qui vous mettront en valeur.

Faites-vous plaisir et profitez d'un large choix d'articles et de vêtements pour vous habiller. Vous, et toute votre famille !

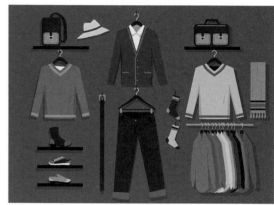

Collection pour hommes

Chloé : Tu as vu ce nouveau catalogue ? Il y a des vêtements que j'aime bien, surtout les jupes et les chaussures à talons. J'ai envie de commander quelque chose en ligne. Qu'en penses-tu ?

Fabienne : Quoi ? Ah, oui, il y a des jolis sacs que tu ne trouverais pas en ville.

Chloé : Alors, c'est décidé ? Tu vas commander un sac ? Lequel ?

Fabienne : Celui-là, en cuir argenté. Et toi ? Qu'est-ce qui te plait ?

Chloé : Moi, je vais commander ces sandales. Mais il faut d'abord voir s'ils ont ma pointure, le 39.

1 Lisez la page de publicité et la conversation et décidez si les affirmations sont vraies (V) ou fausses (F). Si l'affirmation est fausse corrigez-la selon le texte.

Exemple : 1. (F) Il y a un large choix / une large sélection.

1 Seulement quelques vêtements sont proposés dans le catalogue.
2 Il est important de se sentir bien dans ses vêtements.
3 Le catalogue ne propose que des vêtements pour femmes.
4 Il n'y a pas de vêtements pour enfants dans le catalogue.
5 Chloé va commander des chaussures à talons.
6 Fabienne va commander un sac à main.
7 Chloé ne sait pas si le magasin aura sa pointure.
8 Chloé n'aime pas les sandales.

2 Première partie : questions 1-4. Écoutez la première conversation. Complétez ces phrases avec les mots que vous entendez.

Exemple : 1 rouge

1 La robe que Fabienne va essayer est de couleur ....
2 Le tissu de la robe est du ....
3 Ce tissu est bien quand ....
4 La vendeuse suggère qu'elle essaie aussi ....

Deuxième partie : questions 5-8. Écoutez la deuxième conversation. Répondez aux questions en français.
5 Quel est le problème avec la chemise que l'homme a achetée ?
6 L'homme n'aime pas les autres chemises qui sont proposées. Quelles sont ses raisons ? [3]
7 Qu'est-ce qu'il demande ?
8 Où doit-il aller ?

3 Les interrogatifs: *qui, quoi, que, lequel, laquelle, lesquels, lesquelles.* Regardez les sections grammaire E1, E2 et E3. Complétez les phrases avec le bon mot interrogatif.

Exemple : 1 Que

1 « .... cherchez-vous ? » « Je cherche un blouson vert »
2 « .... est à la porte ? » « C'est ta copine. »
3 « Tu as vu mon pull ? » « .... ?» « Celui que j'ai acheté hier ».
4 « J'aime bien ces chaussures. » « .... ? » « Celles qui sont derrière toi. »
5 « .... ? Je ne t'entends pas, il y a trop de bruit ! »
6 « ....-est-ce que tu as invité à venir manger dimanche ? Ta voisine ? »

4 Posez ces questions à votre partenaire. Répondez aussi à ses questions. Ajoutez des détails supplémentaires, des formes de verbes différentes, et des expressions variées. Quand c'est possible, ajoutez aussi des opinions.
● Comment achètes-tu tes vêtements ?
● Quels sont tes vêtements et style préférés ?
● Peux-tu décrire un vêtement que tu as vraiment aimé ?
● Qu'est-ce que tu as acheté récemment ? Décris-le.
● Tu aimes porter des vêtements de marque ? Pourquoi ou pourquoi pas ?

5 Imaginez que vous avez reçu de l'argent pour votre anniversaire. Vous avez décidé d'aller en ville avec un copain/une copine pour acheter des vêtements.
● Décrivez les magasins que vous avez visités.
● Dites pourquoi vous aimez certains magasins.
● Avez-vous trouvé les vêtements de vos rêves ?
● Décrivez vos achats. Avez-vous eu des problèmes en les achetant ?

Embarquement

C3.1 Parlons de l'argent

★ **Changer ou retirer de l'argent à la banque**
★ **Les nombres cardinaux au-dessus de 100**

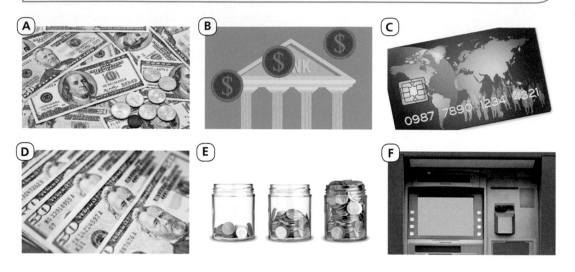

 1 Regardez les images au sujet de l'argent et la banque et lisez les questions. Écrivez la bonne lettre A-F pour chaque question.

Exemple : 1 B

1 Excusez-moi, où est la banque s'il vous plait ?
2 Pouvez-vous me donner des pièces et des billets de cinquante et cent dollars, s'il vous plait ?
3 Avez-vous des billets de cinquante dollars s'il vous plait ?
4 Est-ce que je peux changer ces pièces, s'il vous plait ?
5 Est-ce que je peux utiliser ma carte bancaire ?
6 Où est le distributeur de billets automatique, s'il vous plait ?

 2 Comment prononcer la lettre *l*. Écoutez ces phrases et séparez-en les mots. Répétez les phrases trois fois. Attention à la prononciation ! Réécoutez pour vérifier. Répétez l'exercice. Traduisez les phrases dans votre langue. Apprenez les phrases par cœur.

Danssonsommeililrêvequilestsuruneileoùiltrouveunebouteilleetdanslabouteilleilyaun billetlebilletestdéchirépauvreGilles !

 3 Vous allez entendre six conversations à la banque. Regardez la grille et pour chaque conversation choisissez et écrivez la somme d'argent mentionnée et la chose qui est mentionnée.

Exemple : 1 : 900, son passeport

	La somme d'argent	La chose
1	200, 900, 600 $	Elle demande : son passeport, son carnet de chèques, sa pièce d'identité
2	550, 350, 250 $	Elle demande : son carnet de chèques, son carnet de chèques de voyage, son passeport
3	650, 670, 660 $	Elle indique où se trouve : le bureau de change, la grande surface, le distributeur
4	1 000, 9 000, 2 000 $	Elle demande : son passeport, son carnet de chèques, sa pièce d'identité
5	100, 830, 730 $	Elle lui demande de : sortir, signer une fiche, dessiner quelque chose
6	500, 600, 800 $	Elle lui rend : son passeport, son carnet de chèques, sa pièce d'identité

4 Les nombres cardinaux au-dessus de 100. Regardez la section grammaire I1 et étudiez comment écrire les chiffres en lettres. Choisissez la bonne réponse à la fin de chaque phrase pour remplacer les chiffres.

Exemple : 1 quatre-cent-trente

  1 Joaquin va retirer 430 $ du distributeur. (*quatre-cent-trente / quatre-cent-trois*)
  2 J'ai 240 $! (*deux-cent-quatorze / deux-cent-quarante*)
  3 Nous avons 374 $. (*trois-cent-soixante-quatre / trois-cent-soixante-quatorze*)
  4 Je vais vous faire un chèque de 190 $. (*cent-soixante-dix / cent-quatre-vingt-dix*)
  5 J'ai 676 $ sur mon compte. (*six-cent-soixante-seize / six-cent-soixante-six*)
  6 Je vais payer 1 500 $ par carte de crédit. (*mille-cinq-cents / mille-cinq-cent*)

5 a Travaillez à deux pour faire un jeu de rôle. Choisissez le rôle A (le caissier/la caissière) ou le rôle B (le/la client(e)).
Vous allez à la banque. Vous voulez changer de l'argent.

A   *Bonjour, je peux vous aider ?*
B   *Oui, bonjour, je voudrais <u>changer de l'argent</u>, s'il vous plait.*
A   *Quelle somme voulez-vous <u>changer</u> ?*
B   *Je voudrais changer <u>1 000 dollars en euros</u>, s'il vous plait.*
A   *Vous avez <u>une pièce d'identité</u> ?*
B   *Oui, voici <u>mon passeport</u>.*
A   *Merci. Voulez-vous autre chose ?*
B   *Non, merci. Au revoir et bonne journée.*

5 b Maintenant changez de rôle et faites le dialogue une deuxième fois. Changez les expressions soulignées en choisissant des expressions dans le tableau.

Je voudrais	changer de l'argent / retirer de l'argent / déposer de l'argent.
Quelle somme voulez-vous	changer / retirer / déposer ?
Je voudrais changer	?? dollars / livres sterling / euros en livres sterling / dollars / euros.
Je voudrais retirer / déposer	?? livres sterling / dollars / euros.
Vous avez	votre pièce d'identité / passeport / carte d'identité ?
Voici	mon passeport / ma carte d'identité / ma pièce d'identité.

C3.2 On reste en contact ?

Décollage

★ **Communiquer par téléphone, la poste ou Internet**
★ **Les pronoms relatifs *qui*, *que* ou *qu'***

En France La Poste est une entreprise qui vous offre plusieurs services. Vous pouvez envoyer vos lettres, vos colis et acheter des timbres. La Poste est aussi une banque. Est-ce qu'on va souvent au bureau de poste ?

Gilles : « Personnellement je vais rarement au bureau de poste. Si je veux des timbres je les achète en ligne. »

Mme Faure : « Moi, j'y vais de temps en temps, surtout si j'ai un colis que je dois envoyer pour l'anniversaire d'un de mes petits-enfants. Ils aiment bien recevoir un colis de leur grand-mère ! »

Lise : « Ma mère préfère écrire des lettres mais moi je n'écris jamais de lettres, c'est plus rapide par Internet ! J'envoie des courriels, c'est moins cher ! »

Michèle : « Je collectionne les cartes postales. Je sais que beaucoup de gens mettent leurs photos sur Facebook mais pour moi une carte postale est quelque chose de spéciale... »

1 Lisez l'article. Copiez et complétez les phrases avec les mots choisis dans la liste entre parenthèses.

Exemple : 1 La Poste vous offre plusieurs services.
  1 La Poste vous offre (*un seul service / plusieurs services*).
  2 À la poste vous pouvez acheter (*des timbres / des livres*).
  3 Gilles ne va pas à la poste pour (*acheter ses timbres / envoyer un colis*).
  4 Mme Faure va à la poste pour (*envoyer une carte d'anniversaire / envoyer un colis*).
  5 Lise préfère utiliser Internet parce que c'est (*moins rapide / plus rapide*).
  6 Michèle aime bien (*Facebook / les cartes postales*).

2 Vous allez entendre deux conversations. Écrivez la lettre des six affirmations qui sont vraies. Lisez attentivement les affirmations d'abord avant d'écouter les conversations.

Exemple : 1 c

Conversation numéro 1

1 Bernard
  a travaille dans un café.
  b ne peut pas faire de recherches par Internet.
  c n'a pas de connexion Internet.

2 Jean
  a ne va pas aller chez Bernard.
  b est le correspondant de Bernard.
  c ne va pas apporter son ordinateur portable.

3 Bernard
  a habite en ville.
  b n'utilise jamais Internet.
  c habite à la campagne.

Conversation numéro 2

4 La cliente
  a ne peut pas écrire des textos.
  b veut retourner son téléphone portable.
  c veut acheter un nouveau téléphone portable.

5 L'employée Téléo
  a dit qu'il y a une faute avec l'écran.
  b dit que seulement la cliente a ce problème.
  c dit que la cliente doit retourner son portable.

6 L'employée Téléo
  a demande son adresse e-mail.
  b lui demande de patienter.
  c lui demande d'aller à la poste.

3 Les pronoms relatifs. Regardez la section grammaire D7. Complétez les phrases avec *qui, que* ou *qu'*.

Exemple : 1 que

  1 Le livre ..... je lis n'est pas très intéressant.
  2 Le colis ..... vous voulez envoyer à l'étranger est trop lourd.
  3 L'employée ..... est derrière le guichet n'a pas compris ce que je voulais.
  4 Les timbres ..... j'ai achetés sont très jolis.
  5 Le téléphone portable ..... il a choisi est très cher.
  6 L'adresse e-mail ..... elle m'a donnée n'est pas correcte.

4 Posez ces questions à votre partenaire. Répondez aussi à ses questions. Pour vous aider, utilisez la case.
  ● Tu vas souvent à la poste ?
  ● Est-ce que tu écris des lettres ?
  ● Est-ce que tu envoies des cartes postales ou des colis ?
  ● Est-ce que tu utilises régulièrement un portable / les réseaux sociaux ?
  ● Quel est ton moyen de communication préféré ? Pourquoi ?

Je vais à La Poste	tous les jours / une fois par semaine / rarement / de temps en temps.
Je ne vais jamais	à la poste / au bureau de poste.
J'écris des lettres	à Noël / régulièrement / de temps en temps.
Je n'écris jamais	de lettres / de SMS.
J'envoie des colis / cartes postales	pour Noël / pour l'anniversaire de quelqu'un. quand je suis en vacances.
Je n'envoie jamais	de lettres / de cartes postales / de SMS
J'utilise mon portable Je vais sur les réseaux sociaux	tous les jours / pour faires des appels / pour envoyer des SMS / des textos / regarder Internet. rarement / tous les jours / de temps en temps.
Je préfère Internet / Facebook,	parce que c'est plus rapide / moins cher / plus facile / plus amusant.

5 Comment est-ce que vous communiquez ? Écrivez environ 80-90 mots en français.
  ● Dites quel(s) système(s) vous utilisez.
  ● Dites pourquoi vous utilisez ce(s) système(s).
  ● Dites avec qui vous communiquez le plus (famille, ami(e)(s) etc.).
  ● Dites ce vous aimez faire le plus (envoyer des photos, SMS, vidéos etc.).

En Vol

C3.3 Zut, j'ai perdu mes clés…

★ **Aller au bureau d'objets trouvés et rechercher un article perdu**
★ **Les pronoms directs ; les pronoms indirects ; l'accord des participes passés**

Objets perdus

12 millions d'objets sont perdus en France chaque année. Quels sont les objets qui sont en tête dans la liste ? Les voici : pièces d'identités, clés, parapluies, portefeuilles et téléphones portables.

Téléphones portables

Clés

Parapluies

REPUBLIQUE FRANCAISE
Carte nationale d'identité
Mirepoix
Yvette
17/08/1965
F
Française
Docteur
45 Rue de la Lautrec, Villedubert, 11800, Aude
IDMIREPOIXFRA
65234574YVETTE

Pièces d'identité

Portefeuilles

Vous avez perdu quelque chose ? Il y a des sites web où vous pouvez poster une annonce gratuitement, en voici quelques exemples :

« Mercredi dernier, le 11 mars, j'ai perdu mon ordinateur portable. Je pense que je l'ai laissé dans le bus, ligne 31, que je prends à 17h tous les jours. Si vous avez trouvé mon ordi, dans un cartable brun en plastique de taille moyenne, contactez-moi au plus vite au 06 45 87 19 20. »

« J'ai perdu ma carte d'identité et mon portefeuille. Je les ai laissés à la caisse du supermarché. Si vous étiez dans la queue derrière moi, le vendredi 8 juin vers 18h30 et vous avez trouvé un portefeuille en cuir noir, contactez-moi rapidement à l'adresse ou numéro de téléphone suivants. sandrine@courriel.fr/06 45 63 61 04. »

« Je ne trouve plus mon sac à main avec mes affaires personnelles et mon appareil photo dedans. Il est grand, de couleur bleue avec une fermeture en argent. J'ai aussi perdu mes clés. Je les ai laissées à côté de mon sac sur une chaise dans le foyer de votre hôtel. Peut-être quelqu'un les a volées ? Si vous les avez trouvés, merci de me contacter sur ce numéro de téléphone – 04 56 96 53 01. »

1 Lisez l'article et décidez si les affirmations sont vraies (V) ou fausses (F). Si l'affirmation est fausse corrigez-la selon le texte.

Exemple : 1 (F) Les objets que l'on perd le plus souvent sont les clés, les téléphones portables, les parapluies, les pièces d'identité et les portefeuilles.

  1 Les objets que l'on perd le plus souvent sont les clés, les ordinateurs portables, les parapluies, les pièces d'identité et les portefeuilles.

  2 Vous payez cher pour poster une annonce sur un site web d'objets trouvés.

  3 L'étudiant qui a perdu l'ordinateur portable l'a laissé à bord du bus.

  4 L'ordinateur était dans un cartable en cuir brun.

  5 La dame au supermarché a perdu un portefeuille en cuir noir.

  6 La jeune femme à l'hôtel a perdu un sac avec ses clés à l'intérieur.

2 Vous allez entendre quatre personnes qui ont perdu quelque chose. Complétez les phrases avec les détails qui manquent.

Exemple : 1 moyenne, noire, blanche

Numéro 1
1 La valise est de taille .... et de couleur .... et ....
2 Il y a une carte sur la valise avec son nom, ... et ....
Numéro 2
3 La dame a laissé ses bijoux dans .... de sa ....
4 Il y a .... en or et .... en argent.
Numéro 3
5 La jeune fille a laissé son .... dans le car.
6 Pour aller au bureau des objets trouvés il faut tourner ....
Numéro 4
7 Quelqu'un a volé .... du monsieur.
8 Il l'a perdu ....

3 Les pronoms directs, les pronoms indirects et l'accord des participes passés. Regardez les sections grammaire D2-D5. Ensuite écrivez la partie de la phrase qui manque avec le pronom direct ou indirect et l'accord du participe passé si nécessaire.

Exemple : 1 je l'ai laissée

1 « Je recherche ma bague en or. Je pense que .... (*laisser*) dans les toilettes de l'hôtel.
2 « J'ai perdu mon passeport et ma carte vitale. » « Tu .... (*laisser*) sur la table dans le salon » .
3 « Avez-vous trouvé mes gants ? Je .... (*laisser*) dans le bus de la ligne 21 ».
4 « Nous avons perdu la clé de la maison. Nous .... (*perdre*) dans le jardin. »
5 « Mon ami ne trouve plus son téléphone portable. Il ...... (*laisser*) dans le métro. »
6 « As-tu vu mon portefeuille ? » « Oui, je .... (*voir*) sur la table dans le salon ».

4 Travaillez à deux pour faire un jeu de rôle dans un bureau d'objets trouvés. Votre partenaire est l'employé(e) dans le bureau. Ensuite changez de rôles.
- L'employé(e) vous salue.
- Saluez l'employé(e) et dites ce que vous avez perdu.
- Vous décrivez l'article (donnez 2 détails).
- L'employé(e) vous pose 2 autres questions.
- Vous répondez aux questions.
- L'employé(e) vous demande de remplir une fiche.
- Vous dites que vous êtes d'accord et vous dites que vous repasserez au bureau.
- L'employé(e) vous demande de passer demain.
- Vous posez une question sur les heures d'ouverture du bureau.
- L'employé(e) vous répond et termine la conversation.

5 Écrivez un e-mail à un(e) ami(e) pour lui raconter ce qui s'est passé quand vous avez perdu quelque chose.
- Expliquez ce que vous avez perdu.
- Expliquez où et comment vous l'avez perdu.
- Expliquez ce que vous avez fait, où vous êtes allé(e).
- Dites si vous avez retrouvé le(s) article(s).

Natural environment

Embarquement

C4.1 L'environnement et moi

★ Améliorer son environnement
★ *Il faut* + infinitif ; *on doit* + infinitif

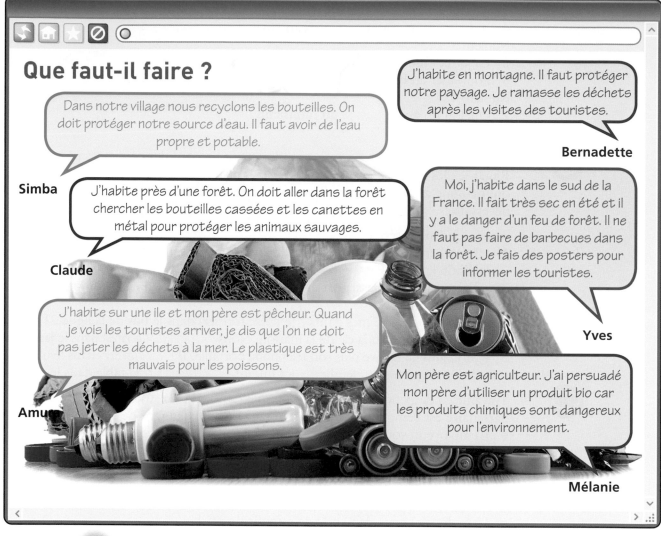

Que faut-il faire ?

J'habite en montagne. Il faut protéger notre paysage. Je ramasse les déchets après les visites des touristes.

Bernadette

Dans notre village nous recyclons les bouteilles. On doit protéger notre source d'eau. Il faut avoir de l'eau propre et potable.

Simba

J'habite près d'une forêt. On doit aller dans la forêt chercher les bouteilles cassées et les canettes en métal pour protéger les animaux sauvages.

Claude

Moi, j'habite dans le sud de la France. Il fait très sec en été et il y a le danger d'un feu de forêt. Il ne faut pas faire de barbecues dans la forêt. Je fais des posters pour informer les touristes.

Yves

J'habite sur une île et mon père est pêcheur. Quand je vois les touristes arriver, je dis que l'on ne doit pas jeter les déchets à la mer. Le plastique est très mauvais pour les poissons.

Amura

Mon père est agriculteur. J'ai persuadé mon père d'utiliser un produit bio car les produits chimiques sont dangereux pour l'environnement.

Mélanie

1 Qui parle ? Lisez attentivement ce que les six jeunes disent et faites correspondre la phrase à une personne. Écrivez le nom de la personne.

Exemple : 1 Claude

1 .... aime beaucoup les animaux.
2 .... connait les dangers des produits chimiques.
3 .... veut garder l'eau propre.
4 .... ramasse les déchets.
5 .... dit que les déchets sont dangereux en mer.
6 .... affiche des posters.

2 Vous allez entendre six jeunes gens qui parlent de ce qu'ils font pour leur environnement. Pour chaque personne choisissez l'image qui convient le mieux, A, B, C, D, E ou F.

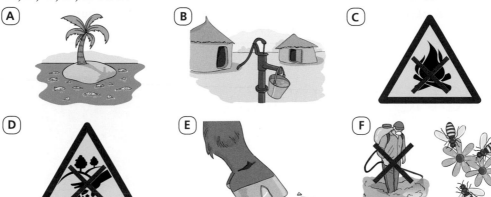

Exemple : 1 E

3 Comment prononcer *ent*. Écoutez ces phrases et séparez-en les mots. Répétez les phrases trois fois. Attention à la prononciation ! Réécoutez pour vérifier. Répétez l'exercice. Traduisez les phrases dans votre propre langue. Apprenez les phrases par cœur.

souventlespoulesducouventcouvent

lessœursattendentpatiemment

lespetitespoulespoussentlentement

4 *Il faut* + infinitif, *on doit* + infinitif. Regardez les sections grammaire K15 et K23. Ensuite complétez ces phrases avec un verbe dans la liste.

jeter	recycler	*préserver*	introduire	fumer	persuader

Exemple : 1 préserver

1 Bernadette pense qu'il faut .... le paysage.
2 Simba dit que les gens doivent .... les bouteilles.
3 Pour protéger les piétons nous devons .... des limites de vitesse.
4 Nous devons .... les gens de recycler.
5 Yves dit qu'il ne faut pas .... dans la forêt.
6 Amura pense que nous ne devons pas .... les déchets à la mer.

5 Posez ces questions à votre partenaire. Répondez aussi à ses questions. Pour vous aider, utiliser la case.
- Où habites-tu exactement ?
- Que fais-tu des bouteilles et d'autres déchets ?
- Que penses-tu qu'il faut faire pour protéger l'environnement ?
- Qu'est-ce que tu fais pour améliorer ton environnement ?

J'habite	à la montagne / au bord de la mer / à la campagne / dans une grande ville / dans un village.
Je mets / les bouteilles / les déchets	dans un point de recyclage / à la poubelle / dans un sac / dans le jardin.
Je pense qu'il faut / qu'il ne faut pas On doit On ne doit pas	recycler / trier / faire le tri / protéger la nature / polluer / tuer les insectes / jeter les déchets dans la nature.
Je	nettoie + *objet* / ramasse + *objet* / persuade + *personne* / recycle + *objet(s)* / fais le tri.

Décollage

C4.2 On adore les parcs nationaux

★ **Découvrir le rôle et l'importance des parcs nationaux**
★ **Le participe présent ; le participe présent avec *en* [1]**

Allons au parc national... mais lequel ?

1 En France – Le Parc national des Cévennes

Bienvenue au Parc national des Montagnes des Cévennes ! Si vous aimez la nature, les activités en plein air et la chaleur du climat du Sud, venez découvrir notre parc. Venez voir des paysages magnifiques. En venant ici vous pouvez aussi vous rafraichir à la rivière et découvrir la beauté du paysage en suivant les sentiers de randonnées. Les jeunes enfants, n'ayant pas encore le gout de la randonnée, seront ravis par les nombreux parcs à thème. Vous n'avez plus qu'à choisir...

2 Au Canada

La nature pure et simple ! Les parcs nationaux québécois sont des aires protégées reconnues. Les centres d'activités, les campings, les sentiers favorisant la découverte des parcs respectent les zones sensibles. Vous êtes vraiment loin de tout, vivant dans une cabane en bois et ne voyant

que de la nature dans son état pure. Du plaisir, en toute saison, que vous vivrez au cœur de territoires protégés d'exception !

3 En Guadeloupe

Vous aimez la science de la vie et de la terre ? Alors, la Réserve de biosphère de la Guadeloupe est le parc pour vous ! Mer, montagnes, volcans, rivières et forêts... Il y a une énorme variété de paysages et chaque paysage abrite des animaux, des insectes et de la végétation différents.

1 Complétez les phrases 1-8 avec un (les) mot(s) français choisi(s) ci-dessous.

se baigner	risques	bois	chaud
espèces	*montagneuse*	visiter	parcs d'attractions
skier	froid	voisins	lacs
biologie	natation	plate	

Exemple : 1 montagneuse
1 Le parc national des Cévennes est situé dans une région ....
2 Au parc national des Cévennes on peut ....
3 Le climat dans les Cévennes est ....
4 Vous aimerez le parc en Guadeloupe si vous êtes intéressé par la ....
5 Dans un parc québécois vous n'aurez pas de ....
6 Dans un parc québécois il y a beaucoup de zones à ....
7 Dans le parc en Guadeloupe il y a un énorme variété d' ....
8 Au parc national des Cévennes les jeunes enfants peuvent aller dans les ....

2 Vous allez entendre deux interviews avec deux personnes qui travaillent pour deux parcs nationaux différents. Travaillent-ils au parc de la Guadeloupe (G) ou au parc des Cévennes (C) ?

Exemple : 1 G
1 Il y a beaucoup d'espèces d'animaux différents.
2 Il y a des festivals de musique.
3 Il y a un environnement très riche et varié.
4 On peut se baigner à la rivière.
5 Le parc joue un rôle très important pour l'avenir de la planète.
6 On peut suivre des sentiers et faire des randonnées.
7 Les touristes aiment les endroits sauvages.
8 Les touristes peuvent acheter des produits à la ferme.

3 Le participe présent et le participe présent avec *en*. Regardez la section grammaire K13. Identifiez la forme du participe présent dans ces phrases. Copiez et soulignez-la. Ensuite traduisez-les dans votre langue.

Exemple : 1 en recyclant
1 Je fais un geste pour l'environnement en recyclant les bouteilles.
2 En faisant des randonnées je peux apprécier le paysage.
3 Ayant décidé de protéger l'environnement je n'utilise plus de pesticides.
4 J'économise de l'essence en allant à l'école à pied.
5 J'essaie de protéger l'environnement en achetant des produits bios.
6 En ramassant les déchets je protège les animaux.
7 J'informe les touristes du danger des barbecues dans la forêt en affichant des posters.
8 Étant la fille d'un pêcheur je ne veux pas polluer la mer.

4 Imaginez que vous avez visité un parc national récemment. Décrivez ce parc à un(e) ami(e). Écrivez environ 80-90 mots en français.
- Dites dans quel parc vous êtes allé(e) et avec qui.
- Dites ce que l'on peut voir au parc.
- Dites ce que vous avez fait.
- Dites ce que vous avez aimé le mieux.

5 Posez ces questions à votre partenaire. Répondez aussi à ses questions. Regardez le texte de l'exercice 1 pour vous aider. Écrivez vos réponses et apprenez-les par cœur.
- Quel parc as-tu visité ? Quand ?
- Peux-tu décrire le parc ?
- Qu'est-ce que tu as fait ?
- Qu'est-ce que tu as aimé le mieux ?

En Vol

C4.3 Notre environnement est en danger !

★ **Analyser les problèmes ; trouver des solutions**
★ **Le participe présent ; le participe présent avec en [2]**

Comment devenir plus vert...

Quelques gestes simples pour aider l'environnement !

Face à la pollution de l'air, chacun de nous est à la fois pollué et pollueur ! Il est donc important d'agir pour protéger sa santé et celle de la planète. En suivant quelques bons conseils on peut améliorer les choses. Que pouvons-nous faire ? Avez-vous des idées ?

Amélie

J'ai des conseils pour réduire la pollution de l'air. Je pense que nous devrions utiliser plus que jamais les transports en commun ou le covoiturage. Il est aussi important de respecter les réductions de vitesse sur les autoroutes et d'éviter tout déplacement non urgent. Une chose de plus, n'utilisez pas d'appareils fonctionnant à l'essence...

Marie-Anne

Tous les produits que l'on achète produisent une pollution, même faible, pendant leur fabrication ou leur transport jusqu'au magasin. Après, il restera un déchet, au moins l'emballage, et le traitement de cela sera aussi une source de pollution. Que peut-on faire ?

Zach

Pour réduire les déchets, moi, j'ai des suggestions. Nous devrions consommer autrement, en réfléchissant avant d'acheter, en cherchant des produits avec moins d'emballage, en achetant des produits locaux et finalement en pensant à faire le tri.

En ayant le réflexe de suivre ces petits conseils simples vous faites un grand geste pour l'avenir de notre planète !

---

1 a Lisez le blog. Associez le nom de la personne et les phrases.

Exemple : 1 Amélie

1 On devrait partager une voiture avec quelqu'un qui fait le même trajet.
2 On devrait acheter de la nourriture qui est produite tout près d'où l'on habite.
3 Le traitement des déchets contribue à la pollution.
4 On ne devrait pas rouler à grande vitesse.
5 Il est mieux de se déplacer en bus, tram ou train.
6 Il faut trier les déchets.
7 Les outils à essence contribuent à la pollution de l'air.
8 Il serait mieux d'acheter des produits qui ne sont pas emballés dans du plastique.

1 b Relisez le blog et faites une liste de 6-8 mots pour vous aider à parler de l'environnement en français. Traduisez-les dans votre langue et apprenez-les par cœur.

Exemple : la pollution, protéger…

2 Vous allez entendre une interview avec deux personnes qui veulent informer les gens des dangers des sacs plastiques et leurs effets sur l'environnement. Pendant que vous écoutez l'interview, répondez aux questions en français.

Première partie

Exemple : 1 18 millions

  1 La France distribue combien de sacs plastiques chaque année ?

  2 Les sacs plastiques sont très dangereux pour l'environnement. Pourquoi ?

  3 Quelle mesure a été prise pour améliorer la situation ?

Deuxième partie

  4 Les sacs plastiques sont légers. Où est-ce qu'on les retrouve ? [4]

  5 Quelles espèces d'animaux sont particulièrement menacées par les sacs en plastique ?

  6 Qu'est-ce que vous devriez faire à la caisse quand vous faites vos courses ? [2]

3 Les participes présents et les participes présent avec *en*. Regardez la section grammaire K13. Choisissez le participe présent ou le participe présent avec *en* du verbe entre parenthèses.

Exemple : 1 en triant

  1 Jean protège l'environnement ………. (*trier*) ses déchets.

  2 Sandra économise de l'essence ………. (*faire*) du covoiturage.

  3 On peut aider la planète ………. (*faire*) des gestes comme recycler le papier.

  4 Les sacs plastiques restent dans l'eau ………. (*contribuer*) à la mort des animaux marins.

  5 Ma mère fait un geste pour la planète ………. (*acheter*) des produits locaux.

  6 ………. (*essayer*) d'acheter des produits bios nous réduisons la consommation de pesticides.

  7 ………. (*aller*) à l'école à pied on peut améliorer sa santé et la planète.

  8 Nous économisons de l'essence ………. (*aller*) à la piscine à vélo.

4 Imaginez que l'on vous a demandé d'écrire environ 150 mots pour votre magazine d'école au sujet d'un projet pour améliorer l'environnement de l'école.

- Quel est le problème ? Trop de déchets / pas de points de recyclage / graffiti sur les murs… ?
- Qu'est-ce que vous proposez comme solution ?
- Comment allez-vous trouver l'argent pour résoudre le problème ?
- Décrivez les résultats.

5 Posez ces questions à votre partenaire. Répondez aussi à ses questions. Ajoutez des détails supplémentaires, des formes de verbes différentes et des expressions variées.

- Quels sont les problèmes environnementaux les plus graves ?
- Quel problème doit-on résoudre en premier ?
- Qu'est-ce que l'on doit faire pour améliorer la situation ?
- Quels gestes faites-vous pour améliorer l'environnement ?

C5 Weather

Embarquement

C5.1 Le temps qu'il fait

★ **Parler du temps**
★ **Les points cardinaux**

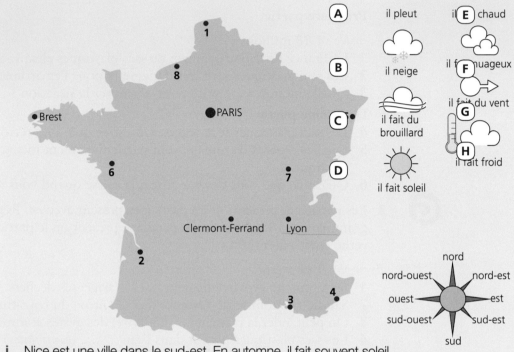

i Nice est une ville dans le sud-est. En automne, il fait souvent soleil.

ii Calais est situé dans le nord du pays. Il fait froid en hiver dans cette région.

iii Marseille est une grande ville qui se trouve dans le sud. En été, en général, il fait très chaud.

iv Bordeaux est situé dans le sud-ouest de la France. Comme c'est près de l'Atlantique, il fait du vent, surtout au printemps.

v Strasbourg est en Alsace, dans le nord-est. C'est une ville assez froide. En hiver, il neige souvent.

vi À Nantes, il fait quelquefois du brouillard en automne. On trouve cette ville dans l'ouest du pays.

vii Dijon est une ville assez importante dans l'est de la France. Souvent nuageux dans ce coin, même en été.

viii Dieppe est un port dans le nord-ouest. C'est une région où il pleut beaucoup, surtout au printemps.

1 a Lisez le temps qu'il fait dans des différentes régions de la France. Identifiez les villes (1-8) et le temps qu'il y fait (A-H).

Exemple : 1 ii, H

1 b Faites la liste des saisons et la liste des types de temps en français, puis traduisez ces listes dans votre langue.

2 Vous allez entendre six personnes parler du temps qu'il fait dans le pays où elles habitent. Lisez les huit affirmations (1-8) et notez les phrases qui sont vraies. Il y a quatre affirmations vraies.

Exemple : 1 vrai

1 Au Canada, il fait froid et il neige souvent en hiver.
2 L'hiver est froid en Afrique du Sud.
3 Dans le nord de l'Afrique du Sud, les étés sont chauds.
4 En Guadeloupe, il y a deux saisons bien différentes.
5 En Suisse, il fait souvent du vent.
6 Dans le nord de la Belgique, il fait soleil en hiver.
7 En Belgique, le vent du nord est un vent froid.
8 En Côte d'Ivoire, en été, il ne pleut pas.

3 Les points cardinaux. Regardez d'abord la section grammaire A3. Étudiez la carte de la France à la page 6 et dites où ces villes sont situées, l'une par rapport à l'autre.

Exemple : 1 Marseille est au sud de Lyon.

1 Marseille – Lyon	**5** Marseille – Nantes
2 Lille – Paris	**6** Rouen – Dijon
3 Nantes – Lyon	**7** Paris – Strasbourg
4 Bordeaux – Strasbourg	**8** Dijon – Bordeaux

4 Comment prononcer *ou* et *u*, par exemple *le sud-ouest*. Écoutez cette phrase et séparez-en les mots. Répétez-la trois fois. Attention à la prononciation ! Réécoutez pour vérifier. Répétez l'exercice. Traduisez la phrase dans votre langue. Apprenez la phrase par cœur.

Aujourd'huidanslesud-ouestilfaitdubrouillardmaisàToulonsurlacôteilfaitduvent.

5 Travaillez à deux. Quel temps fait-il dans votre pays ? À tour de rôle, posez des questions et répondez-y. Utilisez la case pour vous aider.

Questions			Réponses	
Quel temps fait-il	dans le nord dans l'est dans le sud dans l'ouest	au printemps ? en été ? en automne ? en hiver ?	Il… C'	pleut. neige. fait chaud. fait froid. fait du brouillard. fait soleil. fait du vent. fait beau. fait mauvais. est nuageux. y a du soleil. y a du vent. y a du brouillard. y a des nuages.

6 Écrivez environ 100 mots sur le climat de votre pays. Mentionnez les différents types de temps dans les différentes régions.

Exemple : Ici, en Égypte, il fait souvent très chaud.

C5.2 Les prévisions météorologiques

Décollage

★ **Comprendre les prévisions météo**
★ *Si* **+ présent + futur**

Prévisions météo pour Brazzaville.

Brazzaville

Mercredi 10 Le temps deviendra plus instable. Ciel variable à très nuageux. Possibilité de pluie le matin. Vent faible.

Jeudi 11 La situation s'améliorera dans la matinée. Si les nuages disparaissent, la chaleur reviendra. On attend 34 degrés dans l'après-midi.

Vendredi 12 Il fera beau avec un ciel clair, sans nuages. Si le vent se lève, la soirée sera fraiche pour la saison.

Samedi 13 Beau temps ensoleillé toute la journée. La température montera jusqu'à 37 degrés. Toutefois, en soirée, ce sera le retour des passages nuageux.

Dimanche 14 Temps plus variable avec possibilité de petite pluie dans l'après-midi. Il fera moins chaud grâce au vent du sud-est qui soufflera à 30 kilomètres à l'heure.

Lundi 15 Journée plutôt fraiche avec détérioration notable en soirée. Grosses pluies attendues dans la nuit.

Mardi 16 Les nuages subsistent dans la matinée mais le ciel se dégage et l'après-midi sera chaude et ensoleillée. Peu de vent.

Mercredi 17 Nuit chaude. La température dépassera 30 degrés dès le matin. Ce sera une chaleur humide. Si les nuages avancent, il y aura un gros risque d'orage en fin d'après-midi.

1 a Lisez les prévisions météo pour les huit prochains jours à Brazzaville, la capitale de la République du Congo et répondez aux questions en français.

Exemple : 1 Dimanche 14

1 Quel jour risque-t-il de pleuvoir un peu ?
2 Quelle nuit y aura-t-il beaucoup de pluie ?
3 Quelle sera la journée la plus chaude ?
4 Quelle sera la matinée la plus nuageuse ?
5 Quel jour n'y aura-t-il pas de nuages ?
6 Quel jour est-ce que le vent fera tomber la température ?
7 Quel jour entendra-t-on le tonnerre ?
8 Quel jour verra une détérioration notable du temps ?

1 b Utilisez le vocabulaire ci-dessous pour écrire deux listes : (1) mots associés au beau temps et (2) mots associés au mauvais temps.

instable	chaleur	frais	humide	tonnerre
nuageux	ciel	ensoleillé	orage	dépression
pluie	clair	détérioration	précipitations	éclaircie

2 Vous allez entendre la présentatrice donner les prévisions météo nationales pour les deux jours suivants. Copiez et complétez la grille en français.

Mardi	Temps prévu
1 Pour l'ensemble du pays	1 beau
2 Dans le nord	2 ....
3 Dans le sud	3 ....
Mercredi	**Temps prévu**
4 Sur la côte ouest	4 ....
5 À l'intérieur du pays	5 ....
6 Dans le nord	6 ....
7 Dans l'est	7 ....
8 Dans le sud	8 ....

3 *Si* + présent + futur. Regardez d'abord la section grammaire K5. Faites correspondre les débuts de phrases (1-8) aux fins de phrases (A-H). Puis, traduisez les phrases dans votre langue.

Exemple : 1 C

1	S'il fait du vent	**A**	fait chaud.
2	Il va faire chaud	**B**	va peut-être neiger.
3	S'il y a des	**C**	il fera froid.
4	S'il gèle, il	**D**	restera chez nous.
5	S'il fait du brouillard, il	**E**	nuages noirs, il va pleuvoir.
6	S'il y a de l'orage, on	**F**	beau, on sortira.
7	S'il fait	**G**	va faire froid.
8	On ira à la piscine s'il	**H**	s'il fait soleil.

4 Travaillez à deux. Demandez à votre partenaire ce qu'il/elle fera le weekend prochain si, par exemple, il pleut ou s'il fait beau. Répondez aussi aux questions de votre partenaire. Ajoutez des détails supplémentaires à vos réponses.

Questions

Le weekend prochain	qu'est-ce que	tu feras	s'il	pleut ? fait mauvais / beau / soleil / froid ? neige ? gèle ?
	où est-ce que	tu iras		

Réponses possibles

Je vais Nous allons	aller à la plage / rester chez moi / sortir avec mes copains.
J'irai	au cinéma.
Je sortirai	avec mes copines.
Je resterai	à la maison.

5 Vous allez passer une semaine chez votre ami(e) français(e). Envoyez-lui un courriel. Écrivez 80-90 mots en français. Dites-lui :
- le jour et l'heure de votre arrivée chez lui
- les prévisions météo pour les prochains jours
- ce que vous pensez faire en cas de mauvais temps
- de suggérer lui-même/elle-même des activités s'il fait beau.

En Vol

C5.3 Les changements de climat

★ **Parler des changements climatiques et de leurs conséquences**
★ **Expressions suivies d'un verbe régulier au subjonctif**

Les changements climatiques

Il faut bien qu'on l'admette : dans tous les pays, le climat a changé. On entend dire qu'il n'y a plus de saisons parce que l'été, l'automne, l'hiver et le **1**......... ne sont plus distincts comme ils l'étaient avant. Bien souvent, les étés sont trop chauds et sont accompagnés de sécheresse. Il y a bien sûr des conséquences telles que les **2**......... de forêt. Des pluies excessives amènent des catastrophes telles que les **3**........... .

Une inondation

Dans les régions plus froides, on parle d'hivers sans **4**......... , ce qui est plutôt choquant si l'on considère que ces pays étaient enneigés pendant des mois entiers chaque année. Aux Îles Maldives, on s'inquiète de la **5**......... du niveau de la mer. Si cela continue, ces îles risquent d'être complètement **6**........... . Ceci est le résultat direct de la **7**......... des glaces dans les régions arctiques et antarctiques et une des conséquences du **8**......... de la Terre.

La fonte des glaces

Il se peut que l'homme joue un rôle important dans ces changements climatiques. L'activité industrielle et le transport routier et **9**......... par exemple sont des facteurs qui contribuent à ces changements. Il est aussi possible que nous décidions que ces changements sont cycliques et tout à fait **10**........... . La situation actuelle toutefois est probablement le résultat d'une combinaison de ces deux facteurs. Tout ce que l'homme peut faire est d'être conscient de ces problèmes environnementaux. D'une manière ou d'une autre, il faut qu'il réussisse à **11**......... son environnement.

1 Lisez la page web sur les changements climatiques et complétez le texte en choisissant les bons mots dans la liste.

Exemple : 1 printemps

protéger	*printemps*	incendies	réchauffement
submergées	neige	naturels	aérien
inondations	fonte	montée	

2 Vous allez entendre, deux fois, trois personnes parler des changements climatiques dans leur pays. Il y a deux pauses dans l'enregistrement. Pendant que vous écoutez, choisissez les affirmations qui sont vraies. Il y a quatre affirmations vraies. Vous avez d'abord quelques secondes pour lire les affirmations.

En Égypte
1 À l'intérieur du pays, le temps est plus doux que sur la côte.

2 Il pleut beaucoup moins qu'avant.

Au Canada
3 Avant, les hivers étaient plus longs qu'ils le sont maintenant.

4 Les étés sont plus pluvieux qu'avant.

5 Un incendie de forêt qui n'a pas pu être contrôlé a complètement détruit une grande ville en 2016.

En Suisse
6 La période d'enneigement est plus longue qu'avant.

7 Le manque d'amateurs de sports d'hiver affecte l'économie locale.

8 Cette personne est optimiste en ce qui concerne l'avenir de la station de ski où elle habite.

3 Expressions suivies d'un verbe régulier au subjonctif. Regardez d'abord la section grammaire K12. Écrivez le verbe utilisé au subjonctif puis traduisez les phrases dans votre langue.

Exemple : 1 s'améliore

1 Il se peut que la situation s'améliore bientôt.

2 Il est possible qu'il choisisse les Alpes pour ses vacances à la neige.

3 Je ne pense pas que le temps nous permette de sortir aujourd'hui.

4 Bien que le climat change, cela n'affecte pas tout le monde.

5 Il faut que nous protégions l'environnement.

6 Je ne crois pas que la majorité des gens s'inquiète des changements climatiques.

7 Il est important que nous agissions rapidement.

8 Il est essentiel que les gouvernements travaillent ensemble pour trouver des solutions à ce problème environnemental.

4 Écrivez un article sur les conséquences des changements de climat. Mentionnez :
- les liens avec les problèmes environnementaux
- les effets sur la population
- ce que nous pouvons faire pour faire face à ces problèmes
- ce qui risque de se passer si nous n'agissons pas

5 Préparez une présentation d'une minute qui explique :
- les changements climatiques qui ont affecté votre pays
- les conséquences de ces changements
- ce qui est fait pour limiter l'impact de ces changements
- ce qui n'est pas fait mais, idéalement, devrait être fait

Faites votre présentation à votre partenaire qui corrigera votre prononciation et vos fautes de grammaire. Quand vous êtes prêt(e) à le faire, faites votre présentation sans vos notes.

C6.1 Trouver son chemin

★ **Demander et comprendre des renseignements**
★ **Pour aller à... ?**

le restaurant Chez Marie

le commissariat de police

le bureau de poste

le parking du centre

le grand rondpoint

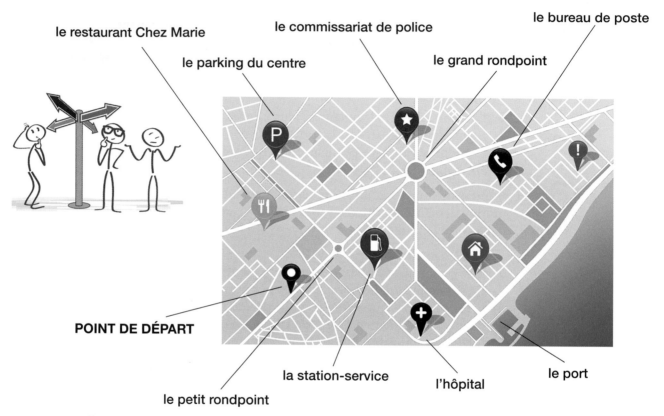

POINT DE DÉPART

la station-service

l'hôpital

le port

le petit rondpoint

1 Regardez le plan de la ville. Faites correspondre les informations 1-6 avec les questions A-F.

Exemple : 1 B

1. Allez tout droit jusqu'au petit rondpoint. Tournez à droite. C'est sur votre gauche.
2. Allez tout droit jusqu'au petit rondpoint. Tournez à droite. C'est près du port.
3. Allez tout droit jusqu'au petit rondpoint. Tournez à gauche et encore à gauche.
4. Allez tout droit jusqu'au grand rondpoint. Prenez la troisième sortie. C'est sur votre gauche.
5. Allez tout droit jusqu'au petit rondpoint. Tournez à gauche puis continuez 200 m. C'est sur votre droite.
6. Allez tout droit jusqu'au grand rondpoint. Prenez la deuxième sortie. C'est sur votre droite.

A. Excusez-moi, pour aller au restaurant « Chez Marie », s'il vous plait ?
B. Pardon, pour aller à la station-service, s'il vous plait ?
C. Monsieur, excusez-moi, pour aller à la poste, s'il vous plait ?
D. Excusez-moi, madame, pour aller à l'hôpital ?
E. Excusez-moi, pour aller au commissariat de police s'il vous plait ?
F. Pardon monsieur, pour aller au parking du centre, s'il vous plait ?

2 Vous allez entendre six conversations dans la rue. Les gens demandent leur chemin. Choisissez à chaque fois l'endroit qui est demandé (A-F) et le renseignement qui est donné (G-I).

A   l'office de tourisme   F   la gare
B   le centre commercial   G   tout droit
C   le stade   H   à droite
D   le commissariat de police I   à gauche
E   la piscine

Exemple : 1 C, G

3 Répétez les phrases trois fois. Attention à la prononciation ! Réécoutez pour vérifier. Répétez l'exercice. Traduisez les phrases dans votre langue. Apprenez les phrases par cœur.

JaivulesprévisionsmétéoàlatélévisionlastationdemétroPlacedelaNationafermé aprèsévacuationàcausedelapluie

4 Regardez la section grammaire A3.1. Complétez les phrases avec le bon article défini.

> à la   à l'   au   aux

Exemple : 1 aux

1 « Excusez-moi, pour aller ..... matchs, s'il vous plait. Où est le stade ? »
2 « Pardon, comment je fais pour aller ..... librairie ? »
3 « Monsieur, s'il vous plait, pour aller ..... sortie ? »
4 « Vous voulez aller ..... parc national ? Alors, c'est tout droit. »
5 « Pour aller ..... magasins les plus proches, s'il vous plait ? »
6 « Excusez-moi, pour aller ..... cinéma, c'est loin d'ici ? »
7 « Pour aller ..... arrêt de bus, s'il vous plait ? »
8 « Pour aller ..... gare routière, s'il vous plait ? Mon bus part dans 10 minutes. »

5 a Lisez la conversation et travaillez à deux pour faire un jeu de rôle. Choisissez le rôle A (la personne qui cherche son chemin) ou le rôle B (la personne qui donne les renseignements).
Vous êtes à l'office de tourisme. Vous voulez visiter ces endroits en ville.

A   Bonjour, je peux vous aider ?
B   Oui, pour aller <u>au château</u>, s'il vous plaît ?
A   Vous sortez d'ici et vous tournez à droite.
B   Et pour aller <u>à l'Hôtel Mirabelle</u> ?
A   C'est au port. Vous tournez <u>à gauche</u> et vous continuez tout droit.
B   Pour trouver un bon restaurant ?
A   Allez au centre-ville.
B   Je voudrais aussi visiter <u>la cathédrale</u>.
A   Allez tout droit, jusqu'au rondpoint et prenez <u>la deuxième sortie</u>.
B   Au revoir et merci.
A   Bonne journée.

5 b Maintenant changez de rôle et faites le dialogue une deuxième fois. Changez les expressions soulignées en choisissant des expressions dans la liste.

> la quatrième sortie   à droite   le musée
> au stade   à la piscine

C6.2 Ça se trouve où, s'il vous plait… ?

Décollage

> ★ **Expliquer la situation des endroits en ville**
> ★ **Ça / ceci / cela ; se trouver**

B Ah, oui je l'ai trouvé. Il se trouve près de notre hôtel. Tu vois c'est ça, c'est juste à côté de la rivière. Nous pouvons y aller à pied, il faut aller tout droit et c'est la première à gauche.

A Il y a un nouveau musée, je voudrais le voir. Tu peux voir s'il se trouve loin d'ici ?

1 Laetitia et Marc

2 Mounir et Carole

B Voici le plan. Je pense que l'icône est ceci avec les vieilles maisons. Alors, il faut aller tout droit, traverser le pont et puis tourner à droite. Tout près il y une grande place qui est très célèbre.

A Il faut aller voir la vieille ville. Regarde dans ton portable pour voir où ça se trouve.

B On peut prendre le métro. Pour aller à la station de métro la plus proche, ceci, il faut traverser la rue et continuer tout droit pendant 200 mètres.

A Comme il pleut allons à l'aquarium. Tu peux trouver cela avec ton portable. Regarde où ça se trouve et combien coutent les billets.

3 Véronique et Laurent

1 Lisez attentivement les conversations. Complétez ces phrases avec les mots qui manquent. Choisissez-les dans la case. Attention ! il y en a trois de trop.

Exemple : 1 près

   1 Le musée est situé ………. de l'hôtel.
   2 Le musée se trouve ………. de la rivière.
   3 On peut se rendre au musée ………. .
   4 Il y a une place célèbre à ………. de la vieille ville.
   5 Pour se rendre à la vieille ville il faut traverser le pont et tourner ………. .
   6 L'aquarium est assez loin, donc il faut y aller ………. .
   7 Pour arriver à la station de métro il faut ………. 200 mètres.
   8 Pour se rendre à la station de métro il faut aussi ………. la rue.

proximité	marcher	*près*	traverser	en métro	loin de
à côté	tout droit	à pied	à droite	à gauche	

2 Vous allez entendre trois conversations entre des gens qui discutent d'où aller et comment trouver leur chemin. Dans chaque phrase il y a un détail qui ne correspond pas aux conversations. Écoutez les conversations et écrivez le(s) mots juste(s) en français.

Exemple : 1 près de la gare
    1 Le centre commercial se trouve *à côté de la gare.*
    2 Il y a un arrêt de bus *devant la gare.*
    3 Le château se trouve *à côté de la rivière.*
    4 Pour aller au centre historique il faut *tourner à droite.*
    5 Le centre historique est *très loin.*
    6 Les deux garçons veulent aller *au rondpoint.*
    7 La piscine est à *six kilomètres.*
    8 Au rondpoint on prend *la première sortie.*

3 Regardez la section grammaire K14. Regardez ces phrases et choisissez la bonne forme du verbe *se trouver* dans la liste. Vous pouvez utiliser la même forme plusieurs fois.

Exemple : 1 se trouve
    1 « Excusez-moi, je cherche la bibliothèque. Savez-vous où elle .... ? »
    2 « Pardon, monsieur, où .... les magasins, s'il vous plait ? »
    3 « Excusez-moi, je cherche la piscine »
        « Elle n'est pas loin, elle .... à côté du parc. »
    4 « Pour aller à la gare et la gare routière s'il vous plait ? »
        « Elles .... au même endroit, à 200 mètres d'ici. »
    5 « Où .... les plus jolies plages, s'il vous plait ? »
    6 « L'office de tourisme ? .... dans cette rue ? »
    7 « La station-service la plus proche, s'il vous plait, elle .... où ? »
    8 « L'hôpital, il .... loin d'ici ? »

se trouve	se trouvent	se trouve-t-il	se trouve-t-elle	se trouvent-ils	se trouvent-elles

4 Travaillez à deux pour faire un jeu de rôle. Choisissez le rôle B (vous) ou le rôle A (la personne dans la rue).

B (vous)
Vous êtes dans la rue. Vous demandez votre chemin.
    1 **(i)** Saluez la personne.
        (ii) Demandez où se trouve l'endroit que vous cherchez.
    2 La personne vous explique.
    3 **(i)** Demandez si c'est loin.
        (ii) Demandez si vous pouvez y aller à pied.
    4 Répondez à la question de la personne.
    5 Demandez où se trouve l'office de tourisme.

B (vous) et A (la personne dans la rue)

A   *Bonjour, je peux vous aider ?*
B   1(i) + (ii)
A   <u>*Vous allez tout droit*</u> *et puis vous tournez <u>à gauche aux feux.*</u>
B   3(i) + (ii)

A   *Oui, ce n'est pas loin. Vous avez un plan de la ville ?*
B   4
A   *Allez à l'office de tourisme.*
B   5
A   *C'est là, <u>juste en face.*</u>

C6.3 Pouvez-vous expliquer exactement... ?

En Vol

> ★ **Comprendre des instructions plus compliquées**
> ★ *Cela, ceci, celui / celle ; ci / là*

Numéro 1

— Bonjour, je peux vous aider ?

— Oui, je voudrais un plan de la ville, s'il vous plait.

— Prenez ceci. Je peux vous montrer les endroits à visiter si cela vous va ?

— Merci.

— Pour aller au port vous prenez la rue en face et ensuite la première rue à droite. Là vous avez beaucoup de petits restaurants. Est-ce que vous aimez les monuments historiques ?

— Oui, j'aime les églises.

— Alors notre plus belle église est celle-ci. Pour aller à l'église, il faut aller tout droit et monter la côte, pas celle-ci mais celle-là.

Numéro 2

— Excusez-moi, madame, comment aller au Musée des beaux-arts ?

— Je vais vous montrer. Vous tournez à gauche en sortant et vous continuez jusqu'au passage pour piétons, pas celui-ci mais celui-là. Après vous tournez à droite dans le passage du Musée.

— Merci, cela est très utile.

Numéro 3

— Bonjour, vous voulez des renseignements ?

— Oui, j'aimerais faire une promenade en bateau. Où est-ce qu'il faut aller ?

— Regardez ceci. Là vous avez la route principale, vous la suivez jusqu'au port. Quand vous arrivez au port vous allez sur ce quai, celui sur la droite, et vous marchez 100 mètres. Là vous avez les bateaux qui font des promenades. Je vous recommande celui-ci, c'est le meilleur et c'est le moins cher.

---

1 Ces gens demandent des renseignements dans un office de tourisme. Lisez les conversations attentivement et répondez aux questions en français.

Exemple : 1 La rue en face de l'office de tourisme.

Numéro 1
1 Quelle rue faut-il prendre pour aller au port ?
2 Le monsieur, quel genre de sites aime-t-il visiter et qu'est-ce qu'il aime en particulier ? [2]
3 Que faut-il faire pour visiter ce monument ?

Numéro 2

4 Où faut-il tourner en sortant ?

5 Le monsieur, où veut-il aller ?

Numéro 3

6 Quelle rue faut-il suivre pour aller au port ?

7 Les bateaux se trouvent sur quel quai ?

8 La dame recommande un bateau. Pourquoi ? [2]

2 Vous allez entendre quatre conversations dans lesquelles les gens donnent des renseignements. Choisissez la bonne réponse, A-K, pour terminer chaque phrase. Attention ! il y a trois réponses de trop.

Exemple : 1 D

Numéro 1

1 Pour arriver à la rue Saint-Jacques il faut aller jusqu' à ....

2 Après l'hôtel de ville, il faut prendre ....

Numéro 2

3 La jeune femme cherche ....

4 Quand elle sort du magasin, elle doit ....

5 Après 150 mètres, elle doit ....

Numéro 3

6 Le café du Coin se trouve dans ....

7 Pour trouver le café du Coin, il faut continuer ....

Numéro 4

8 Le parking se trouve ....

A la première rue à droite	**D** *l'hôtel de ville*	**G** la rue Garibaldi	**J** traverser la rivière
B la rue Blaise Pascale	**E** jusqu'aux feux	**H** devant le Palais de Justice	**K** tourner à gauche
C tourner à droite	**F** près de la rivière	**I** la rue Victor Hugo	

3 Regardez la section grammaire B6. Complétez les phrases avec *cela, ceci* ou *celui-ci, celui-là, celle-ci, celle-là*.

Exemple : 1 celle-ci

1 « Quelle rue doit-on prendre ? »

« Je pense que c'est ...., devant nous. »

2 « Où veux-tu aller cet après-midi ? »

« Je ne sais pas. .... m'est égal. »

3 « .... est l'endroit que l'on nous a recommandé. »

4 « Quel monument veux-tu visiter, celui-ci ou .... ? »

5 « Quelle est la station la plus proche ? C'est celle-ci ou .... ? »

6 « J'aime aller à la plage. » « Laquelle ? » « .... est la meilleure. »

7 « L'hôtel est très cher, mais ....n'a pas d'importance, c'est ton anniversaire ! »

8 « Tu vois le bâtiment là-bas ? » « Lequel ? » « .... avec le toit rouge ? »

4 Vous devez écrire 130-140 mots en français.

> *Je voulais aller à la plage à pied. Je suis allé(e) à l'office de tourisme pour demander mon chemin. Je n'ai pas écouté tous les renseignements, je n'ai pas trouvé la plage...*

Continuez l'histoire.

- Donnez au moins quatre détails de votre route quand vous êtes sorti(e) de l'office.
- Après 30 minutes où étiez-vous ? Décrivez votre situation.
- Comment avez-vous retrouvé votre hôtel ?

C7 Meeting people

Embarquement

C7.1 Bonjour ou salut… ?

★ **Se saluer formellement ou informellement**
★ **Utiliser le bon registre linguistique**

 A

 B

 C

 D

 E

 F

 G

 H

1 a Regardez les images A-H. Faites correspondre conversations 1-8 avec les images.

Exemple : 1 E

1 « <u>Salut</u>, Omar, <u>ça va</u> ? On se voit ce soir ? » « Oui, d'accord, <u>à plus</u>. »
2 « <u>Bonjour, madame</u>. <u>Je me présente</u>, Michel Leblanc, le patron »
   « <u>Enchantée</u>, je suis Odile Rochat. »
3 « Victor, <u>voici mes parents</u>. » « <u>Bonsoir</u>, Victor, vous êtes bienvenu chez nous. »
4 « Bonjour, <u>ma chérie</u>, ça fait plaisir de te voir. Tu vas bien ?»
5 « Bonjour, <u>monsieur, madame</u>. Voici votre clé. Je vous souhaite un excellent séjour. »
6 « Salut, Chantale. » « Salut Luc. J'ai maths en premier cours, et toi ? »
7 « Madeleine, <u>je vous présente</u> Nicolas, le chef du projet. » « Bonjour, Nicolas, <u>c'est un plaisir de vous rencontrer</u>. »
8 « Bonjour, <u>messieurs, mesdames</u>, vous êtes les bienvenus. J'espère que <u>vous allez bien</u>. Nous allons commencer par les jardins. »

1 b Regardez encore une fois l'exercice 1a. Décidez si les mots soulignés sont formels (F) ou informels (I). Recopiez ces mots, traduisez-les dans votre langue et apprenez-les par cœur.

Exemple : salut (I)

2 Vous allez entendre huit conversations dans des situations différentes. Les gens se rencontrent ou se présentent. Regardez la liste, décidez où ils sont et si le registre linguistique est formel (F) ou informel (I).

Exemple : 1 C (F)

A dans une salle de présentation
B à l'école
C un entretien pour un job
D dans une maison

E à la réception d'un hôtel
F à la gare
G dans une entreprise
H chez une amie

3 Comment prononcer la lettre *h*. Écoutez ces phrases et séparez-en les mots. Répétez les phrases trois fois. Attention à la prononciation ! Réécoutez pour vérifier. Répétez l'exercice. Traduisez les phrases dans votre langue. Apprenez les phrases par cœur.

HenrihabiteàHonfleurdansunhôtelheureusementilaimemangerlesharicotsmaisdhabitudeil préfèreleshamburgers

4 Registre linguistique. Regardez la section grammaire D1. Ensuite choisissez et écrivez la forme appropriée (formelle ou informelle) pour compléter la phrase.

Exemple : 1 Bonjour

1 « *Salut / Bonjour* Rachid. Je vous présente ma collègue. »
2 « Tiens, c'est Marie. Coucou Marie, *comment allez-vous / ça va ?* »
3 « Luc, tu viens jouer au foot avec nous ? »
« *Salut / Bonne soirée* les gars, j'arrive. »
4 « Mesdames et messieurs je suis ravi de vous accueillir. J'espère que *vous allez bien / ça va.* »
5 « Au revoir, ma chérie. *À notre prochaine rencontre / à bientôt.* »
6 « Asseyez-vous *s'il te plaît / je vous en prie.* »
7 « Vous connaissez ma femme ? »
« *Enchanté / Super* de faire votre connaissance. »
8 « Tu vas où Céline ? »
« *Bonsoir / Salut* Henri. Je vais au cinéma. Tu viens ? »

5 a Travaillez à deux pour faire un jeu de rôle. Choisissez le rôle A (le parent) ou le rôle B (vous).
Vous arrivez chez votre correspondant(e).

A Bonjour et bienvenue dans notre maison.	A Il finit à 17h, il va bientôt arriver.
B Bonjour, madame. Enchanté(e). C'est un plaisir de vous rencontrer.	B Merci, madame.
A Suivez-moi, je vous en prie.	A Le voilà. Salut, chéri, ça va ?
B Excusez-moi, madame, où est Karl ?	B Salut, Karl.
A Il est à l'école.	A Allons à la cuisine. Je vais vous préparer à manger.
B Il finit à quelle heure ?	

5 b Maintenant changez de rôle et faites le dialogue une deuxième fois. Changez les expressions soulignées en choisissant des expressions dans la liste.

je suis ravi(e)	tu vas bien ?	Bonsoir	s'il vous plaît

Décollage

C7.2 On cherche un(e) correspondant(e)

★ **Choisir et rencontrer un(e) correspondant(e)**
★ **Les possessifs – *votre, notre, leur***

1 Ayana

Salut ! Je suis Ayana et je voudrais devenir votre correspondante. J'adore la musique et si je ne peux pas l'écouter dehors je l'écoute dans notre maison où j'ai une pièce où je peux jouer de mon instrument de musique préféré, la batterie ! Mais oui, je suis une fille mais je joue de la batterie ! Et vous, quels sont vos passetemps ?

2 Rolf

Bonjour. Moi, j'adore les langues. J'habite au Luxembourg et dans notre pays nous parlons le français, l'allemand et notre propre langue le luxembourgeois. C'est vraiment intéressant de pouvoir parler plusieurs langues. On peut rencontrer beaucoup de gens et apprendre des choses sur leur culture.

3 Juliette

Ici, c'est Juliette. J'habite un café à la campagne. Nous avons nos propres poules et nous servons aux clients leurs œufs ! Je travaille avec mes parents au café le weekend et je gagne un peu d'argent de poche supplémentaire.

4 Jean-Patrick

J'habite où, moi ? Ah oui, il y a la tour Eiffel derrière moi, notre monument le plus célèbre, donc j'habite à Paris. Si je deviens votre correspondant vous pouvez venir visiter notre belle ville et je peux vous présenter mes grands-parents. Leur maison est superbe, c'est un ancien château.

1 Lisez attentivement les annonces sur le site web. Ensuite complétez les phrases en utilisant les mots du texte.

Exemple : 1 le français, l'allemand et le luxembourgeois
  1 Rolf aime beaucoup les langues et il parle ....
  2 Rolf pense que c'est très important de parler plusieurs langues parce que .... [2]
  3 Ayana est passionnée de la musique et dans sa maison elle a .... [2]
  4 Avec Jean-Patrick vous pouvez visiter la maison ....
  5 Avec Jean-Patrick vous pouvez visiter la ville de ....
  6 La maison des grands-parents est .... [2]
  7 Le weekend Juliette travaille ....
  8 Juliette travaille le weekend parce que ....

2 Première partie : questions 1-4. Vous allez entendre la conversation entre Simon et sa copine Magali. Pendant que vous écoutez répondez aux questions en français. Lisez d'abord les questions 1-4.

Exemple : ça donne une bonne idée de la personne
  1 Simon aime bien le site web. Pourquoi ? [2]
  2 Simon pense que c'est important de pouvoir parler plusieurs langues. Pourquoi ? [2]
  3 Magali, qu'est-ce qu'elle pense de l'apprentissage des langues ?
  4 Simon aime Ayana. Pourquoi ?

Deuxième partie : questions 5-8. Maintenant vous allez entendre la conversation entre Simon, sa correspondante, son père et sa mère. Pendant que vous écoutez répondez aux questions en français. Lisez d'abord les questions 5-8.
  5 Où habite Ayana ?
  6 La mère d'Ayana a préparé quelle sorte de repas ?
  7 La mère d'Ayana va téléphoner à quelqu'un. Qui ?
  8 Pourquoi va-t-elle téléphoner à ces personnes ?

3 *Votre, vos / notre, nos / leur, leurs.* Regardez la section grammaire B9. Regardez ces phrases et complétez-les avec le bon mot dans la case.

Exemple : 1 notre
  1 « Bonjour Marie, bienvenue dans ..... maison. »
  2 « Donnez-moi votre manteau. Où sont ..... valises ? »
  3 « Je pense que ..... maison est très belle, madame. »
  4 « Céline, je pense que tes chambres sont plus grandes que ..... chambres chez nous. »
  5 « Je t'envoie une photo de la maison de mes hôtes. Voici ..... maison. »
  6 « Samedi, nous allons chez mes grands-parents. ..... village est là sur la carte. »
  7 « Mes grands-parents ont deux chiens, mais ..... chiens sont très gentils. »
  8 « Voulez-vous téléphoner à ..... famille ? »

votre	vos	notre	nos	leur	leurs

4 Vous cherchez un(e) correspondant(e). Rédigez une description de vous-même pour un site web. Écrivez environ 80-90 mots en français.
- Saluez les lecteurs/lectrices.
- Dites qui vous êtes et où vous habitez.
- Dites ce que vous aimez faire.
- Proposez une activité à votre correspondant(e).

En Vol

C7.3 Aller dans une famille à l'étranger

★ **Vivre avec son/sa correspondant(e)**
★ *Le mien, la mienne, le tien, la tienne etc.*

Florence : Ma correspondante m'a envoyé une photo de sa ville.

Nathalie : C'est quelle ville, la sienne ?

Florence : C'est celle-là avec les maisons en noir et blanc.

Nathalie : Ah, c'est chouette. Elle habite une maison comme ça ?

Florence : Oui, je pense. Elle m'a dit que la sienne est comme ça. Quelle est la photo de la tienne ?

Nathalie : La mienne, c'est celle-ci.

Florence : Mais c'est vraiment la campagne ! Tu seras dans les montagnes ! Et le correspondant de Thomas ? Ce village avec l'église doit être le sien. C'est ça, Thomas ? Le tien habite là ?

Thomas : Oui, c'est le mien. Il habite en haut d'une colline. On appelle ça un village perché.

Florence : Tu penses que tu vas aimer les montagnes, Nathalie ?

Nathalie : Je ne sais pas, je m'inquiète un peu parce que c'est loin de la ville. Et pour aller à l'école le matin il faut se lever très tôt pour prendre le car. Et toi, Thomas, le tien, il est aussi loin de son école ?

Thomas : Non, je ne pense pas. Mais je ne sais pas si je vais pouvoir utiliser mon téléphone portable.

Florence : Comment ça ?

Thomas : Parce que il n'y aura peut-être pas de connexion.

Nathalie : Et toi, Florence, tu es inquiète ?

Florence : Oui, un peu. Je me demande si je vais comprendre quand la famille me parle.

1 Ces jeunes parlent de leurs correspondant(e)s. Lisez la conversation et répondez aux questions en français.

Exemple : 1 Le correspondant de Thomas.

  1 Qui habite un village sur une colline ?
  2 Pourquoi Nathalie s'inquiète-t-elle ?
  3 Qui a peur de ne pas pouvoir comprendre la langue ?
  4 Dans quelle sorte de maison habite la correspondante de Florence ?
  5 Qui doit se lever tôt le matin ? Pourquoi ? [2]
  6 Thomas pense qu'il ne pourra pas utiliser son téléphone portable. Pourquoi ?
  7 Où se trouve l'école de la correspondante de Nathalie ?
  8 Qu'est-ce que c'est, un village perché ?

2 Vous allez entendre une conversation dans laquelle Nathalie, Florence et Thomas parlent de leurs expériences à l'étranger. Pendant que vous écoutez les jeunes choisissez l'affirmation qui est vraie, A, B ou C.

Exemple : 1 A

1 Nathalie
  A aime la nourriture.
  B n'aime pas la nourriture.
  C n'aime pas la cuisine.
2 La famille de Nathalie
  A ne travaille pas.
  B travaille beaucoup.
  C n'aime pas travailler.
3 Thomas
  A a perdu son ordinateur.
  B n'aime pas l'ami de Patrice.
  C est allé dans un autre village pour se connecter à Internet.
4 Florence
  A a toujours peur de parler.
  B ne veut plus parler.
  C n'a plus peur de parler.

5 Les parents de la correspondante de Nathalie
  A ne sont pas fermiers.
  B sont fermiers.
  C n'habitent pas une ferme.
6 Thomas
  A a pu se connecter à Internet.
  B n'a pas pu se connecter à Internet.
  C ne veut plus se connecter à Internet.
7 Florence
  A n'a pas beaucoup visité.
  B n'a rien visité.
  C a beaucoup visité.
8 La personne qui aime son expérience le moins est
  A Florence
  B Thomas
  C Nathalie

3 *Le mien, la mienne* etc. Regardez la section grammaire B10. Lisez les phrases 1-8 et identifiez les huit exemples des pronoms possessifs. Écrivez-les et traduisez-les dans votre langue.

Exemple : 1 La mienne
  1 « Elle est comment la famille de ta correspondante ? La mienne est super. »
  2 « Leur maison est très petite, la nôtre est beaucoup plus grande. »
  3 « Mon correspondant est très accueillant. Il est comment le tien ? »
  4 « Comment est ta famille ? Mélanie m'a dit que la sienne n'est pas très gentille. »
  5 « Camille et Nicole m'ont parlé de leurs correspondants. Elles ont dit que les leurs sont vraiment sympas. »
  6 « Le paysage où vous habitez n'est pas très beau, je pense que le leur est plus joli. »
  7 « Je ne suis pas d'accord, je pense que le vôtre est plus joli. »
  8 « Comment est le père de ta famille ? Simon m'a dit que le sien, dans sa famille, est très sévère. »

4 Imaginez que vous êtes allé(e) dans une famille dans un des endroits de l'exercice 1. Préparez une présentation pour raconter vos expériences. Regardez ces questions pour vous aider à structurer vos idées.
  ● Vous êtes allé(e) dans quel endroit – une grande ville / à la montagne / un petit village ?
  ● Vos premières impressions – vous avez aimé / vous n'avez pas aimé ? Pourquoi ?
  ● La famille chez qui vous logez – elle a été accueillante / pas accueillante ?
  ● Votre correspondant(e) – vous l'avez aimé(e) / vous ne l'avez pas aimé(e) ? Pourquoi ?
  ● Vous avez visité beaucoup d'endroits / vous n'avez pas visité beaucoup d'endroits ?

Places and customs

Embarquement

C8.1 Les pays du monde

* ★ **Parler des pays du monde et de leurs coutumes**
* ★ **Les nationalités**

Un souk marocain

Un temple indien

Henribouffe	Notre cuisine française a une réputation mondiale. Il est vrai qu'on aime bien manger.
Reggasol	Les amateurs de musique reggae connaissent bien la musique qu'on entend ici. Nos îles antillaises sont aussi bien connues pour leur ensoleillement.
Sousse35	Il y a beaucoup de touristes qui viennent ici, surtout en été. Les plages tunisiennes sont populaires avec les étrangers en particulier.
Annicksouk	Les souks marocains sont des marchés où on trouve de tout. C'est seulement ici qu'on en voit. On peut y acheter ses provisions et aussi des souvenirs par exemple.
Chocoeuro07	Nous, on est un petit pays mais tout le monde le connait parce qu'à Bruxelles, il y a le Parlement Européen. De plus, le chocolat belge est super.
expresso18	Chez nous, en Côte d'Ivoire, il fait chaud. C'est pour ça qu'on produit du café. Le café ivoirien est un des meilleurs cafés du monde.
Dehlicatess	Si vous aimez visiter les monuments, venez chez nous. Les monuments indiens sont fantastiques.
Kényanimaux25	Beaucoup de touristes étrangers viennent ici, au Kénya, pour faire un safari.

1 Lisez les huit commentaires. Pour quelle raison est-ce que les pays sont bien connus ?

Exemple : 1 la cuisine

1	la France	**5**	la Belgique
2	les Antilles	**6**	la Côte d'Ivoire
3	la Tunisie	**7**	l'Inde
4	le Maroc	**8**	le Kenya

2 Écoutez quatre personnes parler de leur origine et des langues parlées dans leur pays. Identifiez le pays de chacun. Choisissez une réponse dans la liste ci-dessous.

Exemple : 1 Madagascar

- l'Afrique du Sud
- la France
- le Nigeria
- la Belgique
- Madagascar
- l'Italie
- la Suisse
- l'Allemagne
- le Cameroun

3 Les nationalités. Regardez d'abord la section grammaire B1. Copiez et complétez les huit phrases en utilisant l'adjectif qui correspond au nom donné entre parenthèses. Attention aux accords.

Exemple : 1 C'est une famille anglaise.

1 C'est une famille .... (*l'Angleterre*).
2 Sa meilleure copine est .... (*le Maroc*).
3 Il a un cousin .... (*l'Espagne*).
4 Le fromage .... (*la France*) est bien connu.
5 Les meilleurs coureurs de marathon sont .... (*l'Afrique*).
6 Elle est d'origine .... (*la Belgique*).
7 Sousse est une ville .... (*la Tunisie*) au bord de la mer.
8 Les glaces .... (*l'Italie*) sont super.

4 Comment prononcer la lettre *è*, par exemple *mon frère*. Écoutez cette phrase et séparez-en les mots. Répétez-la trois fois. Attention à la prononciation ! Écoutez encore une fois pour vérifier. Répétez l'exercice. Traduisez la phrase dans votre langue. Apprenez la phrase par cœur.

LepèrelamèreetlefrèredeThérèsehabitentàAthènesenGrèce.

5 a Travaillez à deux. Mentionnez un pays à votre partenaire, par exemple le Japon. Votre partenaire doit mentionner l'adjectif qui correspond à ce pays, par exemple, japonais. Puis, changez de rôles. Continuez l'exercice le plus longtemps possible.

5 b Travaillez à deux. À tour de rôle, donnez un détail sur un pays francophone de votre choix. Continuez pour savoir qui va durer le plus longtemps.

Exemple : Les plages tunisiennes sont très belles.

6 Écrivez environ 100 mots en français sur un pays de votre choix. Mentionnez :
- son nom et sa situation géographique
- la/les langue(s) qu'on y parle
- la/les raison(s) pour laquelle/lesquelles il est connu
- si vous voudriez y aller en vacances et pourquoi

Décollage

C8.2 Le monde des festivals

★ **Parler de festivals**
★ **Savoir reconnaitre l'imparfait ; savoir utiliser *c'était, il y avait, il faisait***

Le festival de Cannes

Le festival de Cannes est le rendez-vous du cinéma le plus connu du monde. En 1939, la France voulait établir un festival du cinéma à Cannes qui devait avoir lieu au mois d'aout. La Seconde guerre mondiale allait commencer et le festival a été annulé. Le premier festival s'est passé en 1946. Depuis cette date, chaque année, les amateurs et les professionnels du septième art se réunissent pour participer au festival. L'année dernière, il y avait plus d'une vingtaine de films en compétition.

Il a fallu attendre 1993 pour voir une femme gagner la Palme d'or. Jusque-là, ceux qui la gagnaient étaient toujours des hommes. Chaque année, le jury donne la Palme d'or au film qui est le plus apprécié. Les gagnants, tels que le meilleur réalisateur, le meilleur acteur et la meilleure actrice vont chercher leur prix en marchant sur un tapis rouge. Le rouge, parait-il, était la couleur réservée aux dieux dans l'antiquité.

Le festival dure douze jours et se passe tous les ans au mois de mai. On y voit non seulement des réalisateurs et des vedettes de cinéma mais aussi de nombreux journalistes venus de tous les pays. C'est en effet le festival du film international dont on parle le plus dans le monde entier.

1 Lisez l'article sur le festival de Cannes et indiquez les quatre affirmations qui sont vraies. Corrigez aussi les quatre affirmations qui sont fausses.

Exemple : 1 faux – Le premier festival de Cannes a eu lieu en 1946.

1. Le premier festival de Cannes a eu lieu en 1939.
2. À cause de la Seconde guerre mondiale, le premier festival a été retardé jusqu'en 1946.
3. L'année dernière, il y avait vingt films en compétition.
4. Ce sont des hommes qui ont gagné la Palme d'or jusqu'en 1993.
5. La Palme d'or récompense le meilleur acteur.
6. Le tapis rouge est un symbole de succès.
7. Le festival a lieu en mai et dure deux semaines.
8. C'est un festival connu dans le monde entier.

2 Vous allez entendre l'interview de trois participants respectivement au concours eurovision de la chanson (Amina), au festival de danse du Canada (Gabriel) et au festival du cinéma belge (Jade). Qui dit cela ? Répondez A, G ou J.

Exemple : 1 G

1 C'est quelque chose qui a changé ma vie.
2 J'ai toujours aimé chanter.
3 Gagner un prix à ce festival est incroyable.
4 J'ai vraiment été surprise de gagner.
5 Quand j'étais plus jeune, tout ce qui m'intéressait, c'était de sortir avec mes amis.
6 On n'y arrive pas tout seul.
7 J'ai commencé la danse il y a seulement trois ans.
8 Représenter mon pays est un grand honneur.

3 a Reconnaitre l'imparfait. Regardez d'abord la section grammaire K7. Lisez les quatre phrases et identifiez les verbes utilisés à l'imparfait. Ensuite, traduisez les phrases dans votre langue.

Exemple : gagnait

1 Il ne gagnait jamais mais maintenant tout a changé.
2 Quand il avait quinze ans, il rêvait d'être acteur professionnel.
3 Tout ce qu'il voulait faire dans la vie, c'était de danser.
4 Quand il était plus jeune, il ne s'intéressait pas à la musique.

3 b Réécrivez ces phrases à l'imparfait. Utilisez *c'était*, *il y avait*, *il faisait*.

Exemple : 1 Il y avait du monde au festival.

1 Il y a du monde au festival.
2 C'est le meilleur festival de l'année.
3 Il fait des films fantastiques.
4 Qu'est-ce qu'il y a au programme ?

4 Travaillez à deux. Préparez ensemble des questions qui concernent un festival auquel vous avez assisté. Posez ces questions à votre partenaire puis changez de rôle. Ajoutez des détails supplémentaires si possible.

C'était	quel genre de festival ? où ? quand ?
Tu y es allé(e)	comment ? avec qui ?
Ça a duré	combien de temps ?
Qu'est-ce qui	s'est passé ?
Qu'est-ce que tu as	fait ? vu ? entendu ? aimé ? détesté ?
Pour quelles raisons ?	

5 Écrivez un paragraphe de 80-90 mots en français sur un festival auquel vous avez assisté. Mentionnez :

● le genre de festival que c'était
● où et quand c'était
● ce qui s'est passé (trois détails)
● ce que vous avez pensé du festival et pourquoi

En Vol

C8.3 Les coutumes et les festivals d'autrefois

★ **Parler des anciens festivals et coutumes**
★ **L'imparfait**

A

En Suisse, dans le canton de Fribourg, la fête du Mardi gras est une tradition bien spéciale. Le matin, des groupes d'enfants, habillés en soldats, font une parade. Ils chantent et les gens leur donnent de l'argent. Les anciens du village leur montrent comment il faut faire et les enfants sont toujours prêts à les écouter puisque leur récompense est un supplément à leur argent de poche !

B

L'Épiphanie est une fête chrétienne qui se célèbre le 6 janvier. Dans le temps, à cette occasion, en famille ou bien avec les voisins, on mangeait un gâteau qui contenait une fève. La personne qui trouvait la fève dans sa portion de gâteau était le roi ou la reine pour la journée. L'inconvénient, c'était que le roi ou la reine devait à son tour acheter un gâteau et recommencer l'expérience. Cela pouvait durer tout le mois de janvier !

C

Pour les musulmans, quand la période du Ramadan est finie, la fête d'Aïd commence. En Égypte, elle dure trois jours. Le premier jour se passe entre amis, voisins et famille. Les deux jours suivants, il y a une atmosphère de carnaval et tout le monde s'amuse bien. C'est un moment que les Égyptiens aiment partager avec les autres et les célébrations continuent aussi bien le jour que la nuit.

Poisson d'avril !

D

« Poisson d'avril », disait-on dans le temps quand, le premier avril, quelqu'un racontait une histoire difficile à croire. Évidemment, ce n'était pas une histoire vraie. Les enfants, eux, mettaient des poissons en papier qu'ils avaient préparés dans le dos de leurs copains. Si ceux-là ne s'en rendaient pas compte, ils se promenaient à l'école ou dans la rue avec un poisson dans le dos et cela amusait les autres, bien sûr.

E

Du temps de nos grands-parents, quand il n'y avait pas de télévision, les gens se réunissaient souvent simplement pour passer la soirée ensemble. Ils s'invitaient à tour de rôle et la compagnie de leurs voisins était suffisante pour les amuser. Ils jouaient aux cartes ou mangeaient un gâteau. La vie était plus simple qu'elle ne l'est maintenant mais non moins agréable.

1 Lisez la description de ces cinq coutumes et festivals. À quel festival ou coutume (A-E) correspond chacune des huit affirmations (1-8) ?

Exemple : 1 D

  1 Ce qui faisait rire les autres, c'est qu'il avait l'air ridicule.
  2 C'est une tradition qui dure grâce aux personnes âgées qui encouragent les jeunes à y participer.
  3 Beaucoup ne dorment pas la nuit pour pouvoir continuer à faire la fête.
  4 C'est une occasion qui se répète souvent plusieurs fois en début d'année.

5 Au lieu de rester seuls chez eux, ils allaient voir leurs voisins et passaient une soirée agréable ensemble.

6 C'est le jour où l'on peut raconter des histoires incroyables, simplement pour rigoler.

7 Les enfants aiment cette tradition car elle leur permet de se faire un peu d'argent.

8 À cette occasion, il y avait toujours un gâteau.

2 Vous allez entendre trois personnes parler de la manière dont elles vivaient quand elles étaient jeunes. Répondez aux questions en français.

Exemple : 1 Seuls les riches avaient un arbre de Noël.

Première personne
1 Comment sait-on qu'avoir un arbre de Noël était un luxe à cette époque ?
2 Qu'est-ce que ses parents lui donnaient comme cadeaux de Noël ? [2]
3 À part cela, comment fêtait-il Noël ?

Deuxième personne
4 Que se passait-il le matin ?
5 Et l'après-midi ?

Troisième personne
6 Qu'est-ce que ça veut dire, s'endimancher ?
7 Que faisait-il avec ses parents ? [2]
8 Que faisaient ses parents ? [2]

3 L'imparfait. Regardez d'abord la section grammaire K7. Réécrivez les huit phrases à l'imparfait.

Exemple : 1 Ils chantaient et les gens leur donnaient de l'argent.
1 Ils chantent et les gens leur donnent de l'argent.
2 Il y a une atmosphère de carnaval.
3 Ils mangent un gâteau et ils jouent aux cartes.
4 Je ne reçois qu'un seul cadeau.
5 Quand mes cousins viennent, ma mère prépare le repas.
6 Il fait une promenade avec sa famille.
7 C'est une journée familiale que tout le monde apprécie.
8 Il faut bien s'habiller le dimanche.

4 a Écrivez environ 150 mots en français sur la vie dans votre pays telle qu'elle était autrefois. Mentionnez :
  ● une coutume ou une tradition de votre pays.
  ● comment on fêtait une occasion spéciale comme par exemple Noël ou son anniveraire.

4 b Maintenant, faites une présentation d'une minute en vous référant :
  ● aux conditions de vie de vos grands-parents
  ● à ce qu'ils faisaient de leur temps libre
  ● à la manière dont les choses ont changé

Travaillez à deux. Corrigez la prononciation et les fautes de grammaire de votre partenaire.

Embarquement

C9.1 On se déplace

★ **Parler des moyens de transport**
★ *En/à* **+ mode de transport**

une voiture

un bus/un autobus

un avion

un train

une personne à pied

un vélo

une moto

un taxi

Salut,

Ça va ? Tu me demandes comment je vais au collège. Eh bien, d'habitude, j'y vais à vélo parce que ce n'est pas loin de chez moi. Il faut dix minutes pour y arriver. Quelquefois, j'y vais avec mes copains à pied. S'il pleut, mon père m'emmène en voiture. À la fin de la journée, je rentre en bus s'il fait mauvais ou bien à pied s'il ne pleut pas.

Mon grand frère, lui, va au travail à moto mais s'il ne fait pas beau, il y va en train. Il a dix-huit ans. Ma belle-mère va souvent en ville pour faire des courses. En général, elle y va en taxi. C'est plus facile que d'y aller à pied.

Et toi, tu habites loin de la ville et de ton collège ?

À bientôt,

Luc

1 a Lisez le courriel de Luc. Copiez et complétez les phrases en ajoutant le moyen de transport correct.

Exemple : 1 D'habitude, Luc va au collège à vélo.

1 D'habitude, Luc va au collège ....
2 De temps en temps, il y va avec ses amis ....
3 S'il fait mauvais, il y va avec son père ....
4 Si le temps n'est pas beau, il rentre chez lui ....
5 S'il fait beau, il rentre à sa maison ....
6 Le frère de Luc va au travail la matin ....
7 S'il fait mauvais, il y va ....
8 Pour faire les achats, sa belle-mère va en ville ....

1 b Faites correspondre les débuts de mots (1-6) aux fins de mots (7-12), puis traduisez ces moyens de transport dans votre langue.

Exemple : 1 en métro

1 en mé	**4** en cam	**7** teau	**10** ylette
2 en c	**5** à mob	**8** cyclette	**11** ionnette
3 en ba	**6** à bi	**9** tro	**12** ar

2 Écoutez quatre personnes qui participent à un sondage sur les moyens de transport. Copiez et complétez la grille. Ajoutez trois lignes supplémentaires.

	Pour aller au collège	Pour aller au travail	Pour aller en vacances
1 Exemple	à vélo	en train – en bus	en avion
2			
3			
4			

3 *En/à* + mode de transport. Regardez d'abord la section grammaire J et la liste de vocabulaire pour identifier les moyens de transport. Copiez et complétez les huit phrases en ajoutant *à* ou *en* à chaque phrase. Traduisez aussi les phrases dans votre langue.

Exemple : 1 Ma sœur va à son travail en métro.

1 Ma sœur va à son travail ..... métro.

2 On a fait une croisière ..... bateau super.

3 Mes grands-parents ont fait une excursion ..... car récemment.

4 Mon père voyage beaucoup ..... camion pour son travail.

5 Ils ont fait une randonnée ..... bicyclette.

6 On est allés voir nos copains ..... mobylette.

7 Ils vont au boulot ensemble ..... camionnette.

8 J'ai traversé le lac ..... bateau à voile.

4 Comment prononcer *eu* comme par exemple *on peut*. Écoutez cette phrase et séparez-en les mots. Répétez-la trois fois. Attention à la prononciation ! Écoutez encore une fois pour vérifier. Répétez l'exercice. Traduisez la phrase dans votre langue. Apprenez la phrase par cœur.

Silpleutilestheureuxcarilpeutresterchezluisilleveut.

5 Posez les cinq questions ci-dessous à votre partenaire. Répondez aussi à ses questions et ajoutez des détails supplémentaires si possible. Pour vous aider, utilisez la case.

1 Comment allez-vous au collège ?

2 Combien de temps faut-il pour y arriver ?

3 Et s'il pleut ?

4 Et vos parents, comment vont-ils au travail ?

5 Comment voyagez-vous quand vous partez en vacances ?

Je vais	au collège	à pied / à vélo / à moto / à mobylette / à bicyclette.
Pour y arriver, il faut	dix minutes	en bus / en voiture / en taxi / en camionnette / en car / en train / en métro / en bateau.
S'il pleut,	j'y vais	
Mon père / Ma mère	va au travail	
Quand on part en vacances,	on y va	

6 Écrivez une phrase en français qui explique comment vous faites le trajet dans chacune de ces situations.

Exemple : Le matin, je vais à l'école en bus.

    1 Pour aller à l'école.

    2 Pour rentrer chez vous le soir.

    3 Pour aller en ville.

    4 Pour aller voir vos copains.

    5 Pour aller en vacances.

Décollage

C9.2 On y va à pied ou en bus ?

★ **Parler de ses déplacements à pied et en bus.**
★ *Venir de* **au présent suivi d'un infinitif.**

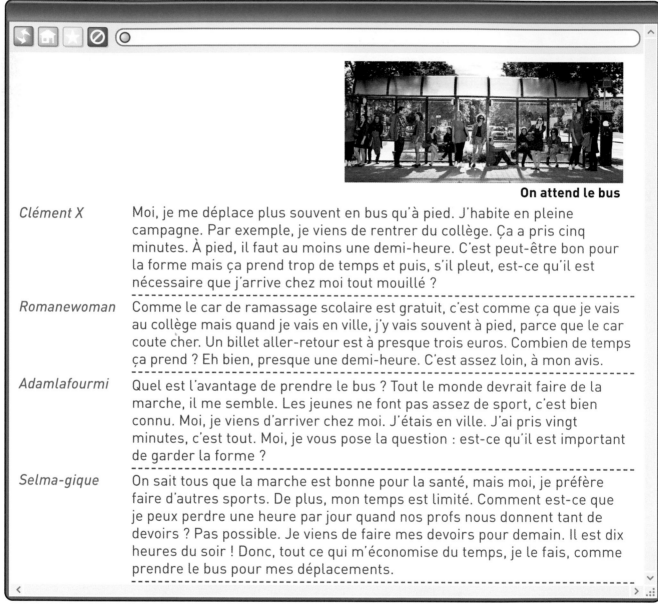

On attend le bus

Clément X

Moi, je me déplace plus souvent en bus qu'à pied. J'habite en pleine campagne. Par exemple, je viens de rentrer du collège. Ça a pris cinq minutes. À pied, il faut au moins une demi-heure. C'est peut-être bon pour la forme mais ça prend trop de temps et puis, s'il pleut, est-ce qu'il est nécessaire que j'arrive chez moi tout mouillé ?

Romanewoman

Comme le car de ramassage scolaire est gratuit, c'est comme ça que je vais au collège mais quand je vais en ville, j'y vais souvent à pied, parce que le car coute cher. Un billet aller-retour est à presque trois euros. Combien de temps ça prend ? Eh bien, presque une demi-heure. C'est assez loin, à mon avis.

Adamlafourmi

Quel est l'avantage de prendre le bus ? Tout le monde devrait faire de la marche, il me semble. Les jeunes ne font pas assez de sport, c'est bien connu. Moi, je viens d'arriver chez moi. J'étais en ville. J'ai pris vingt minutes, c'est tout. Moi, je vous pose la question : est-ce qu'il est important de garder la forme ?

Selma-gique

On sait tous que la marche est bonne pour la santé, mais moi, je préfère faire d'autres sports. De plus, mon temps est limité. Comment est-ce que je peux perdre une heure par jour quand nos profs nous donnent tant de devoirs ? Pas possible. Je viens de faire mes devoirs pour demain. Il est dix heures du soir ! Donc, tout ce qui m'économise du temps, je le fais, comme prendre le bus pour mes déplacements.

1 Lisez ce forum de discussion sur les avantages et les inconvénients de se déplacer à pied et en bus. Qui dit cela ?

Exemple : 1 Adamlafourmi

1 Si on veut rester en forme, il faut marcher tous les jours.
2 Ça coute beaucoup d'argent de prendre les transports en commun tous les jours.
3 Ma maison est trop loin de mon école. C'est pour ça que je prends le bus pour y aller.
4 Je n'ai pas le temps d'y aller à pied.
5 Il me faut faire une heure de marche pour aller en ville et revenir chez moi.

6 Pour garder la forme, je fais de la natation et du basket.

7 Je n'utilise pas les transports en commun pour une question de forme.

8 S'il fait mauvais, je prends le bus.

2 Vous allez entendre deux vacanciers parler de leurs expériences. Répondez aux questions en français.

Exemple : 1 Le car

Premier vacancier

1 Quel moyen de transport ont-ils utilisé
pour découvrir la Tunisie ?

2 Quels endroits est-ce qu'ils ont visité ? [2]

3 Qu'est-ce qu'ils ont fait le matin de leur visite à Tunis ?

4 Et l'après-midi ?

Deuxième vacancier

5 Quels sont les deux moyens de transport qu'ils ont utilisés pour arriver à leur destination ?

6 Quelle a été leur activité quotidienne principale ?

7 Quand ils sont arrivés au sommet d'une montagne, qu'est-ce qu'ils ont aimé regarder ?

8 Pourquoi est-ce que les randonnées sont une solution idéale pour les vacances ? [2]

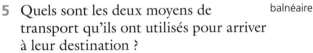

Promenade à dos de chameau près d'une station balnéaire

3 *Venir de* au présent suivi d'un infinitif. Regardez d'abord la section grammaire K20. Réécrivez les huit phrases en utilisant le présent du verbe *venir de*.

Exemple : 1 Je viens de rentrer de vacances ce matin.

1 Je suis rentrée de vacances ce matin.

2 Il a fait une randonnée.

3 Ils ont visité la Tunisie.

4 On a exploré le désert.

5 Elle y est allée en car.

6 On a vu les Alpes suisses.

7 J'ai pris mon vélo.

8 Elles ont fait le tour de la ville à pied.

4 Travaillez à deux. Posez ces questions à votre partenaire et répondez aussi à ses questions. Ajoutez des détails supplémentaires si possible.

Exemple : Tous les jours, je vais au collège à pied. J'habite assez près du collège.

- Comment allez-vous au collège ?
- Avec qui est-ce que vous y allez ?
- Vous y arrivez à quelle heure ?
- Combien de temps vous faut-il pour faire le trajet ?

- Est-ce que vous prenez le bus quelquefois ?
- Pour aller où ?
- Quel bus prenez-vous ?
- Quand avez-vous pris le bus la dernière fois ?
- Pourquoi n'y êtes-vous pas allé(e) à pied ?

5 Écrivez environ 100 mots en français pour expliquer la manière dont vous venez de rentrer chez vous. Mentionnez :
- d'où vous venez
- comment vous êtes rentré(e)
- combien de temps cela vous a pris
- pourquoi vous avez choisi de rentrer en bus/à pied

C9.3 Faites attention sur la route !

Décollage

★ **Parler de la conduite en France et savoir que faire en cas d'accident**
★ *Venir de* **au présent ou à l'imparfait suivi d'un infinitif**

Les Français au volant

C'était en 1972. La route venait de tuer 10 000 personnes. La vitesse n'était pas limitée, les ceintures de sécurité n'existaient pas pour les passagers à l'arrière de la voiture et peu de gens s'inquiétaient d'avoir bu de l'alcool avant de conduire.

La situation était devenue si grave en France que les autorités ont voulu choquer le public. On a demandé aux habitants de Mazamet, une ville de 18 000 habitants, de se coucher dans les rues, comme s'ils étaient morts. Cela est passé à la télé. Comme ça, les Français ont pu voir les conséquences de la manière dont ils conduisaient.

Un grave accident de la route

Le film a eu l'effet voulu. Le nombre de tués dans des accidents de la route vient d'être annoncé. 3 000 personnes sont mortes cette année. Ceci est encourageant. En ce qui concerne les blessés, nous venons de réaliser qu'on en compte plus de cent-mille.

Les catégories d'âge les plus concernées sont les moins de 24 ans et les plus de 65 ans.

Alors, que faire ? Les contrôles policiers s'assurent déjà que les gens ne conduisent pas quand ils ont trop bu ou ne dépassent pas la vitesse limite. Les lois qui améliorent la sécurité routière sont nombreuses. On ne doit pas utiliser son portable en conduisant et il faut mettre sa ceinture de sécurité par exemple.

Faut-il augmenter le prix de l'essence afin de réduire la circulation ? Limiter la vitesse plus que maintenant ?

Quand nous conduisons, nous avons tous la responsabilité de la sécurité des autres. Il ne faut pas l'oublier !

1 Lisez l'article puis répondez aux questions en écrivant VRAI ou FAUX. Si l'affirmation est FAUSSE, corrigez-la selon le texte.

Exemple : 1 VRAI

1 En 1972, pas beaucoup de gens se souciaient de boire de l'alcool avant de conduire.
2 Pour choquer le public, on a demandé à 18 000 personnes de faire semblant d'être morts et on a filmé cela.
3 On vient d'enregistrer une réduction de 50% du nombre des victimes de la route en comparaison avec les années soixante-dix.
4 Le nombre de blessés dus aux accidents de la route est de plus de cent-mille.
5 Ce sont les jeunes qui sont responsables du plus grand nombre d'accidents.
6 Grâce aux contrôles policiers, les gens ne conduisent pas trop vite.
7 On a passé une loi qui interdit l'usage du portable en conduisant.
8 Chaque conducteur est seulement responsable de sa propre sécurité.

2 Écoutez M. Bertrand et Mme Duval parler à un agent de police de l'accident de la route qu'ils viennent d'avoir. Faites correspondre les débuts de phrases (1-8) aux fins de phrases (A-H).

Exemple : 1 E

M. Bertrand

1 L'accident a eu lieu
2 La voiture derrière lui
3 Le chauffeur de l'autre voiture
4 Grâce aux caméras, le policier est certain

A n'a pas pu s'arrêter.
B accepté la responsabilité pour l'accident.
C d'identifier l'autre chauffeur.
D pour l'autre voiture.

Mme Duval

5 Comme le feu rouge avait changé de couleur
6 L'autre conductrice n'a pas
7 On n'a pas pu
8 Je suis sure que le feu était rouge

E près de la poste.
F elle a démarré.
G n'est pas sorti de son véhicule.
H se mettre d'accord.

3 *Venir de* au présent et à l'imparfait suivi d'un infinitif. Regardez d'abord la section grammaire K20. Réécrivez les huit phrases en utilisant l'imparfait du verbe *venir de*.

Exemple : 1 Ils venaient d'arriver.

1 Ils viennent d'arriver.
2 Je viens d'avoir un accident.
3 Il vient de bruler un feu rouge.
4 Nous venons d'en parler à un policier.
5 Elles viennent de remplir un constat.

6 Vous venez de reculer.
7 Il vient de se mettre en contact avec son assurance.
8 La voiture derrière moi vient de freiner.

4 a Travaillez à deux. Vous avez été victime d'un accident de la route. Vous avez essayé de remplir un constat avec le chauffeur de l'autre voiture mais il/elle n'a pas coopéré. Vous en parlez à la police. Remettez le rôle du policier dans le bon ordre.

Rôle du policier

1 Oui. C'était où et quand ?
2 Bien. Pourquoi avez-vous eu besoin de la police ?
3 Je vois. Alors, que s'est-il passé ?
4 Très bien, merci. On va contacter le chauffeur de l'autre voiture.

5 Monsieur/Mademoiselle ?
6 D'accord. Qu'avez-vous fait après être sorti(e) de votre voiture ?

4 b Jouez le rôle de la victime et votre partenaire le rôle du policier. Puis, changez de rôles.

Rôle de la victime

- Saluez le policier et expliquez-lui pourquoi vous êtes là.
- Dites où et quand l'accident est arrivé.
- Dites ce qui s'est passé.

- Dites ce que vous avez fait.
- Dites pourquoi vous avez eu besoin d'en parler à la police.

5 Écrivez une lettre de 130-140 mots en français à vos cousins à propos de vos vacances dans un pays francophone. Mentionnez :

- où vous êtes en vacances avec vos ami(e)s
- ce que vous avez fait depuis que vous les avez contactés

- l'accident de la route dont vous avez été victime
- les formalités que vous avez dû compléter
- ce que la police a pu faire pour vous aider

Vocabulaire

C1.1 Je vais en ville

l'aquarium (m)	le centre sportif	la gendarmerie	le parking
la banque	le château	l'hôpital (m)	la poste
la bibliothèque	le cinéma	l'hôtel de ville (m)	le stade
la boutique	le commissariat (de police)	le jardin public	le supermarché
le bowling	l'église (f)	la mairie	le syndicat d'initiative
la cathédrale	le garage	l'office de tourisme (m)	le théâtre
le centre commercial	la gare (routière)	le parc	le zoo

C1.2 À la campagne et en ville

agréable	charmant(e)	*le fleuve*	la place
animé(e)	*la distraction*	historique	la rivière
le bruit	l'église (f)	impressionnant(e)	suffisamment
bruyant(e)	l'endroit (m)	l'immeuble (m)	tellement
calme	l'espace (m)	le monde	touristique
le calme	excessivement	la nature	typique

C1.3 Je déteste ma ville

l'ambiance (f)	en hiver	pollué(e)	*les sports nautiques*
se baigner	le lac	la pollution	super
le bistrot	loin	proche	sûr (sure)
cultiver	loin d'ici	se promener	tout à fait
dangereux (dangereuse)	le piquenique	reposant(e)	
en été	pittoresque	le soir	

C2.1 Qu'est-ce qu'on achète ?

l'alimentation générale (f)	la brosse à dents	l'épicerie	la poissonnerie
la bague	la charcuterie	la librairie	le prix
la bijouterie	combien	les lunettes de soleil	le savon
la boucherie	la crème solaire	la parfumerie	*la trousse de toilette*
la boulangerie	la crèmerie	les pastilles pour la gorge	
le bracelet	la crêperie	le peigne	

C2.2 Faisons les courses

la bouteille	les épices (f)	le marché couvert	quelque(s)
la caisse	faire les courses	le morceau	le rayon
le/la caissier (-ière)	le frigo	la nourriture	le sac
le charriot	la grande surface	le panier	le tube
cher (chère)	l'hypermarché (m)	le paquet	
la confiture	le libre-service	les produits (m) (produits	
l'électroménager (m)	le marchand	locaux, produits d'entretien)	

C2.3 Tu penses que ça me va… ?

l'achat (m)	couter	la mode	*la soie*
la cabine d'essayage	dépenser	la pointure	la taille
cher (chère)	différent(e)	le remboursement	trop grand(e)/petit(e)
le coton (en coton)	échanger	rembourser	trop large/serré(e)
court(e)	essayer	le sac (à main)	

C3.1 Parlons de l'argent

l'argent (*m*)	le chèque	le distributeur de billets	le passeport
la banque	la commission	automatique	payer
le billet	*le compte bancaire*	l'euro (*m*)	la pièce
la caisse	le cout	la facture	la pièce d'identité
la carte bancaire	couter	la fiche	pour cent
le centime (le centime d'euro)	*déposer*	les frais de commission	remplir
changer		la monnaie	*retirer de l'argent*

C3.2 On reste en contact ?

l'adresse (*f*)	le colis	le guichet	la signature
l'adresse e-mail (*f*)	le courriel	la lettre	signer
l'avantage (*m*)	le courrier	en ligne	téléphoner
le bureau de poste	envoyer (un colis, un SMS, un	lourd(e)	le téléphone portable (mobile)
la carte d'anniversaire	texto)	le paquet	le timbre
la carte postale	à l'étranger	retourner	

C3.3 Zut, j'ai perdu mes clés…

en argent	déclarer	l'or (*m*) (en or)	le portemonnaie
le bureau (des objets trouvés)	décrire	oublier	la taille
la clé (les clés)	la description	le parapluie	trouver
le commissariat de police	la gare routière	perdre	la valise
la couleur	laisser	le plastique (en plastique)	le vol
le cuir (en cuir)	moyen(ne)	le portefeuille	voler

C4.1 L'environnement et moi

l'agriculture bio (f)	l'écologiste (*f*)	nettoyer	ramasser
le danger	l'environnement (*m*)	polluer	le recyclage
dangereux (dangereuse)	*faire le tri*	la pollution	recycler
les déchets (*m*)	falloir (il faut)	*préserver*	sauver
l'eau (non-)potable	l'incendie (*m*)	*les produits biologiques*	*trier*
l'écologie (*f*)	jeter	la protection	
écologique	le nettoyage	protéger	

C4.2 On adore les parcs nationaux

l'aire (f)	*la biodiversité*	dangereux (dangereuse)	la mer
l'animal sauvage (*m*)	la chaleur	l'endroit (*m*)	nager
la baignade	le climat	la ferme	la nature
(se) baigner	le danger	le lac	la planète

C4.3 Notre environnement est en danger !

l'amélioration (*f*)	la campagne	*l'emballage (m)*	les résultats
améliorer	le conseil	*faire un geste*	*la solution*
les animaux marins	la côte	grave	
l'autoroute (*f*)	*(se) dégrader*	le problème	
biodégradable	le déplacement	*résoudre*	

C5.1 Le temps qu'il fait

en automne	en été	le nuage	le sud
beau (belle)	froid	l'ouest (*m*)	le temps
le brouillard	en hiver	le pays	le vent
chaud	mauvais(e)	au printemps	
l'est (*m*)	le nord	le soleil	

C5.2 Les prévisions météorologiques

l'amélioration (f)	*l'éclaircie (f)*	l'orage (m)	*souffler*
la chaleur	*ensoleillé(e)*	la pluie	le tonnerre
le ciel	frais (fraiche)	pousser	
se dégager	geler	la prévision	
la dépression	nuageux (nuageuse)	protéger	

C5.3 Les changements de climat

agir	doux (douce)	l'ile (f)	pluvieux (pluvieuse)
au lieu de	enneigé(e)	l'incendie (m)	protéger
bien que	être conscient(e) de	l'inondation (f)	*le réchauffement*
la côte	le feu	le manque	*la sècheresse*
court(e)	*fondre*	le niveau	

C6.1 Trouver son chemin

aller (pour aller)	continuer	l'hôpital (m)	la plage
alors	droit(e) (à droite)	l'hôtel (m)	le port
l'arrêt de bus (m)	l'église (f)	jusqu'à	le restaurant
l'auberge de jeunesse (f)	ensuite	l'office de tourisme (m)	le rondpoint
la cathédrale	excusez-moi	pardon	la station-service
le château	face (en face)	le parking	la station de métro
le cinéma	la gare	la piscine	tout droit
le commissariat de police	gauche (à gauche)	la place	

C6.2 Ça se trouve où, s'il vous plait… ?

le centre historique	loin	près	tout de suite
le chemin	à pied	proche	traverser
à coté de	la piste cyclable	renseigner	la vieille ville
devant	le pont	se trouver	
l'endroit (m)	prendre	la sortie	

C6.3 Pouvez-vous expliquer exactement… ?

le bâtiment	*indiquer*	le plan (de la ville)	suivre
la colline	là (là bas)	recommander	le toit
ensemble	le monument	les renseignements (m)	tourner
les feux (m)	le passage pour piétons	retrouver	

C7.1 Bonjour ou salut… ?

aller bien	ça va ?	*enchanté(e)*	rencontrer
l'ami(e)	*ma chérie*	faire la connaissance de	salut
bienvenue	*le/la collègue*	le plaisir	
bonjour	comment allez-vous ?	*prier (je vous en prie)*	
bonsoir	la connaissance	recevoir	

C7.2 On cherche un(e) correspondant(e)

la batterie	le jardin	*jouer d'un instrument de musique*	la pièce
communiquer	le jardinage		*la salle de musique*
correspondant(e)	*jouer de la batterie*	la langue	saluer
la culture		partir	

C7.3 Aller dans une famille à l'étranger

accueillant(e)	apprendre	fatigué(e)	préférer
accueillir	*l'apprentissage* (m)	la ferme	prendre le bus
aimer	la colline	jouer	prendre le train
aller en bus	différent(e)	loin	près
aller en car	s'entendre	même	visiter
aller en voiture	essayer	la montagne	le/la voisin(e)
l'appartement (m)	l'expérience (f)	parler	

C8.1 Les pays du monde

à l'origine	connu(e)	la langue	situé(e)
l'amateur (m)	étranger (étrangère)	le marché	venir
la capitale	français(e)	parler	
chez	francophone	le pays	
le connaisseur	l'île (f)	la réputation	

C8.2 Le monde des festivals

l'acteur (actrice)	le/la danseur/danseuse	le programme	le tapis
attirer	les effets spéciaux	le/la réalisateur/réalisatrice	la vedette
le/la chanteur/chanteuse	l'entrainement (m)	la récompense	*la victoire*
le concours	le/la gagnant(e)	rêver	
connu(e)	partager	se passer	

C8.3 Les coutumes et les festivals d'autrefois

ancien(ne)	célébrer	la plupart	le soldat
avoir l'air	le dos	*le/la roi/reine*	le suivant
le cadeau	*la fève*	*se rendre compte*	le/la voisin(e)
le carnaval	mettre	se réunir	
les célébrations (f)	partout	se souvenir	

C9.1 On se déplace

à l'étranger	la camionnette	*mener*	le trajet
l'avion (m)	le car	le métro	le vélo
le bateau	combien de temps	la mobylette	la voiture
le bateau à voile	comment	la moto	voyager
la bicyclette	la croisière	*le moyen de transport*	
le camion	se déplacer	à pied	

C9.2 On y va à pied ou en bus ?

le car de ramassage scolaire	*gaspiller*	la randonnée	traverser
combien de temps	gratuit(e)	la santé	venir de
découvrir	la marche	le sommet	*la vue d'ensemble*
l'endroit (m)	mouillé(e)	la station balnéaire	
escalader	poser	tant de	
faire un tour	*quotidien(ne)*	le trajet	

C9.3 Faites attention sur la route !

l'arrière (m)	compter	freiner	le rondpoint
blessé(e)	*le constat*	*la loi*	tuer
bruler	*démarrer*	mort(e)	la vitesse
la ceinture	*dépasser*	réagir	
le/la chauffeur/chauffeuse	l'essence (f)	*reculer*	
la circulation	le feu rouge	réduire	

Décollage

La Suisse, un pays prospère et accueillant

Informations sur la Suisse

La Suisse est un pays avec des frontières avec la France, l'Allemagne, l'Italie, l'Autriche et le Liechtenstein. Elle est formée de vingt-six cantons. La ville de Berne en est la capitale.

C'est un pays qui est assez montagneux. En effet, les Alpes en occupent une bonne partie. La population de la Suisse est d'environ huit millions d'habitants dont la plupart habitent les grandes villes telles que Zurich et Genève.

C'est un pays neutre, c'est-à-dire qu'il ne participe pas aux décisions politiques ou militaires prises par les autres pays.

C'est aussi un pays prospère où la qualité de vie est bonne. De nombreux touristes viennent en Suisse pour y faire du ski par exemple ou simplement se relaxer.

Le climat y est doux en été et froid en hiver. Les quatre saisons de l'année sont bien distinctes.

La Suisse est connue dans le monde pour son horlogerie de précision. Le chocolat suisse a aussi une renommée internationale. Les amateurs de spécialités suisses

apprécieront la fondue et la raclette, deux recettes de cuisine fantastiques.

La Suisse est un pays très accueillant où il est facile de se sentir chez soi. On s'habitue vite à son rythme de vie qui est dans l'ensemble plutôt calme.

1 Lisez les informations sur la Suisse. Les phrases 1-8 contiennent chacune une erreur. Corrigez les erreurs.

1 La Suisse est entourée de quatre pays différents.

2 Genève est la capitale de la Suisse.

3 La population des grandes villes est de huit millions d'habitants.

4 La Suisse fait partie de l'Union européenne.

5 Beaucoup de touristes viennent y faire des sports nautiques.

6 Au mois d'aout, il fait plutôt frais.

7 La Suisse a une renommée internationale pour sa cuisine.

8 Les gens mènent une vie assez frénétique.

Genève, qu'en pensez-vous ?

On peut se promener au bord de l'eau

La ville et le lac Léman

Suissavantou	Moi, j'y travaille et ça me plait bien. Évidemment, c'est une grande ville et il y a beaucoup de circulation. Heureusement que les transports publics sont bien organisés.
Genevoicar	Peut-être que oui, mais si on prend sa voiture, on ne sait pas où la mettre. Il n'y a pas assez de places de parking. On n'habite pas tout près d'un arrêt d'autobus ou d'une gare !
Envirofana1	Je ne vous comprends pas, Genevoicar. Prenez votre vélo, ça vous fera du bien. Et l'air qu'on respire sera meilleur, non ? En plus, comme ça, vous apprécierez la beauté de notre ville.
Optimiste25	De quoi vous plaignez-vous ? Vous avez une ville extraordinaire, au bord d'un lac. Je sais bien que je n'y vis pas. En fait, je ne suis ici que pour une semaine – mais il est évident que c'est un endroit presque idéal.

Quelles langues parle-t-on en Suisse ?

Mettez-vous au défi. Devinez les informations qui manquent.

Eh bien, cela dépend où vous habitez en Suisse. Si vous êtes proches de la France, la langue française est dominante. **1**.......... de la population parle français en Suisse.

L'allemand toutefois est la langue la plus utilisée. Près des **2**.......... de la population parlent allemand.

Dans la partie sud de la Suisse, on se sert de l'italien pour communiquer. Cela concerne environ **3**.......... pour cent de la population.

Traditionnellement, il existe une quatrième langue officielle qui s'appelle le Romanche. Celle-ci cependant est en train de disparaitre et est parlée par seulement **4**.......... actuellement.

Au travail, **5**.......... parle anglais. Ceci est un effet de la mondialisation et de l'influence anglo-américaine sur le reste du monde.

A une personne sur cent

B un quart

C une personne sur quatre

D dix

E deux tiers

Schweizer Pass
Passeport suisse
Passaporto svizzero
Passaport svizzer
Swiss passport

Le Maroc, un pays de charme

Vivre à Casablanca

Moi, j'habite à Casablanca. C'est la ville la plus prospère du Maroc. C'est une ville moderne en pleine expansion. On construit beaucoup de nouvelles maisons et c'est maintenant devenu un peu trop grand. Il y a trop de circulation sur les routes et la pollution y est importante. Il y a aussi beaucoup d'industries, ce qui n'arrange rien. Bien sûr, il y a la mer… heureusement ! Casablanca n'est pas une belle ville mais la plupart de ceux qui y vivent l'adorent.

Casablanca vu de la mer

J'ai mon boulot en ville. Je commence le matin à 8 heures et je rentre chez moi à 17 heures. J'habite chez mes parents dans un appartement super. C'est vrai qu'il y a de la pauvreté qui est évidente dans certains quartiers à l'extérieur de la ville. Casablanca est en effet une ville de contrastes ou la richesse et la pauvreté coexistent, ainsi que l'ancien et le moderne, la vie occidentale et la vie africaine, le monde musulman et le monde séculaire. Ces différents aspects de la ville la rendent unique au Maroc.

Tout cela est peut-être un peu chaotique mais aussi fascinant. Le weekend, ce qui me plait le plus c'est de me promener et de voir comment vivent les gens. Ici, je me sens libre de vivre comme je veux et le fait que ce n'est pas une ville touristique est aussi quelque chose de positif, à mon avis.

Le samedi, soit je reste chez moi soit je sors avec mes copains et mes copines et on va au cinéma ou en boite de nuit, ça dépend. Il y a tout ce qu'il faut pour les jeunes ici.

1 Lisez le blog de Farida et dites si les affirmations 1-6 sont vraies (V), fausses (F) ou si l'information ne nous est pas donnée (ND).

  1 Entre la circulation et les industries, Casablanca n'est pas une ville sans problèmes.

  2 C'est une ville au bord de l'eau qui n'est pas sans son charme.

  3 Farida habite dans un bel appartement mais dans un quartier pauvre.

  4 Farida trouve la diversité architecturale et culturelle qui existe à Casablanca plutôt choquante.

  5 Farida se plait beaucoup à Casablanca.

  6 Comme il y a beaucoup à faire pour les jeunes à Casablanca, Farida va voir un film ou va danser chaque weekend.

Menteur ! Nabila, Amjad et Samira parlent du Maroc. Qui est le menteur/la menteuse ?

Nabila	Le climat permet d'y partir en vacances une grande partie de l'année. Les touristes visitent Marrakech parce qu'ils adorent les souks et les plages. Pour ceux qui aiment le ski, il y a les montagnes de l'Atlas.
Amjad	Casablanca est la plus grande ville du Maroc et en est la capitale. C'est aussi la première métropole du Maghreb et le port le plus important du continent africain. On visite souvent Casablanca pour les affaires. Après Marrakech et Agadir, c'est la ville la plus visitée du pays.
Samira	Il y a beaucoup de mosquées à visiter au Maroc. L'influence musulmane est bien en évidence. Il y a les souks bien sûr et aussi des monuments romains importants. Les gens sont sympa, il y fait chaud et puis, à Essaouira par exemple, on est au bord de l'Atlantique.

A Prix réduits pour ceux qui savent y faire. **C** Un lieu de rencontres.
B Un nombre inimaginable d'articles. **D** Des marchés artisanaux.

Les marchés marocains

1

En France, quand on dit : « C'est le souk », cela veut dire que tout est en désordre. Au Maroc, un souk est un marché qui se passe quelquefois en plein air et quelquefois dans une série de salles et de tentes. Les commerçants y vendent souvent des produits qu'ils ont faits eux-mêmes comme par exemple des bijoux, des tapis, des vêtements, de la poterie ou du parfum.

2

On y trouve tout ce dont on a besoin, comme par exemple des fruits, des légumes, des épices, des souvenirs, etc. Dans certains souks, on peut même acheter des animaux tels que les moutons. Les marchands sont normalement organisés en quartiers ; un pour l'alimentation, un pour l'habillement, un autre pour l'équipement.

3

Comme les prix ne sont pas toujours fixes, il est recommandé de marchander dans les souks, c'est-à-dire d'offrir un prix inférieur au prix demandé. Attention ! vous n'avez qu'à regarder un produit ou simplement vous arrêter et le marchand viendra vous parler en espérant que vous achèterez quelque chose.

4

Les souks ne sont pas des marchés ordinaires. On y vient pour faire ses courses mais aussi pour voir ses amis. Ce sont des endroits pleins de charme où vous apprécierez l'ambiance marocaine.

On trouve tout ce qu'on veut au souk

En Vol

Coin examen 3.1

Les activités d'écoute plus sophistiquées

Dans votre examen, vous pourriez trouver deux types d'exercice d'écoute :
- Répondre à des questions en français
- Identifier la réponse correcte (A, B, C, D)

Le seul type d'enregistrement est :
- Interviews (conversations entre deux personnes)

Stratégies générales pour l'écoute

→ Avant d'écouter, lisez les instructions et les questions.

→ Pas de panique ! Vous allez écouter l'enregistrement deux fois.

→ Quand vous écoutez l'enregistrement, prenez des notes mais n'oubliez pas de les rayer plus tard. Notez aussi qu'il y a une ou deux pauses dans l'interview.

→ Répondez aux questions dont vous êtes certain(e) de la réponse.

→ Écoutez l'enregistrement une deuxième fois et concentrez-vous sur les questions auxquelles vous n'avez pas pu encore répondre. Si vous n'avez pas répondu à la question 1 par exemple, la réponse est au début de l'enregistrement. Focalisez votre attention sur cette partie de l'enregistrement.

Les questions en français

- Révisez les pronoms interrogatifs comme par exemple *pourquoi, comment, …*
- Écrivez votre réponse en français et vérifiez que ce que vous avez écrit est compréhensible.
- Il n'est pas nécessaire d'écrire des phrases entières.
- Si la question vous demande de donner deux renseignements, assurez-vous que vous l'avez fait.
- Attention aux questions qui demandent une réponse qui n'est pas évidente. Ne vous laissez pas attraper !

1 a Travaillez avec votre partenaire. Prenez des notes sur le genre de renseignements qu'il vous faut pour répondre aux questions de l'exercice 1b.

Exemples :

Question 1 contient le mot pourquoi. La réponse est donc une raison.

Question 2 contient le mot où. La réponse est donc un lieu.

1 b Vous allez entendre deux fois une conversation entre Benoît et Marie, deux amis qui vont aller en ville ensemble à pied. Pendant que vous écoutez la conversation, répondez aux huit questions en français. Il y a une pause dans la conversation. Vous avez d'abord quelques secondes pour lire les questions.

1 Pourquoi est-ce que Marie va passer à la banque ? [1]

2 À part à la banque, où doit-elle aussi aller ? [1]

3 Qu'est-ce que Benoît doit faire ? [1]

4 Pourquoi est-ce que Benoît ne va pas faire ses courses au supermarché ? [1]

5 Qu'est-ce que Marie va faire à la bibliothèque ? [2]

6 Où est-ce que Benoît doit aller sur le chemin de retour et pourquoi ? [2]

7 Qu'est-ce qui ne marchait pas sur son ordinateur ? [1]

8 Pourquoi est-ce qu'il demande à Marie de l'attendre un instant ? [1]

[Total : 10]

Attention ! La question 4 est difficile. Qu'est-ce qui n'est pas évident ?

Questions à choix multiple

2 a Avant d'écouter l'interview, lisez les questions, discutez-en avec votre partenaire et essayez d'identifier les réponses qui sont probablement fausses et celles qui sont probablement vraies. Justifiez vos choix de réponses.

Exemple : Question 1

Les réponses C et D sont probablement fausses parce que les quatre saisons ne sont jamais les mêmes.

- Lisez les questions attentivement et identifiez les réponses qui sont probablement vraies / probablement fausses.
- Si vous n'êtes pas certain(e), écrivez des réponses provisoires (X au crayon).
- Si vous trouvez ça utile, prenez des notes au crayon avant de confirmer vos réponses (X au stylo).
- Répondez à toutes les questions. Si vous devez deviner une réponse, faites-le intelligemment. Il y a des réponses qui ne sont pas logiques du tout ! Exemple : Les inondations sont la conséquence de la sècheresse ! Ignorez ces réponses.

2 b Vous allez entendre, deux fois, une interview avec un météorologue à la radio. Pendant que vous écoutez l'interview, répondez aux questions en cochant la bonne case A, B, C ou D. Il y a une pause dans l'interview. Vous avez d'abord quelques secondes pour lire les questions.

1 Avant, comment étaient les quatre saisons ?

A		Toutes les mêmes
B		Très distinctes
C		Froides
D		Chaudes

[1]

2 À quoi les changements climatiques sont-ils dus ?

A		c'est la conséquence de l'activité humaine
B		c'est seulement un phénomène naturel et cyclique
C		aux changements de saisons
D		c'est la faute à personne

[1]

3 Les inondations sont la conséquence de quoi ?

A		la sècheresse
B		la glace
C		grosses pluies
D		la pollution

[1]

4 Que va-t-il se passer dans les régions polaires ?

A		il y aura des inondations
B		il y aura des sècheresses
C		le niveau de la mer va monter
D		la glace va fondre

[1]

5 Quelle est la meilleure solution au problème des changements climatiques ?

A		d'avoir un impact important sur la planète
B		de s'arrêter de polluer l'atmosphère
C		de s'assurer contre les changements climatiques
D		de se battre contre les forces naturelles

[1]

6 Quelle action n'est pas du tout recommandée ?

A		d'utiliser sa voiture si possible
B		d'utiliser les transports publics
C		d'avoir une industrie propre
D		de jouer un rôle en tant qu'individu

[1]

[Total : 6]

En Vol

Coin examen 3.2

Les exercices de lecture plus sophistiqués (1)

Dans votre examen, vous pourriez trouver trois types d'exercice de lecture :
- Répondre à des questions en français.
- Décider si une affirmation est vraie ou fausse (et corriger les affirmations fausses).
- Identifier la réponse correcte (A, B, C, D).

Le seul type de texte est :
- articles (par exemple de journal ou de magazine)

Conseils généraux pour la lecture du texte

→ Lisez attentivement le titre du texte et les instructions pour savoir ce qu'on vous demande de faire.

→ Ensuite, lisez le texte rapidement pour en comprendre le sens général.

→ Lisez bien les questions ou les affirmations pour savoir quels renseignements vous devez trouver dans le texte.

→ Relisez le texte pour pouvoir trouver les détails dont vous avez besoin pour compléter l'exercice.

Décider si les affirmations sont vraies ou fausses

Les Chorégies d'Orange

Les Chorégies d'Orange sont un festival de musique classique et d'opéra qui a lieu annuellement entre la mi-juillet et la mi-aout.

Les spectacles se passent au Théâtre antique d'Orange qui peut recevoir jusqu'à neuf-mille spectateurs. Ce sont toujours des soirées qui commencent à vingt-et-une heures et qui sont souvent retransmises à la télévision française.

En cas de mauvais temps, la soirée est annulée et le spectacle est reporté à une date ultérieure. Cela évidemment crée des problèmes à ceux qui sont venus de loin pour assister à un spectacle et ont non seulement réservé leurs billets mais aussi leur chambre d'hôtel. Les réservations se font bien à l'avance (souvent d'année en année) afin de ne pas être déçu en trouvant que tous les billets ont déjà été vendus.

Le programme est simple. Il se compose de deux opéras qui seront joués deux fois pendant les chorégies. Il en va de même pour les deux concerts symphoniques.

C'est le plus ancien festival du pays. Il a en fait été créé en 1869. Au fil des années, le programme officiel a changé. Dans les années soixante par exemple, il y avait toujours un spectacle de danse classique et une performance théâtrale que beaucoup de gens aimaient.

Les Chorégies attirent des visiteurs du monde entier chaque année. Le spectacle y est de qualité et sa renommée est internationale.

La ville d'Orange est fière de son histoire romaine. À part le Théâtre Antique, il y a aussi un Arc de Triomphe qui date de l'époque romaine. Orange est une ville ancienne. Il y a deux mille ans, elle s'appelait Arausio. C'est une ville de taille moyenne mais, durant le temps des Chorégies, l'animation dans la ville est intense. Les visiteurs remplissent les cafés et les restaurants. C'est une période de l'année où Orange se donne à l'expression artistique et accueille un public qui apprécie ce qui lui est offert.

1 a Travaillez à deux. À tour de rôle, lisez les phrases 1-8. Votre partenaire doit en changer un détail selon l'information donnée dans le texte.

Exemple : Vous : 1 Il y a sept-mille places assises au Théâtre Antique d'Orange.
Votre partenaire : Il y a neuf-mille places assises au Théâtre Antique d'Orange.

1   Il y a sept-mille places assises au Théâtre Antique d'Orange.

2   Les soirées commencent à vingt heures.

3   S'il fait mauvais, la soirée continue tout de même.

4   La réservation est souvent faite pendant la semaine avant le spectacle.

5   Au programme, il y a un opéra qui est joué deux fois.

6   Il y a aussi un concert symphonique.

7   Dans les années soixante, il y avait aussi un spectacle de danse classique et un opéra.

8   Orange est une petite ville.

→ Pour l'affirmation 1, la réponse se trouve au début du texte. Pour l'affirmation 8, elle se trouve à la fin du texte.

→ Pour les affirmations fausses, décidez quel détail peut être faux, par exemple une date, un lieu, un chiffre,…

→ Copiez les affirmations qui sont fausses mais changez le détail qui est faux selon le texte.

---

1 b Lisez le texte « Les chorégies d'Orange » puis répondez aux questions en cochant la case VRAI ou FAUX. Si l'affirmation est fausse, corrigez-la selon le texte. Il y a 2 affirmations qui sont vraies et 4 affirmations qui sont fausses.

Exemple :

	VRAI	FAUX
Les spectacles des Chorégies passent souvent à la télé. Ils débutent à huit heures du soir.	☐	✔

Les spectacles des Chorégies passent souvent à la télé. Ils débutent à neuf heures du soir.

	VRAI	FAUX
1 S'il pleut, on rembourse ceux qui ont acheté un billet.	☐	☐
2 On vous conseille de ne pas attendre la dernière minute pour réserver vos billets.	☐	☐
3 Depuis sa création en 1869, le programme se compose de deux opéras et de deux concerts symphoniques.	☐	☐
4 Orange est une ville qui date du temps des Romains.	☐	☐
5 C'est une ville calme, toute l'année.	☐	☐

[Total : 8]

Coin examen 3.3

Les exercices de lecture plus sophistiqués (2)

Répondre aux questions en français

Le transport – un problème urgent

Les moyens de transport sont là pour nous faciliter la vie, tout au moins c'est ce qu'on pourrait croire. En fait, ils sont une des causes les plus importantes de la pollution atmosphérique.

Cette forme de pollution est très grave dans des pays tels que la Chine où la population des grandes villes est énorme et aussi dans d'autres pays tels que la France où il a fallu permettre aux Parisiens, temporairement, d'utiliser leur voiture seulement un jour sur deux.

À l'avenir, la voiture électrique sera peut-être une solution à ce problème. Elle existe déjà et certains pays tels que la Norvège l'ont adoptée avec enthousiasme. Les statistiques montrent qu'un quart des voitures neuves sont des voitures électriques. En attendant son expansion au niveau mondial, il faut que chacun pense au covoiturage par exemple. C'est une solution simple mais qui pourrait réduire la circulation de moitié si chacun y pensait.

Les voitures ne sont pas les seules à polluer l'air qu'on respire. Le trafic aérien est de plus en plus dense et est responsable d'une partie importante de la pollution de l'air.

Quant aux transports publics tels que l'autobus ou le train, ils sont certainement utiles. Ce qui ne nous plait pas, c'est qu'ils ne nous amènent pas de porte à porte. On prend trop facilement sa voiture parce que c'est plus facile et plus pratique.

Pourtant, on en est arrivés à un tel point où il faut absolument passer à l'action. Ce n'est pas seulement la responsabilité du gouvernement mais celle de chacun. Pensons un peu aux générations futures !

1 a Lisez les questions 1-8 qui suivent le texte « Le transport – un problème urgent » et écrivez le genre de réponses qu'on vous demande de donner.

Exemple : 1 une raison

Les stratégies

→ Pour certaines questions, la réponse n'est pas explicite dans le texte, mais seulement suggérée. Exemple : Texte – Je me suis fait bronzer.   Question – Quel temps faisait-il ? Réponse – Il faisait soleil. Le temps n'est pas mentionné mais comme cette personne s'est fait bronzer, il y avait forcément soleil !

→ De manière générale, il n'est pas conseillé de copier des expressions entières (ou des phrases) directement du texte.

→ Notez le temps du verbe dans la question. Cela vous aidera à choisir le temps correct dans votre réponse.

→ Notez aussi le mot clé de la question tel que *pourquoi, comment, quel, … .*

1   b   Lisez l'article et répondez aux questions en français.

   1   Pourquoi est-ce que les grandes villes en Chine ont un problème de
       pollution atmosphérique ?   [1]

   2   Quelle mesure a été prise à Paris afin de réduire la pollution ?   [1]

   3   Quel chiffre démontre l'enthousiasme de la Norvège pour les
       voitures électriques ?   [1]

   4   Quel serait l'aspect positif du covoiturage si chacun y participait ? [1]

   5   Quel autre moyen de transport contribue beaucoup à la
       pollution de l'air ?   [1]

   6   Quel est l'inconvénient principal de l'autobus ou du train ?   [1]

   7   À qui appartient la responsabilité de trouver une solution au
       problème du transport ?   [2]

   8   Pourquoi est-il urgent de passer à l'action ?   [1]

                                                                  [Total : 9]

Questions à choix multiple

On vous demandera peut-être de répondre à des questions à choix multiple.

Considérez aussi les points suivants :

- Faites attention aux questions qui incluent les mêmes mots que vous trouvez dans le texte.

- Si vous n'êtes pas certain(e) d'une réponse, basez votre choix de réponse sur votre compréhension générale du texte.

- Comme il est peu probable que vous trouviez les mêmes expressions dans la question elle-même et aussi dans le texte, cherchez des expressions synonymes ou antonymes. Elles vous guideront probablement vers la bonne réponse.

Further education and training

D1.1 Après le collège

Décollage

★ Parler de ce que l'on veut faire après le collège
★ La forme disjointe du pronom

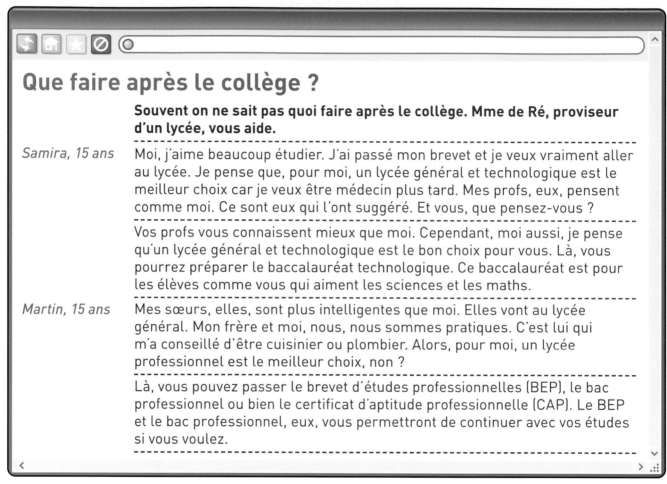

Que faire après le collège ?

Souvent on ne sait pas quoi faire après le collège. Mme de Ré, proviseur d'un lycée, vous aide.

Samira, 15 ans

Moi, j'aime beaucoup étudier. J'ai passé mon brevet et je veux vraiment aller au lycée. Je pense que, pour moi, un lycée général et technologique est le meilleur choix car je veux être médecin plus tard. Mes profs, eux, pensent comme moi. Ce sont eux qui l'ont suggéré. Et vous, que pensez-vous ?

Vos profs vous connaissent mieux que moi. Cependant, moi aussi, je pense qu'un lycée général et technologique est le bon choix pour vous. Là, vous pourrez préparer le baccalauréat technologique. Ce baccalauréat est pour les élèves comme vous qui aiment les sciences et les maths.

Martin, 15 ans

Mes sœurs, elles, sont plus intelligentes que moi. Elles vont au lycée général. Mon frère et moi, nous, nous sommes pratiques. C'est lui qui m'a conseillé d'être cuisinier ou plombier. Alors, pour moi, un lycée professionnel est le meilleur choix, non ?

Là, vous pouvez passer le brevet d'études professionnelles (BEP), le bac professionnel ou bien le certificat d'aptitude professionnelle (CAP). Le BEP et le bac professionnel, eux, vous permettront de continuer avec vos études si vous voulez.

1 Lisez le forum au sujet de ce que veulent faire les jeunes à l'avenir. Ensuite répondez aux questions en français.

Exemple : 1 travailleuse

    1 Comment est Samira ?
    2 Qu'est-ce que Samira a fait récemment ?
    3 Selon ses profs, quel est le meilleur choix de lycée pour elle ?
    4 Pourquoi le baccalauréat technologique est-il le meilleur choix pour Samira ?
    5 Pourquoi Martin ne veut-il pas aller au même lycée que ses sœurs ?
    6 Qui est un peu comme lui ?
    7 Qu'est-ce qu'il veut faire plus tard ? [2]
    8 Qu'est-ce qu'on peut faire après le BEP ou le bac pro ?

2 Vous allez entendre trois jeunes qui parlent de leur vie après le collège. Écoutez et mettez les mots ci-dessous à côté du bon nom.

le certificat d'aptitude professionnelle	maçon
instituteur	pratique
s'inquiète	grande école
le brevet	les sciences

Élodie	*le brevet*
Adrien	
Franck	

3 La forme disjointe du pronom. Regardez d'abord la section grammaire D6. Copiez et complétez les phrases avec une forme disjointe du pronom.

Exemple : 1 elles

1 Mes copines, ..., sont toutes très pratiques.

2 Mes parents, ..., n'ont pas eu l'occasion de faire des études supérieures. ...., j'ai plus de chance qu'.......... .

3 Mon frère, ..., est plus intelligent que .... et va aller à la fac.

4 Pour ...., qui veut être hôtelière, le bac professionnel est peut-être le meilleur choix.

5 Je m'entends bien avec mes sœurs. Ce sont .... qui m'ont aidé à décider quoi faire après mon Brevet.

6 Mes amis et moi voulons tous aller au lycée général. Pour ...., c'est tout simplement le meilleur choix.

7 Et ...., les filles, vous voulez faire des études supérieures ?

8 ...., tu es très doué pour les études.

4 Travaillez à deux pour faire un jeu de rôle. Choisissez le rôle A (le/la professeur) ou le rôle B (l'étudiant(e)).

B (l'étudiant(e))
Vous venez de passer le brevet et vous décidez ce que vous allez faire maintenant.

1 **(i)** Saluez le/la professeur et dites quelles matières vous intéressent.
(ii) Dites aussi ce que vous n'aimez pas.

2 Dites quel lycée vous intéresse et pourquoi.

3 Dites quel baccalauréat ou diplôme vous voulez préparer (un bac général, technologique ou professionnel, un BEP ou un CAP)

4 Dites si vous voulez faire des <u>études supérieures</u>.

5 Remerciez le professeur.

A (le/la professeur) et B (l'étudiant(e))

A   Bonjour. Alors, vous avez passé le brevet et il faut choisir quoi faire <u>maintenant</u>. Dites-moi, qu'est-ce que vous aimez comme matières ?

B   1(i) + (ii)

A   Et vous pensez choisir un lycée général ou un lycée pro ?

B   2

A   D'accord. Et vous voulez préparer quel baccalauréat ou diplôme ?

B   3

A   Voulez-vous faire <u>des études supérieures</u> ?

B   4

A   Très bien. Bonne chance.

B   5

A   Je vous en prie.

5 Écrivez un article pour une page web disant ce que vous allez faire après le collège.

En Vol

D1.2 Mes projets d'avenir

★ **Parler de ses projets d'avenir**
★ **Le conditionnel**

Pascal, 18 ans. Pascal est en terminale. Si tout va bien, il aura bientôt son bac technologique. Il voudrait faire des études supérieures et étudierait bien dans une grande école mais elles coutent cher. En plus, « Je ne sais pas si je supporterais deux années de classes préparatoires. » confie-t-il.

Alors il espère faire un DUT* dans un Institut universitaire de technologie. « Là je profiterais d'une formation de deux années et je pourrais faire des stages en entreprise » précise-t-il.

Adélaïde et Eloïse, 18 ans. Ces jumelles espèrent être bientôt bachelières générales. Et après ?

« Nous ferions des études supérieures tout de suite si ça ne coutait pas aussi cher. » précisent-elles. « Nos parents n'auraient pas assez d'argent. »

Elles ont donc décidé d'arrêter temporairement leurs études pour voyager et gagner de l'argent. Leur sœur ainée a fait pareil – sans l'avoir fait elle n'aurait pas l'esprit si ouvert. Les jumelles iront à la fac quand elles rentreront pour faire une licence de lettres classiques.

Guy, 18 ans. Guy a son BEP et veut poursuivre ses études. « Nous avons cru que vous seriez prêt à arrêter vos études » ont dit ses professeurs. Guy aussi a cru qu'il travaillerait avec son père comme boulanger. Cependant, il a choisi de faire un apprentissage. Il passera une partie de son temps chez un employeur et une partie à étudier dans un centre de formation d'apprentis.

Anouk, 17 ans. Anouk est en première et prépare un baccalauréat général. « J'ai toujours voulu être professeur dans un collège » dit-elle. « Alors, si j'ai mon bac, j'aimerais m'inscrire à la fac car je dois avoir une licence pour devenir prof. Je ferais une licence de langues, je pense. Je devrais faire un master aussi et finalement, le CAPES, un concours de professeurs certifié. Ce serait dur, mais pour moi, ça vaudrait la peine. »

* DUT – Diplôme universitaire de technologie

1 Lisez la page web. Ensuite lisez les affirmations ci-dessous. Choisissez la bonne personne / les bonnes personnes chaque fois. Écrivez P (Pascal), AE (Adélaïde + Éloïse), G (Guy) ou A (Anouk).

Exemple : 1 P, AE

Qui…
1 dit qu'étudier peut couter cher ?
2 va pouvoir travailler chez un employeur tout en étudiant ?
3 doit avoir plusieurs diplômes pour faire ce qu'il/elle voudrait ?
4 veut aller à la fac pour étudier des langues anciennes, la littérature et la civilisation grecque et latine ?

5 ne prépare pas le bac ?

6 va faire comme un membre de sa famille ?

7 a considéré une institution sélective ?

8 fait un bac général ?

2 Vous allez entendre deux jeunes qui discutent de ce qu'elles voudraient faire après le bac. Pendant que vous écoutez les jeunes, répondez aux questions en choisissant A, B, C ou D. Lisez les questions avant d'écouter.

Exemple : 1 C

1 Florence
    A est à la fac.
    B ne veut jamais aller à la fac.
    C ne sait pas encore ce qu'elle veut faire à l'avenir.
    D a déjà réussi son bac.

2 Elle
    A va peut-être voyager avec une copine.
    B veut voyager en Inde.
    C va voyager avec sa cousine.
    D va faire du bénévolat.

3 Elle aimerait
    A faire une licence d'histoire.
    B travailler dans un hôtel plus tard.
    C rester à l'étranger.
    D travailler pour ses parents.

4 Isabelle fait
    A un bac général.
    B une licence.
    C un BTS.
    D un bac technologique.

5 Elle
    A va étudier à la fac.
    B veut étudier dans une grande école.
    C va travailler toute de suite.
    D va voyager.

6 Elle serait bien contente
    A de pouvoir toujours étudier une langue étrangère.
    B d'arrêter ses études.
    C de gagner de l'argent.
    D de quitter l'école.

3 Le conditionnel. Regardez d'abord la section grammaire K11. Complétez les phrases avec la bonne forme des verbes entre parenthèses au conditionnel.

Exemple : 1 irais

    1 Moi j'.......... volontiers à la fac mais ça coute trop cher. (*aller*)
    2 Elle .... plus de temps libre si elle n'était pas en prépa pour une grande école. (*avoir*)
    3 Nous .... voyager ensemble. (*pouvoir*)
    4 J'ai cru que vous .... bien content de poursuivre des études. (*être*)
    5 Mes parents m'.......... si je voulais m'inscrire en prépa. (*aider*)
    6 Et toi, tu .... une licence de langues ou d'histoire ? (*faire*)
    7 Si on voyageait ensemble ce .... super. (*être*)
    8 Mes copains .... à tous mes concerts si je devenais chanteuse. (*venir*)

4 Posez et répondez à ces questions. Ajoutez des détails supplémentaires, des formes de verbes différentes, et des expressions variées.
    ● Qu'est-ce qu'il y a comme études supérieures ici ?
    ● Quels sont les choix si l'on ne veut plus étudier ?
    ● Est-ce qu'il existe d'autres diplômes professionnels ?
    ● Peut-on arrêter temporairement les études ? Si oui, qu'est-ce qu'on peut faire ?
    ● Est-ce qu'il y a les mêmes choix qu'en France ?

5 Écrivez un paragraphe pour décrire ce qu'on peut faire en quittant l'école là où vous habitez. Vous devez écrire 130-140 mots en français. Servez-vous des points de l'exercice 4.

D2 **Future career plans**

Décollage

D2.1 Les métiers

★ **Parler des métiers et des boulots différents**
★ **La négation**

Les métiers possibles

Coucou, c'est Alice. J'ai commencé récemment à me demander ce que je veux faire comme métier. En ce moment, je n'ai vraiment aucune idée.

Ma sœur, elle, est professeur mais ça ne m'intéresse pas du tout. Pour être professeur il faut être calme et avoir beaucoup de patience et moi, je ne suis ni patiente ni calme. Par contre, j'aimerais peut-être travailler avec des enfants. Je pourrais travailler comme animatrice. Le problème, c'est que ce n'est pas bien payé. Pour moi, le salaire, c'est assez important.

Ma mère, elle, est traductrice. C'est intéressant mais ce n'est pas un travail très stable, à mon avis. De toute façon, moi, je n'ai jamais aimé les langues alors je ne le ferais pas. Mon grand-père ne travaille plus mais il était pharmacien. Voici un métier qui m'intéresse. Après tout je suis forte en sciences et en maths. Ma meilleure copine, elle, adore les animaux et aimerait bien être vétérinaire. Le seul problème ? Elle n'aime nullement les sciences. Moi, j'aime les sciences mais j'ai peur des animaux. Je n'ai aucune envie d'être médecin – personne ne devrait étudier pendant neuf ans, à mon avis.

Mon père, lui, est scientifique. Je serai peut-être scientifique comme lui. Ce qui est sûr, c'est que je veux avoir un emploi bien payé. Je dois beaucoup travailler.

1 Lisez le blog et puis répondez aux questions en écrivant VRAI ou FAUX. Si l'affirmation est FAUSSE, corrigez-la selon le texte.

Exemple : 1 VRAI

   1 Alice ne sait pas encore ce qu'elle veut faire dans la vie.
   2 Elle aime les enfants et pourrait peut-être être professeur.
   3 Pour elle, l'argent n'est pas important.
   4 Elle n'aimerait pas faire le même métier que sa mère.
   5 Son grand-père est pharmacien.
   6 Alice ne veut pas être vétérinaire.
   7 Elle aime les mêmes matières que son père.
   8 Elle ne voudrait pas, pourtant, faire le même métier que lui.

2 Vous allez entendre trois jeunes qui parlent des métiers. Lisez les affirmations ci-dessous et puis écoutez les jeunes. Choisissez la bonne personne/les bonnes personnes chaque fois. Écrivez G (Georges), V (Valérie) ou S (Sarah).

Exemple : 1 G

1 Je suis plutôt artistique, comme mes parents.
2 Ma mère travaille dans le sport.
3 Ma mère travaille dans un magasin.
4 Je pense que la stabilité est importante.
5 Mon père aime gagner pas mal d'argent.
6 Je ne ferais ni le métier de ma mère ni le métier de mon père.
7 Ma voisine parle une langue étrangère.
8 Ma mère a un emploi intéressant.

3 La négation. Regardez d'abord la section grammaire F. Faites des phrases négatives. Utilisez les adverbes de négation entre parenthèses.

Exemple : 1 Mon grand-père n'est plus mécanicien.

1 Mon grand-père, il est mécanicien. (*ne…plus*)
2 Ma sœur veut être professeur. (*ne…pas*)
3 Lui, il est stressé. (*ne…jamais*)
4 Il y a beaucoup du monde au bureau. (*ne…personne*)
5 Ils ont tous compris. (*ne…rien*)
6 Mon frère cadet a onze ans mais il sait ce qu'il veut faire comme métier. (*ne… que*)
7 J'ai aimé les maths. (*ne…jamais*)
8 Je veux être photographe. C'est un métier stable. (*ne…plus*) (*ne…pas*)

4 a Posez ces questions à votre partenaire. Répondez aussi à ses questions. Si possible, ajoutez des détails supplémentaires. Écrivez vos réponses et apprenez-les par cœur.

● Que font tes parents ou d'autres membres de ta famille comme métier ?
● Ils aiment leurs métiers ?
● Quelles qualités faut-il avoir pour faire ces métiers ?
● Toi, tu aimerais faire ces métiers ? Pourquoi/Pourquoi pas ?
● Quel est ton métier de rêve ? Pourquoi ?

Ma mère / Mon père travaille comme Moi aussi, je veux être Je ne veux surtout pas être	analyste-programmeur (-euse), animateur (-trice), sportif (-ve), archéologue, chercheur (-euse), entraîneur (-euse), ingénieur(e), interprète, médecin, moniteur (-trice) de ski, musicien(ne), peintre, pharmacien(ne), photographe, professeur en collège / lycée, scientifique, traducteur (-trice), vétérinaire,	parce que c'est un métier	intéressant / important / bien payé / utile / varié / stable / stressant / ennuyeux.
Ma grand-mère Mon grand-père	ne travaille plus.		
Pour faire ce travail, il faut	être calme / patient(e) / intelligent(e) / fort(e) en langues, maths, sciences / sportif, sportive. aimer les enfants / les animaux / travailler en équipe.		

4 b Maintenant, travaillez seul(e) pour faire une présentation de 5 minutes au sujet des métiers devant la classe.

5 Écrivez un blog au sujet des gens que vous connaissez ou des gens célèbres qui font des métiers intéressants. Dites quelles qualités il faut avoir pour faire ces métiers et si vous aimeriez faire la même chose. N'oubliez pas de donner des raisons.

Exemple : Ma tante est archéologue…

En Vol

D2.2 Mon futur métier

★ **Parler des métiers possibles**
★ **La négation ; le conditionnel passé**

Comment choisir le bon métier ?

Savoir quoi choisir comme métier peut être très difficile. Comment savoir si on a bien choisi ? Voici des conseils de trois personnes qui ont mal choisi et auraient dû faire quelque chose d'autre.

Cyril, 45 ans

Moi, j'aurais aimé être scientifique. Après tout j'ai toujours adoré les sciences et je suis plutôt curieux comme personne. Cependant, quand j'étais plus jeune, le plus important était de gagner beaucoup d'argent. C'est pour ça que j'ai choisi le mauvais métier. Moi, j'ai décidé d'être analyste-programmeur, un métier que je n'aurais jamais dû choisir. Je n'aime ni le travail ni mon patron. Je fais la même chose tous les jours. Comme scientifique je n'aurais pas gagné beaucoup d'argent et je ne serais peut-être pas parti en vacances tous les ans mais je serais plus content. Il faut absolument faire ce qui vous intéresse.

Françoise, 40 ans

Mes grands-parents auraient été très déçus. Ils m'ont toujours dit d'avoir de grandes ambitions, mais moi, j'avais trop peur. J'aurais dû être chanteuse mais je croyais que je ne réussirais pas, que la stabilité était plus importante. J'ai beaucoup étudié et je suis devenue prof de musique. J'aime bien enseigner et les élèves sont gentils. Ils disent constamment « Vous auriez dû être chanteuse, madame. » Cependant, je n'ai aucune envie d'être professeur toute ma vie. Comme chanteuse j'aurais eu l'occasion de voyager et j'aurais rencontré beaucoup de gens intéressants. Je serais même devenue célèbre, peut-être. Il ne faut pas avoir peur.

Jean, 38 ans

Après des années d'études, je suis devenu avocat. C'est un métier bien payé et intéressant, c'est vrai. Cependant, je dois beaucoup travailler et je rentre toujours tard. J'aurais préféré être artiste-peintre. « Tu n'aurais pas dû écouter tes parents » dit souvent ma femme. Pourtant si je n'étais pas avocat nous n'aurions pas pu vivre dans une grande maison. Maintenant je fais de la peinture quand j'ai du temps libre. Il faut avoir une vie privée aussi.

1 Lisez les conseils. Ensuite reliez les débuts et fins de phrases selon le sens du texte.

Exemple : 1 D

1 Cyril	**A** avait un emploi différent.
2 Son travail	**B** ne déteste pas le travail qu'il fait.
3 Cyril serait plus content s'il	**C** aurait dû écouter ses grands-parents.
4 Il n'est plus d'avis	**D** voulait gagner beaucoup d'argent quand il était plus jeune.
5 Françoise	**E** que l'argent est la chose la plus importante.
6 Elle pense	**F** est peu varié.
7 Jean	**G** qu'on doit prendre des risques quelquefois.
8 Il	**H** aimerait passer plus de temps chez lui.

2 Vous allez entendre une conversation entre deux amies au sujet des métiers. Pendant que vous écoutez la conversation, répondez aux questions en français. Il y a deux pauses dans la conversation. N'oubliez pas d'étudier les questions avant d'écouter.

Exemple : 1 Ses parents lui ont conseillé de faire un métier plus stable.

1 Pourquoi Marine n'est-elle pas devenue actrice ?
2 Pourquoi aime-t-elle le métier qu'elle a choisi ? [3]
3 Selon Anne, pourquoi Marine est-elle faite pour être professeur ? [2]
4 Pourquoi Marine aurait-elle aimé être actrice ? [2]
5 Quel est l'inconvénient du métier d'Anne ?
6 Pourquoi aurait-elle aimé être journaliste ? [2]
7 Selon Marine, pourquoi Anne n'aurait-elle pas aimé être journaliste ? [2]
8 Quel autre métier Anne aurait-elle pu faire ?

3 a Le conditionnel passé. Regardez d'abord la section grammaire K11. Mettez les phrases au conditionnel passé.

Exemple : 1 Il n'aurait pas dû travailler dans un bureau.

1 Il ne (*devoir*) pas travailler dans un bureau.
2 J'(*aimer*) être comptable mais j'étais nul en maths.
3 Nous (*pouvoir*) acheter une grande maison.
4 Elles (*venir*) au bureau, mais elles n'avaient pas le temps.
5 Comme avocat, vous (*devenir*) riche.
6 Comme pilote tu (*voyager*) beaucoup.
7 Mme Hardy ne (*dire*) jamais que je deviendrais scientifique.
8 Elle (*préférer*) ne pas travailler le weekend.

3 b Relisez la page web. Trouver des exemples de *ne…ni…ni* et de *ne…aucun*. Copiez ces phrases négatives et traduisez-les dans votre langue. Ensuite écrivez une phrase qui contient *ne…ni…ni* et une deuxième qui contient *ne… aucun(e)*.

Exemple : Il n'aime ni le café ni le thé. Elle, elle n'avait aucune idée.

4 Travaillez à deux pour faire un jeu de rôle. Vous êtes étudiant(e) et vous ne savez pas quoi faire comme métier. Votre partenaire jouera le rôle d'un conseiller/une conseillère d'orientation professionnelle. Ensuite changez de rôle. Pensez aux points suivants :
- ce que vous faites comme matières
- vos matières préférées et les matières que vous n'aimez pas
- ce que vous aimez faire
- vos qualités
- qu'est-ce qui est important pour vous dans un métier

5 Écrivez un paragraphe pour décrire ce que fait quelqu'un que vous connaissez et ce qu'il/elle aurait pu/aurait dû faire comme métier. Dites aussi ce que vous voulez faire. Vous devez écrire 130-140 mots en français.
- Qu'est-ce qu'il/elle fait comme métier ? Aime-t-il/elle son métier ?
- Qu'est-ce qu'il/elle a comme diplômes ?
- Comment est-il/elle ? Calme, patient(e)…
- Qu'est qu'il/elle aurait pu/aurait dû faire comme métier ?
- Qu'est-ce que vous pourriez faire comme métier ?

Décollage

D3.1 J'arrête les études pendant un an !

★ **Parler d'arrêter les études pendant un an et des petits boulots**
★ **Les expressions de temps**

Salut Orane,

J'espère que tu vas bien. Moi, j'ai beaucoup travaillé pendant toute l'année mais enfin, les grandes vacances sont arrivées. Cependant, je n'aurai pas beaucoup de temps libre cette année car j'ai trouvé un boulot. Je suis guide touristique à Marseille depuis deux semaines. Ce n'est pas pour longtemps, seulement pour les grandes vacances mais ça c'est bien pour moi. Je travaille tous les jours pendant quatre heures, entre dix heures et quatorze heures. Après, j'ai le temps de me relaxer un peu.

Dès que j'ai vu l'annonce il y a deux mois, je voulais ce boulot. Heureusement, ils m'ont employé. Être guide touristique est super. Je gagne un peu d'argent et je passe du temps dehors. J'adore faire quelque chose de pratique pendant la journée. Comme les touristes, moi aussi je découvre Marseille. Il y a des attractions touristiques que je ne connaissais pas avant. En plus, je rencontre des gens extrêmement intéressants. Il y a deux jours, j'ai parlé pendant deux heures avec un vieil homme très intelligent et marrant aussi. Avoir un petit boulot est super.

Et toi, tu vas chez tes grands-parents pour les vacances cette année ou tu restes à Cherbourg ?

Amitiés,

Paul

---

 1 Lisez l'e-mail et puis complétez les phrases avec un mot dans la liste. Attention ! il y a huit mots de trop.

Exemple : 1 travailleur

1 Paul est ....
2 Pendant les grandes vacances, il travaille dans le ....
3 Il fait déjà son petit boulot depuis .... semaines.
4 Il travaille .... jours par semaine.
5 Il .... beaucoup de choses intéressantes.

6 Il a rencontré récemment un homme ....
7 Il .... avoir un petit boulot.
8 Il demande où .... Orane pendant les vacances.

mange	*travailleur*	supermarché	bizarre	aime	âgé
deux	sept	paresseux	tourisme	apprend	
déteste	reste	cinq	une	achète	

 2 Écoutez les cinq jeunes parler de leur année sabbatique. Ensuite notez si chaque personne a trouvé l'expérience positive (P), négative (N) ou positive et négative (P/N).

Exemple : 1 P/N

3 Les expressions de temps. Regardez d'abord la section grammaire C4. Complétez les phrases avec une expression de temps dans la liste.

Exemple : 1 en

1 J'ai beaucoup appris .... un an.

2 J'ai passé un examen .... deux semaines.

3 Il faut beaucoup travailler en ce moment, mais ce n'est pas .... longtemps.

4 Hier, j'ai travaillé .... huit heures.

5 Je ne connaissais pas le pays .... mon départ.

6 .... un an, j'étais toujours au collège.

7 On va commencer .... qu'il arrive.

8 J'étudie le français .... cinq ans maintenant.

il y a	pendant	avant	*en*
pour	après	dès	depuis

4 a Travaillez à deux pour faire un jeu de rôle. Choisissez le rôle A (la mère/le père) ou le rôle B (l'adolescent(e)).

B (l'adolescent(e))
Vous voulez faire une année sabbatique et devez persuader vos parents que c'est une bonne idée.

1 Expliquez que vous voulez arrêter vos études.

2 Dites ce que vous voulez faire.

3 Dites quels sont les avantages de faire une année sabbatique.

4 Dites ce que vous allez faire <u>après</u>.

5 Dites merci et quelque chose d'autre.

A (la mère/le père) et B (l'adolescent(e))

A   Alors, qu'est-ce que tu veux étudier à la fac ?

B   1

A   Mais, non. Ce n'est pas une bonne idée. Qu'est-ce que tu vas faire ?

B   2

A   Les études sont importantes. Je pense vraiment qu'il vaudrait mieux <u>poursuivre tes études</u>.

B   3

A   <u>C'est vrai</u>, mais qu'est-ce que tu vas faire <u>après</u> ?

B   4

A   D'accord. Je ne vais pas t'empêcher de partir.

B   5

4 b Maintenant changez de rôle et faites le dialogue une deuxième fois. Changez les expressions soulignées en choisissant des mots et expressions dans la liste.

aller à la fac	D'accord	comme métier	plus tard

5 Voudriez-vous arrêter vos études pendant un an ? Répondez aux questions suivantes. Écrivez environ 80-90 mots en français.

- Que peut-on faire pendant une année sabbatique ?
- Qu'est-ce qu'on peut apprendre pendant une année sabbatique, à votre avis ?
- Quels peuvent être les inconvénients ?
- Que peuvent faire les gens après ?

D3.2 Je vais poser ma candidature

★ **Apprendre comment poser sa candidature**
★ *Quand* **+ le futur ; les années**

 A

 B

 C

Jobs d'été au Camping Plage

Quand ? juillet-août

Vous :

- travaillerez en équipe avec des adultes/enfants
- serez responsable, patient(e), plein(e) d'énergie
- pourrez camper gratuitement sur le site
- parlerez deux ou trois langues

On vous donnera plus de détails quand vous nous contacterez.

Nous recherchons des vendeurs/vendeuses pour la période estivale. Il faut :

- aimer le contact avec des gens
- être responsable, sociable et honnête
- pouvoir travailler 40 heures par semaines

Envoyez votre CV et lettre de motivation à : jobsdété@supermarché.fr

Aimez-vous les animaux ?

On cherche un(e) étudiant(e) pour nous aider un jour par semaine pendant trois mois à partir du 10 juin. Vous travaillerez avec des poneys, des ânes, des chèvres et des chats. Il y aura des travaux agricoles aussi.

Gwenaëlle Durand,

7, Rue du Quinconce,

49100 Angers.

le 21 juin 2016

Monsieur, Madame,

J'ai vu votre annonce et comme je veux travailler pendant l'été, j'ai décidé de poser ma candidature.

Mes matières préférées au collège sont l'anglais et l'espagnol. Quand j'aurai le brevet, j'irai au lycée général où je continuerai certainement les langues. J'ai donc bien envie de les pratiquer pendant les grandes vacances. Quand je serai plus âgée j'aimerais bien travailler dans le tourisme. J'aime aussi l'EPS et j'ai envie de travailler dehors. Mon sport préféré, c'est le foot. Je fais partie d'une équipe de foot depuis deux mille quatorze, ce qui me plait. J'adore danser aussi.

Je m'entends très bien avec les enfants et je suis très patiente. Ma sœur et moi, nous faisons régulièrement du babysitting et pendant les vacances quand nous aurons plus de temps, nous en ferons surement encore plus.

Je pourrai commencer à travailler en juillet quand les cours finiront. Je serai libre pendant la durée des grandes vacances. Merci de m'envoyer des renseignements supplémentaires sur les horaires et la rémunération.

Je vous prie d'agréer, Monsieur, Madame, l'expression de mes sentiments bien distingués.

Gwenaëlle Durand

1 Lisez les annonces et la lettre de motivation. Ensuite décidez si les affirmations ci-dessous sont vraies (V), fausses (F) ou pas mentionnées (PM).

1 Pour travailler au camping, on doit aimer les gens.

2 Le poste de vendeur/vendeuse est bien payé.

3 Les jeunes qui répondent à l'annonce 'C' doivent aimer travailler dehors.

4 Gwenaëlle a déjà le brevet.

5 Elle aime faire du tourisme.

6 Elle fait du ballet.

7 Elle est forte en langues.

8 Elle part en vacances cet été.

2 Vous allez entendre une conversation entre deux copains. Pendant que vous écoutez la conversation, répondez aux questions en français. Il y a deux pauses dans la conversation. N'oubliez pas d'étudier les questions avant d'écouter.

Exemple : 1 Il veut travailler pendant un an avant d'aller à l'université

1 Pourquoi Marc cherche-t-il du travail ?

2 Selon Noémie, de quoi faut-il parler dans une lettre de motivation ? [3]

3 Quel diplôme Marc doit-il avoir pour être steward ?

4 Quels sont les autres conditions nécessaires ? [3]

5 Selon Marc, quelles sont ses qualités ? Donnez-en trois. [3]

6 Qu'est-ce que Marc a déjà fait comme travail ?

7 Quel est l'avantage d'avoir fait ce travail ?

8 Qu'est-ce que Marc demande à Noémie ?

3 *Quand* + le futur. Regardez les sections grammaire G2 et K5.1. Complétez les phrases avec la bonne forme des verbes entre parenthèses. Écrivez les années en lettres.

Exemple : 1 deux-mille-dix-huit, auront

1 En .... (*2018*), quand ils .... (*avoir*) dix-huit ans, ils voudront aller à la fac.

2 En .... (*2020*), quand il .... (*être*) en retraite, il .... (*voyager*).

3 En .... (*1999*) elle a dit, « Quand je .... (*travailler*), j'.......... (*économiser*) beaucoup d'argent. »

4 En .... (*2000*), notre mère est allée en Inde. Quand nous .... (*aller*) en Asie l'année prochaine, nous aussi, nous .... (*visiter*) l'Inde.

5 Quand tu .... (*arriver*), il faut monter au premier étage. Je sais parce que j'y suis allé en .... (*2010*).

6 Le monument qui se trouve à la place date de .... (*1897*). Quand vous le .... (*voir*), vous .... (*être*) vraiment impressionnés.

7 La dame qui vient nous parler est née en .... (*1930*). Quand nous la .... (*rencontre*), nous lui .... (*poser*) beaucoup de questions.

8 En .... (*2070*) quand j'.......... (*avoir*) 90 ans, le monde .... (*être*) différent.

4 Travaillez à deux pour faire un jeu de rôle au sujet de poser une candidature. A pose des questions au sujet du poste et des qualités qu'il faut, B répond. Ensuite changez de rôle. Pensez aux points suivants :

- le poste
- pourquoi on veut faire ce travail
- les qualités qu'il faut
- l'expérience ou les diplômes qu'il faut
- quand on est libre

5 Écrivez une lettre de motivation pour un des postes suivants :

- guide touristique
- serveur/serveuse
- vendeur/vendeuse

Pensez aux points suivants et servez-vous de la lettre de l'exercice 1 :

- vos matières préférées
- pourquoi vous voulez ce poste
- ce que vous voulez faire à l'avenir
- quelles sont vos qualités
- l'expérience que vous avez eue

Communication and Language at work

Décollage

D4.1 Je vais leur téléphoner

★ **Parler de communiquer au travail**
★ **La concordance des temps**

Réceptionniste : Piscine Jean Leclerc, Bonjour. C'est Sandra à l'appareil. Je peux vous aider ?

Client : Je veux venir nager et un ami m'a dit qu'il y avait des séances réservées aux adultes là où il nage. Vous avez des séances pareilles ?

Réceptionniste : Oui, il y a une séance réservée aux adultes tous les matins. Si vous patientez un moment je vais vous dire l'heure exacte. Je ne l'ai pas devant moi... Non, je n'ai pas l'horaire. Je pense que c'est de six heures à neuf heures. Sinon, il y a une séance réservée aux séniors plus tard l'après-midi, à dix-sept heures, je pense. Il y a aussi des cours d'aquagym trois fois par semaine.

Client : Il y a un cours d'aquagym aujourd'hui ?

Réceptionniste : Alors, la monitrice a dit hier qu'elle se sentait malade. Cependant, elle est rarement absente alors elle va peut-être venir. Ne quittez pas, monsieur ! Je vais demander à mon collègue et je vous dirai si elle vient. *[un moment plus tard]* Désolée, monsieur, le cours est annulé.

Client : Je pense donc que je vais nager. Ça coute combien, madame ?

Réceptionniste : Le plein tarif, c'est 3 $ et le tarif réduit est 2,60 $.

Client : Alors, 2,60 $. Merci, madame.

Réceptionniste : Je vous en prie. Au revoir.

---

1 Un client téléphone à une piscine. Lisez la transcription. Ensuite lisez les phrases ci-dessous et trouvez l'intrus chaque fois.

Exemple : 1 c

  1 La réceptionniste a) répond au téléphone b) fait passer le client au service clientèle c) dit son nom.

  2 Le client a) ne connait pas bien la piscine b) connait bien la piscine c) ne sait pas s'il y a des séances réservées aux adultes.

  3 La réceptionniste a) n'est pas très efficace b) est très efficace c) n'est pas sure des heures des séances.

  4 Les séniors peuvent nager a) seulement trois fois par semaine b) l'après-midi c) le matin.

  5 La réceptionniste a) travaille seule b) travaille avec un collègue c) demande des renseignements à un collègue.

  6 Le client a) ne peut pas faire l'activité qu'il voulait faire b) fait de l'aquagym c) nage.

  7 La monitrice est a) paresseuse b) travailleuse c) malade.

  8 Le client va payer le tarif a) sénior b) adulte c) réduit.

2 Vous allez entendre un appel téléphonique entre deux vendeurs. Pendant que vous écoutez, choisissez la réponse appropriée. N'oubliez pas de lire les réponses d'abord.

Exemple : 1 A

1 Les Galeries Lafayette est un
  A grand magasin.   **C** musée.
  B petit commerce.   **D** supermarché.

2 La cliente est dans le magasin à
  A Lyon.   **C** Grenoble.
  B Angers.   **D** Paris.

3 Elle essaie d'acheter
  A un pantalon.   **C** une chemise.
  B une jupe.   **D** une robe.

4 La cliente voulait la taille
  A 36.   **C** 46.
  B 38.   **D** 34.

5 Elle ne veut pas la robe
  A bleu marine.   **C** rouge.
  B marron.   **D** noire.

6 Gaétan va envoyer
  A deux robes.   **C** une robe.
  B trois robes.   **D** quatre robes.

 3 La concordance des temps. Regardez d'abord la section grammaire K25. Lisez les phrases. Notez les temps qu'on utilise chaque fois. Ensuite traduisez-les dans votre langue.

Exemple : 1 le présent, le futur proche

  1 S'il arrive en retard, je ne vais pas être content.
  2 Il a dit que la robe était belle.
  3 Si vous travaillez beaucoup, vous allez gagner beaucoup d'argent.
  4 Si tu ne le fais pas cette semaine, tu devras le faire la semaine prochaine.
  5 Avant elle aimait les vêtements sombres, mais elle préfère les vêtements colorés maintenant.
  6 Je sais bien qu'il n'a pas travaillé aujourd'hui.
  7 J'étais en ville quand j'ai vu ma voisine.
  8 J'espère qu'ils ont trouvé du travail.

 4 Travaillez à deux pour faire un jeu de rôle. Choisissez le rôle B (l'employé(e) de bureau) ou le rôle A (le directeur/la directrice).

B (l'employé(e) de bureau)
Vous travaillez dans un bureau et votre patron vous a demandé de lui téléphoner.
  1 Dites bonjour, et pourquoi vous l'appelez.
  2 Dites si vous avez <u>l'adresse e-mail</u>. Si oui, dites ce que c'est. Si non, dites comment il peut le contacter.
  3 Répondez à la question.
  4 Dites qu'elle <u>ne peut pas venir</u> et donnez trois raisons pourquoi.
  5 Terminez la conversation.

A (le directeur/la directrice) et B (l'employé(e) de bureau)

A Oui. Allo !
B 1
A Oui, je cherche <u>l'adresse e-mail</u> d'Eric Quéau. Vous l'avez par hasard ?
B 2
A D'accord, c'est bien, merci. Vous savez s'il vient <u>au rendez-vous</u> la semaine prochaine ? Il <u>ne savait pas s'il</u> viendrait la semaine dernière.

B 3
A Et Anne-Marie Bellanger. Elle vient aussi ?
B 4
A D'accord. Merci, c'est tout. Au revoir.
B 5

 5 Faites la transcription de votre conversation.

En Vol

D4.2 Mon entretien d'embauche

★ **Apprendre comment réussir un entretien d'embauche**
★ *Après avoir/être*

Comment réussir ton entretien d'embauche

Vous avez vu une annonce pour le petit boulot de vos rêves. Après avoir posé votre candidature et obtenu un entretien, vous devez maintenant vous y préparer. Soyez tranquille et suivez ces conseils.

1 Préparez vos réponses

Voici l'occasion de montrer pourquoi vous êtes le meilleur candidat. Il faut donc être préparé. Après être allé chez tous vos copains pour leur dire les bonnes nouvelles, mettez-vous au travail. Il y a des choses qu'un recruteur voudra savoir.

● Réfléchissez bien aux raisons pour lesquelles vous voulez ce poste. Après y avoir réfléchi, écrivez quelques phrases pour expliquer vos motivations. Pensez à vos études, à ce que vous voulez faire plus tard et à vos centres d'intérêts. Par exemple Kévin aime beaucoup les sciences et veut les étudier à la fac. Il a donc été embauché comme guide au musée des sciences.

● Après vous être demandé pourquoi vous voulez le poste, pensez aux qualités qui font de vous le meilleur candidat. Êtes-vous travailleur ? Aimez-vous le sport ? Pensez à ce que cherche l'employeur.

● Avez-vous de l'expérience ? Si possible, parlez d'un petit boulot qui a un rapport avec le poste que vous voulez. Sinon, parlez de ce que vous avez appris en faisant un travail. Considérons Anna. Après avoir fait du babysitting toutes les semaines pendant un an, elle comprenait l'importance d'écouter ce qu'on lui disait. Une qualité qui a fait d'elle une bonne candidate.

2 Habillez-vous correctement

Après avoir préparé vos réponses, pensez à votre habillement. Un jean sale et un sweat déchiré ne suffiront pas. Soyez soigné.

3 Arrivez un peu en avance

Il vaut mieux arriver en avance. Vous aurez le temps de respirer un peu. Isabella nous a dit ce qui lui est arrivé : « Après être arrivée à un entretien en retard, je ne pouvais pas me concentrer. »

---

1 Lisez les conseils puis répondez aux questions en français.

Exemple : 1 Les gens qui ont un entretien.

1 Les conseils sont pour qui ?
2 Qu'est-ce qu'offre un entretien ?
3 Que veut savoir un recruteur ? [3]
4 À quoi doit-on penser en faisant une liste de ses qualités ?

5 Si on n'a jamais fait de travail pareil, de quoi peut-on parler ?
6 Pourquoi un employeur choisirait-il Anna ?
7 Comment peut-on faire une bonne première impression ?
8 Pourquoi devrait-on arriver en avance ?

2 Écoutez l'entretien. Complétez les phrases avec le(s) bon(s) mot(s) français. N'oubliez pas de lire les phrases avant d'écouter.

Exemple : 1 2001

   1 Max est né en ....
   2 Il veut le poste de ....
   3 À l'avenir, il veut travailler dans ....
   4 Max a beaucoup ....
   5 Il aime bien les ....
   6 Il a déjà travaillé dans une ....
   7 Il veut savoir quelles seront ....
   8 L'employeur lui .... pour dire s'il a le poste.

3 a *Après avoir/être.* Regardez d'abord la section grammaire K8.6. Relisez la page web de l'exercice 1. Trouvez des exemples d'*après avoir*, d'*après être* et d'*après s'être*. Copiez-les et traduisez-les dans votre langue.

Exemple : Après avoir posé votre candidature

3 b Complétez les phrases avec *après avoir*, *après être* ou *après s'être* et la bonne forme du verbe entre parenthèses.

Exemple : 1 Après avoir vu

   1 .... (*voir*) l'annonce, j'ai posé tout de suite ma candidature.
   2 .... (*se décider*) à arrêter les études pendant un an, elle a commencé à chercher du travail.
   3 .... (*faire*) ses devoirs, il a lavé la voiture de son voisin.
   4 .... (*rentrer*) chez eux, ils ont regardé la télé.
   5 .... (*se rendre*) compte qu'il n'avait pas les qualités qu'il fallait, il n'a pas posé sa candidature.
   6 .... (*travailler*) au camping l'été dernier, il savait qu'il ne voulait pas travailler dans le tourisme.
   7 .... (*réfléchir*) à ce qu'elle voulait faire plus tard, elle a commencé à chercher un petit boulot.
   8 .... (*arriver*), elle a pris un café.

4 Travaillez à deux pour faire un jeu de rôle. A joue un(e) candidat(e). B est la personne qui fait passer les entretiens. Ensuite changez de rôle. Pensez aux points suivants :
- le poste
- pourquoi on veut faire ce travail
- les qualités qu'il faut
- l'expérience ou les diplômes qu'il faut
- quand on est libre

5 Vous avez posé votre candidature pour être serveur/serveuse dans un restaurant en ville. Vous avez un entretien. Écrivez des réponses aux questions qu'on pourrait vous poser pour montrer à votre oncle qui fait passer souvent des entretiens. Vous devez écrire 130–140 mots en français.
- Qu'est-ce que vous aimez étudier ?
- Quels sont vos centres d'intérêt ?
- Que voulez-vous faire à l'avenir ?
- Quelles sont les qualités qui font de vous le/la meilleur(e) candidat(e) ?
- Avez-vous déjà travaillé dans ce secteur ?

Décollage

E1.1 En train ou en taxi ?

★ **Parler de voyages en train et en taxi**
★ **Reconnaitre la voix passive au présent**

Le train à grande vitesse (TGV) est géré par la SNCF (société nationale des chemins de fer) depuis sa création et son réseau couvre l'ensemble de la France.

Sa vitesse est appréciée par tous les passagers. Il peut atteindre les 400 kilomètres à l'heure et le trajet du nord au sud du pays est fait en quelques heures.

Les voyageurs aiment ce moyen de transport parce qu'il est rapide, confortable et, de manière générale, ponctuel. Il faut dire que le prix du billet est plus élevé que celui d'un train ordinaire mais les voyageurs ne s'en plaignent pas. On voyage dans le calme car il fait peu de bruit et, au niveau de l'environnement, il est peu polluant.

Grâce au réseau TGV, la Belgique et la Grande-Bretagne par exemple sont reliés à la France et faciles d'accès. L'Eurostar, en effet, permet à ses passagers de faire le voyage de Paris à Londres beaucoup plus rapidement que s'ils devaient prendre le ferry de Calais à Douvres.

1 Lisez cet article sur le TGV. Copiez et complétez la grille.

Réseau TGV	Vitesse maximum	Avantages	Inconvénient	Avantage d'Eurostar
L'ensemble de la France	1	2	7	8
		3		
		4		
		5		
		6		

2 Vous allez entendre Chloé Morel (première partie) faire une réservation de taxi et M. Rival (deuxième partie) réserver un billet de train. Répondez aux questions en français.

Exemple : 1 À la gare TGV.

Première partie
1 Chloé réserve un taxi pour aller où exactement ?
2 Elle demande au chauffeur de taxi de venir la chercher à quelle heure ?
3 Combien d'autres personnes vont partager le taxi avec Chloé ?
4 Pourquoi est-ce que le chauffeur de taxi lui recommande de partir plus tôt ? [2]

Deuxième partie

5 Quel train est-ce que M. Rival va prendre pour aller à Nice ?

6 Pourquoi ne peut-il pas voyager à 14 heures 30 ce jour-là ?

7 Quelle sorte de billet est-ce qu'il choisit ?

8 Comment paye-t-il son voyage ?

3 Reconnaître la voix passive au présent. Regardez d'abord la section grammaire K17. Copiez les verbes utilisés à la voix passive. Traduisez aussi les huit phrases dans votre langue.

Exemple : 1 Elle est invitée.

1 Elle est invitée à leur rendre visite.

2 Chaque semaine, deux personnes sont agressées à cet endroit.

3 Les passagers de première classe sont priés de se rendre en tête du train.

4 Le train à destination de Marseille est annoncé avec trente minutes de retard.

5 Le TGV est un train qui est choisi par ceux qui n'ont pas de temps à perdre.

6 Sa rapidité et son confort en particulier sont très appréciés par les passagers.

7 Excusez-moi mais cette place est réservée.

8 Le train 2470 en provenance de Nice est attendu au quai numéro deux.

4 Travaillez à deux. Achetez le premier billet de train. Votre partenaire jouera le rôle de l'employé(e) de la SNCF. Utilisez la case pour vous aider. Puis, changez de rôles et recommencez l'exercice en utilisant les détails des deux autres billets ci-dessous.

Rôle de l'employé(e)

● Monsieur/Mademoiselle ?

● À quelle date ?

● Voici un dépliant. Aller simple ?

● D'accord. Pour réserver, il faut choisir l'heure de départ.

● C'est fait. 130 €, s'il vous plait.

● Bien sûr.

AVIGNON → PARIS	Classe 2 Place C62
Aller-retour	Prix EUR :*130.00

PARIS → LONDON	Classe 1
Aller simple	Prix EUR :**70.00

LYON → GENÈVE	Classe 2 Place E12
Aller-retour	Prix EUR :**90.00

Votre rôle

● Saluez l'employé(e) et dites où vous voulez aller.

● Donnez la date de votre voyage et demandez les horaires des trains.

● Répondez à la question de l'employé(e) et dites en quelle classe vous voulez voyager.

● Choisissez votre heure de départ et réservez votre place.

● Demandez si vous pouvez payer par carte bancaire.

Je voudrais / J'aimerais	aller un aller simple / un aller-retour	à Paris. pour Paris.
	voyager	en première / deuxième classe. le douze avril / à 18h30.
	réserver	une place près de la fenêtre.
	payer	par carte bancaire.

5 Écrivez environ 100 mots sur un voyage (en train ou en taxi) que vous avez fait récemment. Mentionnez :

● votre destination et le moyen de transport

● la durée du voyage

● le confort, la vitesse, la ponctualité

● le prix que vous avez payé

● votre opinion du voyage

En Vol

E1.2 Vacances en groupes

★ **Parler de vacances organisées et de la manière de voyager**
★ **La voix passive**

Trois voyages inoubliables

Ce voyage est organisé par Vacances Plus.

Huit jours en pension complète avec guide accompagnateur qui parle français – à partir de 1200 euros.

L'Inde est un pays immense où les populations vivent en harmonie. Visitez le nord, ses montagnes et ses forêts. Allez voir la capitale et surtout la vieille ville dont les bâtiments sont des merveilles d'architecture.

Dans le nord du pays, on aime bien faire la fête et s'amuser dans la rue. Tout ceci contribue à une bonne ambiance. On doit reconnaitre qu'il y a du bruit dans les villes. Il y a tellement de voitures que la circulation en ville est pratiquement impossible. Quand vous en avez assez de tout cela, détendez-vous en allant visiter la citadelle de Jaisalmer ou le temple d'Armistar.

Paysage de l'Inde

Le Masai Mara et ses animaux

Cette promotion vous est offerte par Vacances Africaines.

Partez en safari au Kenya et profitez aussi des belles plages et du climat équatorial qui fait qu'il est agréable tout le long de l'année. Visitez les parcs naturels tels que le Masai Mara. Vous y rencontrerez des lions, des éléphants, des léopards et même des rhinocéros. Avec nous, vous verrez tout ce qu'il y a à voir. Vous vous déplacerez en minibus et serez assis à côté d'une fenêtre. Le vol de Paris à Nairobi dure huit heures. Passez la deuxième semaine près de Mombassa, sur les plages. À partir de 1800 euros.

Ces vacances vous sont proposées par Europtrain.

Faites vous plaisir. Faites le tour de l'Europe en train. Ça vous dit ? Restez deux jours dans chacune des sept villes mentionnées sur l'itinéraire et explorez-les. À chacune de ces destinations, vous serez libre de découvrir la ville seul(e) si c'est votre désir ou bien de participer à une de nos excursions. Le but de chaque excursion est de vous montrer ce qu'il ne faut pas manquer dans cette ville. Vous resterez dans des hôtels à trois étoiles et le repas du soir est compris dans le prix. À partir de 2200 euros.

Une vue de Prague

1 Lisez ces trois publicités de voyages et les huit affirmations (1 à 8). Identifiez les affirmations qui sont vraies. Corrigez les quatre affirmations qui sont fausses.

Exemple : 1 V

1 Le voyage en Inde permet d'explorer la partie nord du pays.
2 Les villes en Inde sont souvent très animées et bruyantes.
3 Le voyage au Kenya dure une semaine.
4 Le Masai Mara est une belle plage.
5 Vous aurez une place dans le minibus qui vous permettra de ne rien manquer.
6 Le voyage offert par Europtrain vous donne l'occasion de visiter toutes les capitales européennes.
7 Les excursions sont proposées en option.
8 Le prix comprend la pension complète.

 2 Vous allez entendre Mme Depeyre (D), M. Morin (M) et Mme Vernon (V) dire ce qu'ils pensent de leurs dernières vacances à un intervieweur. Lisez les affirmations 1 à 8 attentivement. Qui dit cela ?

Exemple : M

1 Moi, les plages, je connais ça. Je n'ai pas besoin d'aller si loin pour en trouver.
2 On avait un guide super qui nous a tout bien expliqué.
3 J'ai préféré la première semaine parce qu'on a vu toutes sortes de bêtes sauvages en liberté.
4 On a mangé des plats typiques de chaque pays. Ça m'a bien plu.
5 Il faut dire que le vol était plutôt long et on a été un peu surpris par la chaleur.
6 Le problème, c'était que si on allait en excursion, il n'y avait plus assez de temps pour faire autre chose.
7 Comme il y avait des embouteillages, on a passé beaucoup de temps dans le car.
8 C'est un moyen de transport qui a beaucoup d'avantages mais aussi des inconvénients.

 3 La voix passive. Regardez d'abord la section grammaire K17. Réécrivez les huit phrases à la voix passive.

Exemple : 1 Le confort des grands hôtels *est apprécié* par la plupart des gens.

1 La plupart des gens apprécient le confort des grands hôtels.
2 Europtrain a organisé des excursions.
3 L'itinéraire mentionne sept villes.
4 Vacances Africaines offre deux semaines au Kenya pour moins de 2 000 $.
5 Le groupe a visité la citadelle et le temple.
6 Le guide a tout expliqué.
7 Les touristes aiment le Masai Mara.
8 Vacances Plus propose un séjour en Inde pour 1 200 $.

 4 Écrivez une lettre de 130-140 mots à votre ami(e) français(e) sur le voyage organisé que vous avez fait récemment. Mentionnez :
- où vous êtes allé(e), quand c'était et combien de temps ont duré vos vacances
- avec qui vous avez voyagé et comment
- ce que vous avez aimé et pourquoi
- ce que vous n'avez pas beaucoup aimé et pourquoi

5 Faites une présentation orale sur un voyage organisé que vous avez fait. Utilisez les détails que vous avez mentionnés dans votre lettre (exercice 4) pour vous aider.

Décollage

E2.1 Je pars en vacances

★ **Parler des destinations de vacances**
★ **Les adverbes comparatifs [1]**

Les destinations de vacances francophones

Notre guide vous aide à choisir plus facilement où partir cette année.

La France : l'Aquitaine
Des villes touristiques comme Biarritz aux belles plages, il y a quelque chose pour tout le monde ici. Pourquoi ne pas rester dans un des gites de la région ? Ça coute moins cher que de rester dans un grand hôtel de luxe et c'est très agréable.

La Suisse : Genève
Vous aimez aussi bien le sport que la culture ? Visiter donc Genève, belle ville suisse située au pied des Alpes. Là vous aurez l'occasion de faire du ski et de découvrir l'histoire captivante de la ville. C'est vrai que ça coute plus cher que de faire du camping, mais si vous êtes actif, si vous aimez le plein air et l'aventure, c'est pour vous.

Le Canada : Lanaudière (Québec)
Voici le choix parfait pour les gens qui aiment vivre un peu plus tranquillement. On peut apprécier la nature, respirer l'air frais, se détendre et aller moins vite. Les plus actifs peuvent bien sûr faire de la randonnée aussi. Restez dans un chalet, ou bien faites du camping.

Les États-Unis : la Nouvelle-Orléans
Si vous allez plus régulièrement à la campagne qu'aux autres destinations, pourquoi ne pas essayer quelque chose de différent ? Cette ville dans le sud-ouest des États-Unis a beaucoup à offrir : des rues animées, une architecture unique et bien sûr de nombreuses boites de jazz.

1 Lisez la page web. Reliez les débuts et les fins de phrases.

Exemple : 1 F

1 Aller à Genève n'est pas le choix
2 Si vous aimez l'architecture vous
3 L'Aquitaine est une
4 Allez à Lanaudière si
5 On peut aller aux Alpes
6 À la Nouvelle-Orléans, vous pouvez faire une grande
7 Faire du camping coute
8 L'air dans Lanaudière est

A en hiver ou en été.
B allez adorer la Nouvelle-Orléans.
C variété d'activités.
D idéale pour les gens qui aiment la plage.
E vous aimez le calme.
F idéal si vous n'aimez ni le sport ni la culture.
G n'est pas trop frais.
H peu pollué.
I moins cher que de rester dans un hôtel.
J destination idéale pour les enfants car il y a de belles plages.
K allez à la plage.

2 Vous allez entendre une conversation au sujet des destinations de vacances. Pendant que vous écoutez la conversation, répondez aux questions en français. Il y a deux pauses dans l'interview. N'oubliez pas d'étudier les questions avant d'écouter.

Exemple : 1 visiter une grande ville

1 Qu'est-ce que le père veut faire cette année ?

2 Selon la fille, où sont-ils allés récemment ?

3 Selon la mère, quels sont les avantages de rester à la campagne ? [2]

4 Quel autre endroit est-ce qu'elle aime ?

5 Qu'est-ce qu'aime le fils ?

6 Selon la fille, pourquoi doivent-ils aller à la plage ?

7 Qu'est-ce qu'il y a en ville pour la mère ?

8 Selon la mère, quelle est la destination idéale ?

3 Les adverbes comparatifs. Regardez d'abord la section grammaire C3. Complétez les phrases avec un adverbe comparatif en utilisant des mots dans la liste.

Exemple : 1 plus régulièrement

1 Je mange aux restaurants .... que ma mère.

2 Maintenant qu'on peut prendre l'avion, on y arrive ....

3 Les restaurants en villes sont .... que ceux dans mon village.

4 Toi, tu l'aimes .... que moi.

5 Les gens qui vont à pied y arriveront .... que les gens qui vont à vélo.

6 Les jeunes enfants s'ennuient .... que les ados.

7 On dort .... à la campagne qu'en ville parce que c'est tranquille.

8 Rester dans un gite coute .... que de faire du camping.

| (plus/moins/aussi) | vite | tristement | facilement | cher | (moins/aussi) bien |
| régulièrement | tard | tranquillement | rapidement | souvent | |

4 Travaillez à deux pour faire un jeu de rôle. Choisissez le rôle B (vous) ou le rôle A (votre ami(e)).

B (vous)

Vous ne pouvez pas décider où partir en vacances. Votre ami(e) essaie de vous aider à choisir entre deux destinations.

1 (i) Dites que votre famille ne peut pas choisir entre <u>deux</u> destinations.

(ii) Décrivez ces destinations.

2 (i) Dites ce que vous aimez faire en vacances et pourquoi.

(ii) Dites ce que vous n'aimez pas faire.

3 (i) Dites ce qu'aiment les autres membres de votre famille

(ii) Dites ce qu'ils n'aiment pas.

4 Répondez à la question.

5 Dites que c'est super et terminez la conversation.

A (votre ami(e)) et B (vous)

A Tu vas où en vacances cette année ?

B 1

A Alors, qu'est-ce que tu <u>aimes</u> faire en vacances ?

B 2

A Et les autres membres de ta famille, ils aiment les mêmes choses ?

B 3

A Où es-tu allé(e) l'année dernière ?

B 4

A C'est difficile. Il faut réfléchir un peu. Moi, je vais <u>au désert</u> pendant <u>trois semaines</u>.

B 5

5 Écrivez deux paragraphes pour comparer des destinations de vacances. Dites quelle est votre destination de vacances préférée et pourquoi.

En Vol

E2.2 Les destinations de vacances

> ★ **Décrire et comparer des destinations de vacances**
> ★ **Les adverbes comparatifs [2] ;** *ne...pas si* **+ adjectif**

Salut Manon,

J'espère que tu vas bien. Moi, je vais très bien. J'ai eu de la chance cette année parce que je suis partie deux fois en vacances. En février, nous sommes partis en Suède pour rester dans l'Ice Hotel, un hôtel impressionnant fait entièrement de glace. C'était formidable – le paysage était magnifique. On a même vu l'aurore boréale. Cependant, j'ai dormi moins tranquillement que d'habitude parce qu'il faisait très, très froid ! On ne peut rester qu'une nuit dans cet hôtel alors après on est allés à Stockholm pendant deux jours. Là, il ne faisait pas si froid. La vieille ville est charmante et j'y ai acheté plus que tous les autres membres de ma famille. Cependant, j'aimais mieux le paysage plus sauvage du nord. J'ai dormi beaucoup plus facilement dans l'hôtel à Stockholm que dans l'hôtel de glace, mais ce n'était pas si original. Bien que les séjours courts ne soient pas si reposants, on voit plus d'endroits intéressants.

En aout, nous sommes allés dans la jungle au Pérou. Maintenant, on peut y aller beaucoup plus facilement qu'autrefois et on y arrive plus vite. Voyager pendant des heures est certainement pire que faire des petits trajets ; il vaut mieux dormir. J'ai vraiment bien aimé la jungle et ces vacances n'étaient pas si courtes. On est restés dans un bungalow en bois, très confortable avec une vue spectaculaire de la jungle. C'était incroyable toutes les plantes et les grandes arbres. Cependant, je n'ai pas du tout aimé les insectes. Il faisait extrêmement chaud et il fallait faire tout plus lentement qu'on le voulait. Je me levais plus tôt que d'habitude parce qu'il n'y avait pas de rideaux, et la nuit, il faisait tellement noir qu'on se couchait plus tôt que d'habitude aussi. J'aurais aimé y rester plus longtemps mais il fallait rentrer après deux semaines.

À bientôt,

Karine

1 Lisez le courriel puis répondez aux questions en écrivant VRAI ou FAUX. Si l'affirmation est FAUSSE, corrigez-la selon le texte.

Exemple : 1 **VRAI**

1 La famille de Karine a pris plus de vacances cette année.
2 En hiver elle est partie pour la Scandinavie.
3 Là elle ne pouvait pas faire grand-chose parce qu'il faisait trop froid.
4 Elle est restée deux nuits dans l'hôtel de glace avant d'aller à Stockholm.
5 Aujourd'hui voyager dans la jungle n'est pas aussi difficile.
6 Elle a aimé la jungle mais a préféré la Suède.
7 Là, c'était si tranquille qu'elle a pu faire la grasse matinée tous les jours.
8 Elle est restée deux semaines dans la jungle.

2 Vous allez entendre trois agents de vacances qui décrivent des destinations de vacances. Copiez et remplissez la grille.

Agent	Destination	Qui va l'aimer ?	Autres détails
Rose	Afrique – safari		
Théo			
Brigitte			

3 a Les adverbes comparatifs. Regardez d'abord la section grammaire C3. Complétez les phrases avec la bonne forme comparative des adverbes entre parenthèses.

Exemple : 1 plus vite

1 Les enfants qui voulaient jouer mangeaient .... (*vite*) que leurs parents.
2 Nous aimions .... (*bien*) le deuxième hôtel, car il était plus confortable.
3 Manger trop de glaces en vacances est .... (*mauvais*) pour la santé que manger des fruits de la région.
4 Au restaurant, mon père mangeait .... (*beaucoup*) que ma mère.
5 On peut s'amuser .... (*bien*) à un camping qu'à un hôtel de luxe si on est avec de bons amis.
6 Les garçons ne jouaient pas .... (*doucement*) que les filles qui étaient très sages.
7 Il s'est levé .... (*tôt*) que d'habitude parce qu'il voulait être le premier à arriver.
8 À la plage, les enfants se sont ennuyés beaucoup .... (*vite*) qu'en ville parce qu'ils faisaient des châteaux de sable.

3 b Relisez le courriel de l'exercice 1. Trouver des exemples de *ne...pas si*. Copiez-les et traduisez-les dans votre langue.

Exemple : Il ne faisait pas si froid. *It wasn't as cold.*

4 Travaillez à deux. Choisissez une destination que vous connaissez tous les deux et faites une présentation ensemble en disant pourquoi on devrait y aller. Pensez aux points suivants :
- le cout
- le temps qu'il y fait
- ce qu'il y a à voir, à faire
- le logement
- qui va l'apprécier

5 Écrivez un paragraphe pour dire pourquoi votre destination de vacances de l'exercice 4 est meilleure que les destinations des autres élèves. Vous devez écrire 130-140 mots en français :
- Parlez du cout.
- Dites quel temps il y fait et expliquez pourquoi le climat est meilleur que celui des autres destinations.
- Décrivez ce qu'il y a à voir et à faire. Comment se distingue-t-elle des autres destinations ?
- Dites où l'on peut loger.
- Dites qui aimerait votre destination – les familles, les jeunes, etc. et pourquoi.

E3.1 Quel temps fait-il dans ce coin ?

Décollage

★ **Parler du climat de différentes régions**
★ **Reconnaitre le plus-que-parfait**

Henri

L'année dernière, on est allés au Canada sur la côte pacifique, dans l'ouest du pays. On avait lu que le printemps y arrive en février. On a donc loué un gite et on y est restés une semaine en mars. Il est vrai que sur la côte elle-même, il ne faisait pas froid, mais à l'intérieur du pays, il gelait toutes les nuits et les matinées étaient fraiches. On n'avait pas pensé à apporter des vêtements d'hiver. C'était dommage parce qu'on n'est pas trop sortis à cause de cela.

Corinne

Mon ami et moi avons visité la région du Québec en été, et c'était super. Nous avions vu des vidéos et pensions faire du kayak et rencontrer des baleines. Le temps toutefois ne nous a pas permis de sortir tous les jours. Il a beaucoup plu et il a même fait de l'orage. On a, bien sûr, exploré la région et nous l'avons aimée. Je voudrais bien y aller encore une fois mais en automne.

On a vu des baleines

Michel

L'hiver dernier, j'ai fait du ski dans l'ouest du Canada avec mes parents. La saison de ski est longue là-bas. J'avais entendu dire qu'elle dure de décembre à mai. On a donc réservé nos vacances pour le mois d'avril. Non seulement il y avait beaucoup de neige sur les pistes mais il a fait du soleil presque tous les jours. Évidemment, il faisait plus frais la nuit. Il n'a pas fait mauvais temps une seule fois. C'était vraiment bien. Mon père aimerait y retourner mais, en été, quand il fait chaud.

Le ski de fond, c'est génial

1 Lisez ces trois contributions à un forum de discussion sur les vacances au Canada. Répondez aux questions en choisissant A, B, C ou D.

Exemple : 1A

1 Henri a passé ses vacances au Canada
  A au printemps.
  B en été.
  C en automne.

2 Henri
  A est allé au Canada en février.
  B a passé huit jours au Canada.
  C est sorti tous les jours.

3 Henri a trouvé
  A qu'il faisait froid sur la côte.
  B qu'il faisait doux à l'intérieur du pays.
  C qu'il faisait frais le matin.

4 Corinne a visité le Canada
  A en été.
  B toute seule.
  C en automne.

5 La plupart du temps,
  A il a fait de l'orage.
  B il a fait beau.
  C il a plu.

6 Michel est allé faire du ski au Canada
  A en avril.
  B en mai.
  C dans l'est du pays.

7 Il a
  A fait frais pendant la journée.
  B fait mauvais une fois.
  C fait beau tous les jours.

8 Il/Elle voudrait visiter le Canada en été.
  A Henri
  B Corinne
  C Le père de Michel

2 Vous allez écouter Henri (H), Corinne (C) et Michel (M) parler du temps qu'il a fait pendant leurs vacances. Lisez d'abord les affirmations 1–8. Qui dit cela ?

Exemple : 1 H

  1 Le printemps arrive tard au Canada, sauf dans l'ouest du pays.
  2 À cause du temps, on n'a pas pu aller voir les baleines.
  3 Sur la côte, la température reste au-dessus de zéro.
  4 Mes amis n'ont pas pu aller sur les pistes.
  5 L'été dernier, il a fait beau mais pas cet été.
  6 Le climat français est plus chaud que le climat canadien.
  7 On a seulement pris nos vêtements d'été. C'était une erreur !
  8 Le temps qu'il a fait était parfait.

3 Le plus-que-parfait. Regardez d'abord la section grammaire K9. Notez les huit verbes utilisés au plus-que-parfait.

Exemple : 1 il avait plu

  1 Cette semaine, il a fait beau. La semaine précédente, il avait plu tous les jours.
  2 J'avais lu qu'il pleut beaucoup dans ce pays au printemps.
  3 On m'avait dit de prendre des vêtements d'hiver.
  4 Nous étions arrivés trop tôt.
  5 Ils n'avaient pas prévu de mauvais temps.
  6 L'année précédente, nous avions eu un temps ensoleillé.
  7 Aviez-vous pensé au climat de ce pays ?
  8 J'y étais déjà allée avec mes parents.

4 Écrivez un blog de 130 mots en français sur :
  ● le climat des différentes parties du monde
  ● votre choix de destination de vacances idéales
Mentionnez :
  ● le climat de votre pays
  ● le climat d'au moins deux pays que vous aimeriez visiter
  ● votre choix de destination de vacances idéales
  ● vos raisons pour votre choix

5 Préparez une présentation orale sur votre destination de vacances idéales en utilisant les détails que vous avez donnés dans l'exercice 4. Prenez des notes sur ce que vous allez dire. Travaillez à deux. Faites votre présentation à votre partenaire à haute voix. Corrigez les erreurs de prononciation et les fautes de grammaire de votre partenaire. Apprenez des phrases entières par cœur. Finalement, faites votre présentation sans vos notes.

En Vol

E3.2 Quelles vacances !

> ★ **Parler des effets du temps**
> ★ **Savoir utiliser le plus-que-parfait**

Incendie au camping de l'Ardèche

Ça nous a gâché nos vacances

Hier, en fin d'après-midi, les vacances de cinq familles de touristes français, belges et suisses ont été **1**.......... par un gros orage qui est tombé sur le camping de l'Ardèche.

Heureusement, il n'y a eu ni **2**.......... ni morts. En effet, toutes les familles affectées avaient décidé de **3**.......... l'après-midi au bord de la rivière. Ce n'est que quand elles sont retournées au camping qu'elles ont vu ce qui s'était **4**.......... .

Les services météo avaient dit que des orages pourraient se déclarer dans la région. Vers 16 heures, de gros **5**.......... noirs sont apparus, puis il y a eu des éclairs et on a entendu le **6**.......... . La foudre est tombée directement sur une voiture garée au camping. Elle a pris **7**.......... immédiatement et, à cause du vent, cinq tentes familiales ont **8**.......... avant que les **9**.......... puissent y faire quelque chose.

La famille suisse a **10**.......... sa voiture, sa tente et tout ce qu'il y avait à l'intérieur. La famille belge était de passage et était là pour une nuit seulement. Eux aussi sont repartis chez eux. Les trois autres familles faisaient **11**.......... d'un groupe et sont toujours là parce que les autres membres du groupe ont décidé de les aider en les **12**.......... pour le reste de la semaine. Quelles vacances !

1 a Lisez cet article sur un incendie dans un camping. Choisissez les mots corrects dans la case pour compléter l'article. Attention ! il y a trois mots de trop.

Exemple : 1 ruinées

hébergeant	passé	partie	soleil	brulé
nuages	passer	feu	ruinées	perdu
blessés	tonnerre	pompiers	pris	passant

1 b Relisez l'article et répondez aux questions en français.

1 Qui a été directement affecté par les conséquences de l'orage ?

2 Quand se sont-ils rendu compte de ce qui s'était passé ?

3 Quelles étaient les prévisions météo ?

4 Où est-ce que la foudre est tombée ?

5 Comment sait-on que le feu s'est propagé rapidement ?

6 Quelle famille a été la plus affectée ?

7 Quelle autre famille a pris la décision de rentrer chez elle ?

8 Comment est-ce que les autres membres du groupe français ont aidé les trois autres familles ?

2 Vous allez écouter Mme Ali, M. Robert et Mme Estève parler à leurs voisins de leurs dernières vacances. Lisez les huit affirmations et dites si elles sont vraies ou fausses. Il y a quatre affirmations qui sont vraies.

Exemple : 1 vrai

1 La famille Ali pensait qu'à cette période de l'année, il ferait beau et chaud.

2 Le temps ne leur a pas permis de faire les activités qu'ils avaient envisagées.

3 La chaleur a empêché la famille Robert de sortir pendant la journée.

4 Grâce à la climatisation, la température était plus agréable au souk.

5 M. Robert préfère une température plus douce quand il est en vacances.

6 Les Estève n'ont pas pu faire ce qu'ils voulaient.

7 Les Estève ont fait des promenades en montagne sous la neige.

8 Les Estève ont passé une bonne semaine grâce au temps qu'il a fait.

3 Le plus-que-parfait. Regardez d'abord la section grammaire K9. Complétez les huit phrases en utilisant les verbes donnés entre parenthèses au plus-que-parfait.

Exemple : 1 Nous avions pensé

1 Nous .... (*penser*) qu'il ferait beau cet été.

2 Pourquoi ....-vous .... (*choisir*) cette destination ?

3 Il .... (*faire*) froid toute la semaine.

4 J'y .... (*aller*) l'année dernière.

5 Ils .... (*espérer*) faire du ski.

6 On n'.......... pas .... (*pouvoir*) sortir.

7 ....-tu .... (*venir*) ici en pensant trouver le soleil ?

8 Mes parents .... (*réserver*) nos places.

4 Préparez des questions à poser à votre partenaire sur ses dernières vacances. Demandez-lui où il/elle est allé(e), quel temps il a fait, quelles activités il/elle a faites, ce qu'il/elle a fait quand il faisait beau/mauvais. Posez vos questions à votre partenaire et répondez aussi à ses questions. Ajoutez des détails supplémentaires à vos réponses, si possible, comme, par exemple, une opinion ou une raison.

5 Écrivez environ 150 mots en français pour expliquer a) les préparatifs que vous aviez faits avant de partir en vacances l'année dernière et b) la manière dont le temps a affecté vos vacances. Mentionnez :

- les informations que vous aviez trouvées avant de partir
- les réservations
- votre opinion de vos vacances
- vos projets
- les effets du temps sur vos projets

E4 Places and customs

Décollage

E4.1 Je suis resté dans une famille francophone

★ **Parler de la vie familiale dans d'autres pays francophones**
★ **Les pronoms indéfinis ;** *quelque chose, quelqu'un*

Salut tout le monde,

Me voilà à l'Ile Maurice. Les Aymain sont vraiment très gentils et accueillants. J'ai de la chance d'être hébergé chez eux. Ils sont cinq : M. et Mme Aymain, leurs filles Anisha, seize ans et Yashna, quatorze ans, et leur fils Yoan qui a dix-huit ans.

Tout est différent ici. Je me lève assez tôt. Les cours commencent et finissent plus tôt qu'en France car il fait très chaud ici l'après-midi. Après l'école, on ne fait pas grand-chose à cause de la chaleur. Certains vont directement à la plage mais nous y allons plus tard quand il fait moins chaud. D'autres vont acheter un roti chaud, un snack typiquement mauricien.

Mme Aymain travaille dans un magasin de vêtements et rentre vers cinq heures et demie le soir, après M. Aymain qui rentre à quatre heures. Ils mangent toujours en famille. C'est agréable. On mange bien ici. Tout est très frais !

Il y a des règles qu'il faut observer. J'en ai oublié quelques-unes. Cependant, je sais qu'il faut s'habiller correctement et au marché on doit marchander, c'est-à-dire demander au marchand de baisser le prix de quelque chose. N'importe qui peut le faire. Il faut simplement demander de l'aide à quelqu'un.

À bientôt,

Florien

1 Florien écrit un courriel à sa famille. Lisez-le puis répondez aux questions en français.

Exemple : 1 elle est gentille et accueillante
   1 Pourquoi Florien aime-t-il la famille avec qui il reste ?
   2 M. et Mme Aymain ont combien d'enfants ?
   3 Pourquoi les élèves mauriciens ont-ils plus de temps libre pendant l'après-midi ?
   4 Quand Florien aime-t-il aller à la plage ?
   5 Qui rentre le premier, M. Aymain ou Mme Aymain ?
   6 Pourquoi Florien aime-t-il l'heure du diner à l'Ile Maurice ? [2]
   7 Pourquoi les étrangers doivent-ils faire attention aux vêtements qu'ils portent à l'Ile Maurice ?
   8 Qu'est-ce qu'on doit faire au marché ?

2 Vous allez entendre une conversation entre deux jeunes, Marcel et Lucie. Lisez les affirmations ci-dessous et choisissez la bonne personne chaque fois. Écrivez M pour Marcel, L pour Lucie ou M+L pour les deux. Étudiez les affirmations avant d'écouter.

Exemple : 1 L

Qui…
1 est allée dans un pays en voie de développement ?
2 a mis un peu de temps à comprendre comment vivaient les gens du pays qu'il/elle visitait ?
3 a passé le plus de temps dans une école étrangère ?
4 ne comprenait pas toujours ce que disaient leurs hôtes ?
5 n'a pas aimé la cuisine du pays ?
6 a rencontré d'autres jeunes aussi ?
7 a eu l'occasion d'acheter des choses ?
8 se souviendra toujours de son séjour ?

3 Les pronoms indéfinis ; *quelque chose, quelqu'un*. Regardez d'abord la section grammaire B8. Complétez les phrases avec des mots choisis dans la liste. Attention ! il y a deux mots de trop.

Exemple : 1 n'importe quoi
1 Ma meilleure copine est folle. Elle fait ....
2 J'ai rencontré .... de très marrant.
3 .... habitent a la campagne, d'.......... habitent en ville.
4 .... s'est très bien passé.
5 Les filles ont eu de la chance. .... a gagné un prix.
6 Il y avait beaucoup de coutumes et .... étaient bizarres.
7 Elle m'a donné des bonbons. J'en ai déjà mangé ....
8 Tu as fais .... d'intéressant pendant ton séjour ?

| certains | quelques-unes | quelque chose | plusieurs | tout | chacun |
| autres | *n'importe quoi* | tous | chacune | quelqu'un | |

4 Travaillez à deux pour faire un jeu de rôle. Choisissez le rôle B (l'adolescent(e)) ou le rôle A (la mère/le père).

B (l'adolescent(e))
Vous venez de rentrer d'un pays francophone où vous êtes resté(e) avec une famille. Votre famille veut savoir comment était votre séjour.
1 (i) Décrivez la famille; et
  (ii) dites comment elle était.
2 (i) Dites ce que vous avez mangé pour chaque repas; et
  (ii) dites à quelle heure vous avez pris les repas.
3 Répondez à la question.
4 Répondez à la question.
5 (i) Dites ce qui était <u>différent</u>; et
  (ii) dites et ce qui était <u>pareil</u>.

A (la mère/le père) et B (l'adolescent(e))

A Alors la famille était <u>gentille</u> ?
B 1
A Et qu'est-ce que tu as mangé ?
B 2
A Et ils mangent en famille, en général ?
B 3

A Qu'est-ce qu'ils font <u>quand ils ont du temps libre</u> ?
B 4
A Ça changeait beaucoup de notre pays ?
B 5

5 Écrivez un billet de blog pour décrire votre séjour.

En Vol

E4.2 La vie familiale à Madagascar

★ **Parler de la vie familiale à Madagascar**
★ **Les adjectifs indéfinis**

Salut, ici Nadine. Alors, me voilà à Madagascar ! Je travaille ici comme bénévole depuis quelques jours et je commence à m'habituer un peu aux coutumes de ce pays. La vie familiale est vraiment différente. J'ai passé un peu de temps chez les Rakotomalala, une famille d'onze personnes – Johanna et Reza, leurs cinq garçons et leurs quatre filles.

Passer du temps avec une telle famille m'a fait me rendre compte que moi, j'ai de la chance. Les gens ici sont pauvres – certaines années, les parents ont du mal à nourrir leurs enfants. Les Rakotomalala occupent seulement deux pièces. Récemment, il y a eu un gros orage qui a endommagé leur maison. Cependant, ils étaient accueillants et très gentils.

M. Rakotomalala est pêcheur. Il se lève tôt chaque matin pour travailler et alors nourrir sa famille. Les enfants les plus âgés ne vont plus à l'école mais se lèvent très tôt aussi pour aider leur maman à s'occuper des plus jeunes. Ils vont aussi à la rivière chercher de l'eau et travaillent la terre. Le gouvernement ne fait pas beaucoup pour aider de tels gens. Dans un autre pays, ces ados seraient au lycée.

Les plus jeunes qui vont à l'école font de l'anglais, du français et quelques autres matières avant de rentrer pour aider à la maison, eux aussi. Une vie pareille n'est pas idéale.

La famille mange du riz à chaque repas. Même les desserts sont à base de riz. Étant au bord de la mer, ils mangent aussi du poisson, des fruits de mer et de la noix de coco. Il n'y a pas vraiment assez à manger mais cette famille, comme toutes les autres familles du village, est prête à partager sa nourriture. M. Rakotomalala m'a même invitée à diner avec eux.

1 Lisez le blog. Ensuite lisez les phrases ci-dessous et trouvez l'intrus chaque fois.

Exemple : 1 a

1 Nadine a) fait un échange scolaire. / b) fait du bénévolat. / c) est dans un pays pauvre.

2 La famille Rakotomalala a) est grande. / b) est plus riche que les autres familles du village. / c) a accueilli Nadine dans leur maison.

3 Nadine trouve a) qu'elle a de la chance de ne pas être pauvre. / b) que la famille Rakotomalala a de la chance. / c) que la vie est difficile pour la famille Rakotomalala.

4 La maison des Rakotomalala a) est très petite. / b) n'est pas idéale pour une famille d'onze personnes. / c) est parfaitement bien.

5 M. Rakotomalala a) travaille la terre. / b) va à la pêche. / c) a comme but de nourrir sa famille.

6 Les plus jeunes a) vont toujours à l'école. / b) doivent aussi aider à la maison. / c) font leurs devoirs après l'école.

7 La famille a) ne mange pas une grande variété d'aliments. / b) n'a pas toujours assez à manger. / c) a une alimentation trop grasse.

8 La famille a) ne pouvait pas inviter Nadine à manger avec elle. / b) est très gentille. / c) est toujours prête à accueillir des gens.

2 a Vous allez entendre une conversation entre Martin et Élise. Ils parlent de la vie familiale à Madagascar. Écoutez la première partie une fois de plus. Dans chaque phrase il y a un détail qui ne correspond pas à l'extrait. Écrivez les mots justes en français.

Exemple : ne sait pas grand chose

1 Élise <u>sait beaucoup</u> au sujet de la vie familiale à Madagascar.

2 Martin était à Madagascar pendant <u>deux semaines</u>.

3 Les familles de Madagascar que connait Martin étaient <u>peu</u> hospitalières.

4 La <u>moitié</u> des familles à Madagascar habitent dans une petite maison.

2 b Maintenant réécoutez la deuxième partie. Répondez aux questions en français.

Exemple : 1 Pour travailler et …

1 Pourquoi Jesé se levait-il tôt le matin ? [2]

2 Pourquoi les enfants d'Hélène et de Jesé étaient-ils souvent malades ?

3 Pourquoi Iydia n'ira-t-elle probablement pas à l'université ?

4 Comment Martin décrit-il les familles qu'il a rencontrées ? [2]

3 Les adjectifs indéfinis. Regardez d'abord la section grammaire B7. Complétez les phrases avec des mots choisis dans la liste. Attention ! il y a six mots de trop.

Exemple : 1 pareille

1 Je n'aimerais pas mener une vie ....

2 Après un .... temps, je me suis habitué aux coutumes de ce pays.

3 Il a fait la .... chose .... les jours.

4 .... personnes sont parties au Canada.

5 Rester avec une .... famille m'a beaucoup plu.

6 Nous y sommes restés .... mois.

7 .... fille a été hébergée dans une famille gentille.

8 .... gens sont riches mais la plupart sont pauvres.

tels	certain	certaine	pareil	quelques
pareils	même	certaines	plusieurs	certains
pareille	tous	telle	chaque	

4 Travaillez à deux. Préparez et ensuite faites une présentation au sujet de la vie à Madagascar. Pensez aux points suivants :

- les logements
- le travail
- la nourriture
- les loisirs
- l'enseignement

5 Vous avez fait un projet au sujet de la vie familiale d'un autre pays francophone. Écrivez un billet de blog. Vous devez écrire 130–140 mots en français.

- Parlez d'où habitent la plupart des familles.
- Dites ce qu'ils mangent en général et quand.
- Parlez des écoles et de la journée scolaire.
- Dites ce que font les adultes comme travail. Faisaient-ils le même travail il y a cinq ou dix ans ?
- Dites ce qu'ils font pour se détendre. Faisaient-ils les mêmes choses il y a cinq ans ?

E7 Issues

Décollage

E7.1 Les problèmes de l'environnement

★ **Parler des problèmes environnementaux et de leurs solutions**
★ **Savoir utiliser de*puis* + présent et reconnaitre *depuis* + imparfait**

1 Classez ces expressions en deux catégories : « 1 Les problèmes » et « 2 Les solutions ».

la pollution	la limitation de vitesse
le recyclage	les voitures
les ordures	le bruit
l'utilisation du vélo	les embouteillages
les usines	les zones industrielles
les avions	donner préférence aux transports en commun
les voitures électriques	(métro, tramways, bus, cars)
les centres de recyclage	les déchets
la circulation	la pollution de l'eau

La pollution de l'air. Un problème soluble

La tour Eiffel dans la brume

L'année dernière, la ville de Paris a connu un niveau de **1**.......... supérieur à celui de toutes les autres villes du monde. Cela durait depuis au moins une semaine. C'était le résultat de conditions météo **2**.......... et surtout du nombre de voitures qui circulent dans notre capitale. Depuis des dizaines d'années, à Paris, la **3**.......... est vraiment dense. Il y a des embouteillages tous les jours. La situation était si grave que les autorités ont décidé de prendre des mesures d'urgence.

Comme elles voulaient **4**.......... les Parisiens à laisser leurs voitures à la maison, elles ont dit que les **5**.......... seraient gratuits et que le parking aussi serait gratuit si les gens garaient leur voiture **6**.......... chez eux.

Pour **7**.......... le nombre de voitures de 50%, elles ont décidé que seules les voitures avec un numéro d'immatriculation pair seraient **8**.......... à entrer dans la ville. Le lendemain, c'était le tour des voitures avec un numéro impair. C'était une mesure temporaire mais efficace. De plus, elles ont limité la **9**.......... à 20 kilomètres à l'heure en ville. Le résultat a été fantastique. Depuis ce temps-là, il n'y a plus d'embouteillages et une **10**.......... bien meilleure. Le niveau de pollution est redevenu normal.

Un numéro d'immatriculation pair, un numéro d'immatriculation impair

2 Lisez l'article sur la pollution à Paris et choisissez les mots corrects dans la case pour compléter les blancs du texte (1 à 10).

Exemple : 1 pollution

pollution	défavorables	réduire
circulation	vitesse	qualité d'air
encourager	transports en commun	
près de	autorisées	

3 Vous allez écouter quatre personnes originaires du Gabon, du Congo, de Belgique et du Luxembourg parler des problèmes de l'environnement dans leurs pays respectifs à une journaliste. Répondez aux questions en français.

Exemple : 1 Le manque d'accès à l'eau propre.

  1 Quel est le principal problème environnemental à Libreville ?
  2 Quelle solution est proposée pour réduire le problème des ordures ménagères ?
  3 À part la pollution de l'eau, quelle autre sorte de pollution est-ce que la Congolaise mentionne ?
  4 Quelle décision est-ce que le gouvernement congolais a prise récemment ?
  5 Qu'est-ce qui continue à s'améliorer depuis vingt ans à Bruxelles ?
  6 Les autorités ont concentré leurs efforts sur quoi en particulier ? [2]
  7 Au Luxembourg, comment peuvent-ils réduire la pollution de l'air ?
  8 Qu'est-ce qui marche bien au Luxembourg en ce qui concerne la protection de l'environnement ?

4 Savoir utiliser *depuis* + présent et reconnaitre *depuis* + imparfait. Regardez d'abord la section grammaire K19. Réécrivez les phrases 1-4 en utilisant *depuis* + présent. Puis, traduisez les phrases 5-8 dans votre langue.

Exemple : 1 Le problème existe depuis 10 ans.

  1 Ça fait 10 ans que le problème existe.
  2 Ça fait quelques années qu'on recycle les ordures ménagères.
  3 Ça fait longtemps que la pollution affecte les grandes villes.
  4 Ça fait plusieurs années qu'on encourage l'utilisation du vélo pour se déplacer en ville.
  5 Le problème de la circulation en ville existait depuis au moins 10 ans.
  6 Ils se déplaçaient à pied ou à vélo depuis l'année dernière.
  7 Je ne recyclais rien depuis longtemps.
  8 Nous avons acheté une voiture super. Nous n'avions pas de voiture depuis 1 an.

5 Travaillez à deux. Posez des questions à votre partenaire sur les problèmes de l'environnement dans votre région. Répondez aussi à ses questions :
  ● Quels sont les problèmes de l'environnement ici ?
  ● Quel est le problème le plus grave à votre avis ? Pourquoi ?
  ● Qu'est-ce qu'on a déjà fait pour trouver des solutions à ce problème ?
  ● Quel a été le résultat de ces actions ?
  ● Que faut-il faire d'autre, à votre avis ?

6 Écrivez environ 100 mots en français sur un problème de l'environnement qui vous concerne.

Exemple : Dans ma région, je pense que le problème de l'environnement qui est le plus grave est…

En Vol

E7.2 Les solutions environnementales canadiennes

★ **Parler des décisions prises en faveur de l'environnement**
★ **Les verbes suivis d'une préposition et d'un infinitif**

Le lac Moraine au Canada

Le Ministère de l'environnement de l'Ontario continue à protéger les sols, l'air et les eaux de la province. Son but est aussi de combattre le changement climatique pour garantir la prospérité et la qualité de vie des générations présentes et futures. Quelles décisions ont été prises pour réaliser ces buts ?

● Si vous avez un véhicule assez vieux, il doit réussir un test d'émissions. Sinon, vous n'aurez pas le droit de l'utiliser. Ce certificat est valable pour un an.

● Votre entreprise doit avoir une autorisation environnementale si elle jette des polluants dans l'atmosphère, les eaux ou les sols, ou si elle stocke ou transporte des déchets.

● On vous recommande d'utiliser l'eau du robinet. Le Ministère investit beaucoup d'argent pour que tout le monde ait de l'eau propre. Il n'est donc pas nécessaire d'acheter de l'eau en bouteille en plastique. En effet, le plastique est pratiquement indestructible et pollue notre environnement.

● Les véhicules électriques, les transports en commun et les vélos nous aident à réduire les émissions. L'Ontario investit dans les transports et vous offre une réduction sur les prix des voitures électriques.

● L'énergie éolienne utilise le vent pour produire de l'électricité. C'est une source d'énergie renouvelable. Beaucoup de fermes ont leurs propres éoliennes et bénéficient d'une aide financière du Ministère.

● L'énergie solaire est aussi utilisée dans l'Ontario. Il y a un bon ensoleillement qui permet aux habitants de bénéficier de cette forme d'énergie. Étant aussi une source d'énergie renouvelable, le Ministère encourage son utilisation en offrant son aide financière à ceux que cela intéresse.

1 Lisez cet article sur ce que fait le Ministère de l'environnement de l'Ontario. Lisez les huit affirmations et indiquez si elles sont vraies ou fausses. Corrigez les quatre affirmations qui sont fausses.

Exemple : 1 Faux – Le Ministère s'occupe de l'environnement seulement dans la province de l'Ontario.

1 Le Ministère s'occupe de l'environnement dans toutes les provinces du Canada.

2 Un de ses buts est de s'assurer que les changements climatiques n'affectent pas la qualité de vie des habitants de l'Ontario.

3 Les vieilles voitures n'ont pas le droit d'utiliser les routes de l'Ontario.

4 Les entreprises ont la permission de jeter leurs déchets dans les rivières ou dans les lacs.

5 Le Ministère recommande de ne pas acheter de l'eau en bouteille.

6 Si vous voulez acheter une voiture électrique neuve, le Ministère vous aidera en payant une partie du prix d'achat.

7 Le Ministère n'encourage pas les fermiers à utiliser l'énergie éolienne.

8 Le soleil brille suffisamment dans la région de l'Ontario pour que ses habitants bénéficient de l'énergie solaire.

2 Vous allez écouter les suggestions de Marine, Arthur, Jade et Henri pour améliorer l'environnement de l'Ontario. D'abord, lisez les affirmations 1-8. Qui dit cela ? Écrivez M, A, J ou H.

Exemple : 1 Marine

1 La solution, c'est de réduire de moitié le nombre de voitures qui entrent en ville.

2 Il faut offrir le parking gratuit à ceux qui ont des passagers dans leur voiture.

3 Les zones industrielles ne sont pas assez surveillées.

4 Nous devons développer toutes les formes d'énergie renouvelable.

5 Les voitures sans passagers devraient payer pour pouvoir entrer en ville.

6 Il faut faire quelque chose. Le niveau de pollution à Toronto est trop élevé.

7 Ce n'est pas seulement le transport qu'il faut considérer.

8 Pour moi, c'est plus la faute des entreprises que celle des individus.

3 Les verbes suivis d'une préposition et d'un infinitif. Regardez d'abord la section grammaire K18. Réécrivez les huit phrases dans le bon ordre. Traduisez aussi les phrases dans votre langue.

Exemple : 1 Ils ont commencé à réduire les émissions de gaz carbonique.

1 ont les carbonique ils à de commencé réduire émissions gaz

2 recommande du on l'eau vous d'utiliser robinet

3 gens à en les de l' acheter continuent eau bouteille

4 les renouvelables ils d'investir ont dans promis énergies

5 décidé de ils des ont trouver solutions

6 ils demandé nous faire covoiturage ont de du

7 va produire cela plus aider à d'électricité

8 le les à transports Ministère gens en se des encourage servir commun

4 Préparez une présentation sur les problèmes environnementaux de votre région. Expliquez ce qu'ils sont, ce qui a déjà été fait pour les résoudre et ce qu'il reste à faire. Travaillez à deux. Faites votre présentation à votre partenaire à haute voix. Corrigez les erreurs de prononciation et les fautes de grammaire de votre partenaire. Apprenez des phrases entières par cœur. Finalement, faites votre présentation sans notes.

5 Écrivez une lettre de 130-140 mots à votre ami(e) français(e) sur les solutions possibles aux problèmes de l'environnement dans votre pays. Mentionnez :
   ● l'utilisation des énergies éolienne et solaire
   ● comment réduire l'utilisation des sacs en plastique
   ● une solution à la pollution créée par les voitures et les avions
   ● une solution à la pollution industrielle

Vocabulaire

D1.1 Après le collège

l'avenir (*m*)
le baccalauréat (général/technologique/
   professionnel)
le brevet (des collèges)
le brevet d'études professionnelles (BEP)
*le certificat d'aptitude professionnelle
   (CAP)*
le choix
doué(e)
l'école (*f*) de langues

l'enseignement (*m*)
l'étudiant(e)
les études (supérieures)
l'examen (*m*)
la grande école
l'hôtellerie (*f*)
intelligent(e)
s'intéresser à
le lycée
le métier

passer un examen
pratique
préparer
le résultat
réussir
savoir
secondaire
le stage (en entreprise)
l'université (*f*)

D1.2 Mes projets d'avenir

l'apprentissage (m)
bachelier (bachelière)
le brevet de technicien supérieur (BTS)
les classes préparatoires
le concours
*le diplôme universitaire de technologie
   (DUT)*
le doctorat
la faculté
en faculté

la formation
gagner
l'Institut universitaire de technologie (IUT)
la licence
le marché du travail
le master
mi-trimestre
le niveau
poursuivre
la première

le seconde
sélectif (sélective)
supporter
temporairement
la terminale
le travail
les travaux (pratiques)
le trimestre
universitaire

D2.1 Les métiers

*l'analyste-programmeur
   (-programmeuse)*
l'animateur (animatrice)
l'archéologue
l'artiste-peintre
l'astronaute
bien payé(e)
le boulot
calme
le/la chanteur/chanteuse
le/la chercheur/chercheuse
le chirurgien

le/la coiffeur/coiffeuse
le/la commerçant(e)
le danseur/la danseuse
en plein air
l'entraineur (entraineuse)
gagner
l'ingénieur(e)
l'interprète
le métier
le/la moniteur/monitrice de ski
le/la musicien(ne)
la patience

patient(e)
le/la peintre
le/la photographe
la profession
professionnel(le)
le salaire
le/la scientifique
stable
le/la traducteur/traductrice
le/la vétérinaire

D2.2 Mon futur métier

l'ambition (*f*)
l'argent (*m*)
l'avocat(e)
avoir peur
célèbre
le conseil
conseiller
le contact
curieux (curieuse)
déçu(e)

devenir
le/la conseiller/conseillère (d'orientation
   professionnelle)
en équipe
enrichissant(e)
exigeant(e)
gagner de l'argent
le/la journaliste
monotone
la motivation

motiver
le/la patron(ne)
rencontrer
le/la salarié(e)
la satisfaction
la stabilité
stressant(e)
varié(e)
la vie privée
voyager

D3.1 J'arrête les études pendant un an !

l'année (f) sabbatique
l'annonce (f)
l'avantage (m)
la culture
connaitre
découvrir
depuis
économiser (de l'argent)
embauché(e)
embaucher

l'employé(e)
employer
l'esprit (m) (ouvert, d'équipe)
(à) l'étranger (m)
faire des économies
le/la guide (touristique)
les grandes vacances
l'inconvénient (m)
manquer à
négatif (négative)

passionnant(e)
persuader
le petit boulot
positif (positive)
le poste
réfléchir
se renseigner sur
le tourisme

D3.2 Je vais poser ma candidature

le babysitting
bilingue
la candidature
chercher
communiquer
la communication
contacter
le curriculum vitae (CV)
la date de naissance
la description

écrire
enthousiaste
envoyer
honnête
les horaires (m)
la lettre de motivation
libre
par semaine
à partir de
la période (estivale)

poser
les qualités (f)
rechercher
réfléchir
la rémunération
les renseignements (m) (supplémentaires)
répondre
responsable
sociable

D4.1 Je vais leur téléphoner

d'accord
l'aide (f)
aider
allo
(à) l'appareil (m)
au revoir
le/la client(e)
le/la collègue
le commerce
la conférence

la conversation
décrocher
la demande
demander à qqn
efficace
faire passer
je vous en prie
mauvais(e)
mettre en relation avec
le moment

le numéro
patienter
ne quittez pas
raccrocher
le/la réceptionniste
le répondeur
téléphoner à qqn
tout de suite
vouloir

D4.2 Mon entretien d'embauche

apprendre
l'annonce (f)
en avance
le/la candidat(e)
se concentrer
expliquer
montrer
en retard
les centres d'intérêts (m)

l'emploi (m)
l'employeur (m)
l'entretien (d'embauche)
l'habillement (m)
l'impression (f)
les motivations
l'occasion (f)
poser sa candidature
préparer

la raison
le rapport
le recruteur
la réponse
soigné(e)
tôt
valoir mieux

E1.1 En train ou en taxi ?

l'aller-simple (m)
l'aller-retour (m)
les bagages (m)
le billet
le/la chauffeur/chauffeuse
la circulation
l'embouteillage (m)
emmener

en provenance
l'horaire (m)
le/la passager/passagère
la place
la rapidité
réduit(e)
relier
le réseau

se rendre
le tarif
transporter
la valise
la vitesse
le voyageur

E1.2 Vacances en groupes

à *travers*
être assis(e)
attirer
le bruit
le but
compris(e)

découvrir
expliquer
gouter
l'itinéraire (m)
montrer
le parc naturel

la pension complète
la place
la plupart
profiter
le vol

E2.1 Je pars en vacances

animé(e)
apprécier
l'aventure (f)
l'avion (m)
le bateau
le camping
la chambre d'hôte
le château
la culture
culturel(le)

la destination (de vacances)
la détente
faire du camping
le gite
historique
l'hôtel (m)
de luxe
pittoresque
en plein air
la randonnée

reposant(e)
rural(e)
le sable
le ski
la station de ski
touristique
urbain(e)
la visite
visiter

E2.2 Les destinations de vacances

l'agent (m) de voyage
l'ambiance (f)
l'aurore boréale (f)
en bois
le bungalow
la capitale
la chance
Quelle chance !
couteux (couteuse)

échanger
entièrement
la foule
héberger
impressionnant(e)
incroyable
l'insecte (m)
la jungle
le logement

original(e)
le safari
sauvage
le séjour
spectaculaire
le trajet
le type
le voyage
voyager

E3.1 Quel temps fait-il dans ce coin ?

à cause de
à l'intérieur
apprendre
au moins
au-dessus

avoir de la chance
la baleine
le climat
partout
la piste

prévoir
la saison
le ski de fond
la station de ski
toutefois

E3.2 Quelles vacances !

apparaitre
avoir envie de
le bagage
bruler
la climatisation
se déclarer
le dépliant

l'éclair (m)
envisager
la foudre
garantir
héberger
de passage
pêcher

le préparatif
le projet

E4.1 Je suis resté dans une famille francophone

l'accueil (*m*)	la famille	observer
accueillant(e)	s'habituer à	la règle
agréable	habituellement	respecter
la coutume	l'hospitalier/hospitalière	se souvenir de
la communauté	*inoubliable*	la température
correct(e)	la langue	la tradition
le dialecte	le/la marchand(e)	le/la voyageur/voyageuse
l'expérience (*f*)	marchander	

E4.2 La vie familiale à Madagascar

alimenter	familial(e)	le pêcheur
améliorer	*le gouvernement*	prêt(e)
à base de	la majorité	propre
le/la bénévole	nourrir qqn	se rendre compte
le but	occuper	ressembler
chanceux (chanceuse)	partager	la rivière
faire la connaissance de	pauvre	sale
développé(e)	la pauvreté	les spécialités
endommager	(les pays) en voie de développement	travailler la terre

E7.1 Les problèmes de l'environnement

améliorer	inquiétant(e)	*pair*
la circulation	jeter	propre
les déchets (*m*)	ménagère	réduire
se déplacer	le niveau	l'usine (*f*)
l'embouteillage (*m*)	*le numéro d'immatriculation*	la vitesse
impair	les ordures (*f*)	

E7.2 Les solutions environnementales canadiennes

briller	*l'éolienne (f)*	produire
combattre	l'individu	protéger
le covoiturage	neuf (neuve)	le robinet
l'émission (*f*)	offrir	surveiller
l'entreprise (*f*)	le/la passager/passagère	le véhicule

Décollage

Magazine

La Belgique et ses fêtes originales

Vous croyez que la Belgique a peu à offrir aux touristes ? Ce n'est pas le cas. Contrairement à ce que pensent beaucoup de gens, la Belgique a beaucoup à offrir aux visiteurs y compris toute une variété de fêtes originales. Ces fêtes un peu… bizarres sont sures de vous enchanter et de vous apprendre beaucoup sur les coutumes et les traditions belges.

Considérons, par exemple, le Carnaval de Binche. Cette manifestation folklorique dure trois jours. Pendant ce Carnaval, la ville belge de Binche retourne au XVIᵉ siècle. Certains hommes et garçons de cette ville s'habillent en personnages folkloriques qui s'appellent les Gilles et vont de maison en maison. C'est considéré comme un grand honneur. Le dernier jour, il y a un défilé. Les Gilles portent des plumes d'autruche* et donnent aux spectateurs des oranges, ce qui porte bonheur. Voici un évènement populaire et unique.

Vous ne vous intéressez pas au folklore ? Pourquoi ne pas aller à Anima, festival du dessin animé et du film d'animation ? Ce festival a lieu dans la capitale et a connu ces dernières années beaucoup de succès. Ce n'est pas surprenant. C'est la Belgique qui a produit Tintin et les Schtroumpfs.

Ensuite, vous pouvez toujours aller au Carnaval des Ours* d'Andenne. Soyez tranquille, ce ne sont pas de vrais ours. L'ours est tout simplement l'emblème de cette ville. Pourquoi ? Alors, on dit qu'au début du VIIIᵉ siècle, un de ses habitants, un petit de 9 ans, a tué un ours qui terrifiait le quartier. C'est à cause de cette histoire que chaque année des dizaines d'ours et des groupes musicaux se promènent dans les rues d'Andenne.

Si ça ne vous dit pas, il y a aussi la Régate Internationale de baignoires* à Dinant. Voici une course nautique de baignoires décorées de façon originale.

une autruche – un grand oiseau d'Afrique; un ours – un grand animal carnivore comme Baloo dans le Livre de la Jungle*; une baignoire – un appareil dans lequel on prend un bain*

1 Lisez l'article au sujet des fêtes belges. Répondez aux questions en choisissant A, B, C ou D.

1 À Binche, comment s'habillent certains hommes ?

  a en ours

  b en Tintin

  c en Gilles

  d en Schtroumpf

2 À quoi est associé Bruxelles ?

  a le folklore

  b la mode

  c la littérature

  d le dessin animé

3 Qui, dit-on, a tué un ours à Andenne ?

  a une fille

  b un garçon

  c un homme de la ville

  d un musicien

4 Que peut-on voir à Dinant ?

  a des gens déguisés

  b des baignoires déguisées en bateaux

  c des bateaux déguisés en baignoires

  d des habitants qui se baignent

Mettez-vous au défi. Voici des informations sur le peintre surréaliste belge, Magritte. À vous de les mettre dans l'ordre chronologique !

1 Comme chef des surréalistes belges, Magritte a profondément marqué l'art.

2 Il a rencontré Georgette Berger à l'âge de quinze ans.

3 En 1926, faisant ses études à l'Académie des Beaux-arts de Bruxelles, Magritte commençait à peindre des tableaux surréalistes. Sa première toile surréaliste ? *Le jockey perdu.*

4 Magritte et Georgette se sont mariés en 1922.

5 Magritte est mort d'un cancer à l'âge de soixante-neuf ans. Cependant, il inspire toujours les artistes du monde entier. Beaucoup de ses peintures se trouvent au Musée Magritte à Bruxelles.

6 Magritte a peint ses premiers tableaux en 1915. Ces œuvres étaient impressionnistes.

Ceci n'est pas une pipe.

7 René Magritte est né à Lessines en Belgique en 1898. Il a eu une enfance difficile.

8 Il a rencontré d'autres surréalistes à Paris où il a passé trois ans. En rentrant en Belgique, Magritte est devenu le chef des surréalistes belges.

A Le meilleur ami de l'homme	**C** Le génie
B Un ado intrépide	**D** Le côté drôle

Fiche info

Un héros belge

1 Tintin est le héros du dessinateur belge Hergé. Il apparait dans les bandes dessinées, *Les aventures de Tintin*. Ce jeune reporter est un grand voyageur et a même marché sur la lune. Il lutte contre le mal. Il est curieux et courageux. En plus il est très calme, même dans des situations dangereuses.

2 Tintin a un entourage fidèle*. Le plus fidèle, c'est peut-être son chien, Milou, qui est toujours avec lui. Milou est presque comme une personne. Il est toujours là pour aider Tintin, même s'il est un peu moins sage que le héros principal lui-même.

3 Les personnages les plus comiques des aventures de Tintin sont sans doute le capitaine Haddock et les deux policiers Dupond et Dupont. Contrairement à Tintin, le capitaine, lui, se met facilement et souvent en colère et semble plutôt ridicule. Les policiers se ressemblent physiquement. Eux aussi sont des personnages ridicules. Ils sont peu efficaces et ne réussissent jamais.

4 Un autre ami de Tintin, c'est le Professeur Tournesol. Voici un homme assez âgé qui porte d'habitude une redingote verte. Il est très intelligent et sympa aussi et invente des choses magnifiques comme des fusées et des sous-marins. Cependant, il peut être irritable aussi.

* *fidèle – loyal*

Magazine

Vivre au paradis

Eugénie est française et vit depuis cinq ans en Nouvelle-Calédonie. Elle nous a parlé de sa vie sur cette ile française exceptionnelle.

La vie en Nouvelle-Calédonie diffère-t-elle énormément de la vie en France ?

Ici, on se lève plus tôt qu'en France. Moi, je me lève à six heures parce que l'école commence à sept heures et quart mais il y a des gens qui se lèvent encore plus tôt, vers quatre heures du matin, par exemple. Après s'être levés si tôt, ces gens prennent le déjeuner vers onze heures et demie et alors le diner vers dix-huit heures trente. Ils se couchent tôt aussi, vers vingt heures trente.

Il fait beau tout le temps ?

La Nouvelle-Calédonie se trouve dans le Pacifique sud et il fait donc chaud et soleil la plupart du temps. On passe beaucoup de temps dehors en faisant attention d'éviter les heures les plus chaudes de la journée en été. On sort donc plutôt le matin et puis le soir. Ceci dit, il pleut ici aussi.

Et que faites-vous pour vous amuser ?

Je fais beaucoup de sport. Moi, j'adore faire du jogging ou bien nager dans la mer, comme beaucoup de mes amis. Le paysage ici est tellement varié qu'il y a quelque chose pour tout le monde : balades, planche à voile, surf, plongée sous marine. On peut bien sûr se reposer et admirer le paysage magnifique aussi.

On y mange bien ?

Oui, très bien, et sain aussi je pense. Personnellement, je mange beaucoup de fruits et de légumes ainsi que du poulet, du bœuf, du poisson et du pain. Le seul problème ? Certains produits coutent assez cher.

Il y a d'autres désavantages d'habiter en Nouvelle-Calédonie ?

La situation politique n'est pas trop sure. Ce pays a été colonisé par la France en 1853. Certains habitants veulent rester en France, d'autres aimeraient mieux être indépendants.

1 Lisez l'article puis répondez aux questions en écrivant vrai (V), faux (F) ou pas mentionné (PM). Corrigez les phrases qui sont fausses.

1 Eugénie est née en Nouvelle-Calédonie.

2 Les jours d'école, elle doit se lever à quatre heures du matin.

3 Les habitants vont rarement dehors en été parce qu'il fait trop chaud.

4 Eugénie est plutôt sportive.

5 Eugénie a déjà fait de la plongée sous-marine.

6 Le paysage est impressionnant.

7 Eugénie est végétarienne.

8 La Nouvelle-Calédonie est un territoire français et la plupart des habitants en sont contents.

2 Fiche info. Mettez-vous au défi. Complétez les informations au sujet de la Nouvelle-Calédonie avec les chiffres de la liste.

11	268 767	1853	18 575.5	1500	28	1991	1989

Fiche info ✓

La Nouvelle-Calédonie

La Nouvelle-Calédonie, archipel situé dans l'océan Pacifique à **1**.......... km d'Australie, est un territoire de la France depuis **2**.......... . Ce petit pays a une superficie de **3**.......... km² et une population de **4**.......... habitants. De ces habitants, seules les Mélanésiens et les Kanaks sont originaires de la Nouvelle-Calédonie. Les autres habitants viennent pour la plupart de différents pays européens et asiatiques. Voici donc une population très diverse, ce qui est apprécié dans la bande dessinée calédonienne, *La Brousse en Folie*.

La capitale, Nouméa, est la seule grande ville et se trouve dans le sud. Depuis **5**.........., il y a trois provinces distinctes en Nouvelle-Calédonie : la Province Sud, la Province Nord, la Province des îles Loyauté.

Le français est la langue officielle de cette île mais il y a aussi des dialectes. Il y a par exemple **6**.......... langues kanak et **7**.......... dialectes. Le français de Nouvelle-Calédonie diffère du français européen à cause de l'accent et des expressions particulières.

Comme la population, la musique de la Nouvelle-Calédonie est très diverse, le Kaneka, le reggae, le jazz et le rock étant tous populaires. Le festival *Live en aout* autrefois appelé *Jazz en aout*, qui a été créé en **8**.......... , réunit des groupes de jazz, rock, soul et folk dans les bars et restaurants du territoire.

Les meilleurs festivals néo-calédoniens ?

Sophie s'intéresse aux festivals en Nouvelle-Calédonie. Lisez les suggestions ci-dessous.

voyageuse1	Ici Sophie. Je vais passer du temps en Nouvelle-Calédonie et je m'intéresse beaucoup aux festivals. Le festival du yam qui marque le début des récoltes semble très intéressant. Des célébrations discrètes sont très importantes pour les Kanaks mais ne sont pas ouvertes aux touristes. Il y a d'autres festivals néo-calédoniens que vous recommanderiez ?
jeuneetjolie	La fête néo-calédonienne la plus intéressante, c'est la Fête de l'Omelette géante, en avril à Dumbéa. J'y suis allée l'an dernier et c'était super marrant. On aide des chefs à faire une grande omelette de 7000 œufs dans une grande poêle. Et on peut la déguster après !
cinéphile_400	Le festival du film à Nouméa est très bien. On y voit des films internationaux en version originale.
momo_500	Moi, je suis allé à la Fête de la Mandarine qui se passe en juillet et fête la mandarine. Je n'ai pas trop aimé le marché, mais les animations étaient bien.
angevinefolle	Ma famille et moi, nous sommes allés à la fête du ver* de Bancoule. Quelle horreur ! Il y avait un concours de dégustation de gros vers.
	* un ver – un petit animal sans pattes qui habite dans la terre

En vol

Coin examen 4.1
Comment améliorer votre français écrit

Deux exemples à étudier

1 a Lisez les deux réponses à cette question d'examen et travaillez avec un(e) partenaire pour identifier les différences.

Vous devez écrire 130-140 mots en français.

Mon avenir professionnel.

Écrivez une lettre de 130-140 mots à votre ami(e) français(e) sur vos projets d'avenir. Expliquez-lui :

- Ce que vous avez l'intention de faire comme carrière plus tard et pourquoi.
- Les études que vous devez faire pour y arriver.
- Comment marchent vos études en ce moment.
- Votre deuxième choix de carrière si vous n'arrivez pas à réaliser vos ambitions.

Une réponse de base

Salut Max,

Tu me demandes mon choix de carrière. Moi, je voudrais être assistante sociale. C'est important d'aider les gens.

Pour cela, je dois aller à l'université et étudier pendant trois ans.

En ce moment, j'ai beaucoup d'examens. J'ai des examens en géographie, en maths, en anglais et en sciences. La semaine prochaine, c'est mon dernier examen. C'est l'examen d'histoire. Les examens sont assez difficiles mais ça va. Moi, je suis assez contente.

Si ce n'est pas possible de devenir assistante sociale, je voudrais faire du bénévolat pendant une année. Plus tard, peut-être, je vais travailler dans un hôpital mais je dois dire que ce n'est pas mon premier choix de carrière. Et toi, que voudrais-tu faire plus tard ?

À bientôt

Emma

Une réponse bien plus sophistiquée

Salut Henri,

Eh bien, <u>ce que j'aimerais faire</u> à l'avenir, c'est une carrière dans l'enseignement. <u>Je dois dire que</u> j'aime travailler avec les jeunes <u>car</u> je trouve leur compagnie stimulante.

<u>Pour y arriver, il faut faire</u> trois années d'études à l'université et aussi des stages dans des écoles. Récemment, <u>j'ai fait</u> mon stage d'apprentissage dans une école primaire et <u>je me suis très bien entendu</u> avec les enfants.

Ici, <u>on vient de finir</u> nos examens. J'ai dû passer des examens dans toutes les matières que j'étudie. Dans l'ensemble, ça a bien marché.

<u>Si je ne peux pas</u> devenir prof, <u>je ferai</u> autre chose. <u>Je n'ai pas vraiment pensé</u> à un deuxième choix de carrière — peut-être être moniteur de sports — <u>on verra</u>.

Et toi, qu'est-ce qui t'intéresse ?

À bientôt

Arthur

Des expressions utiles

1   b   La deuxième lettre contient des expressions qui méritent d'être apprises car elles peuvent être utilisées dans d'autres contextes. Ce sont donc des « outils » importants. Mettons-les donc dans notre « boite à outils ». Traduisez toutes les expressions soulignées dans votre langue et apprenez-les.

À prendre en compte quand vous écrivez votre rédaction

→ Répondez à chaque point dans l'ordre donné et assurez-vous que vous avez donné tous les renseignements qu'on vous demande.
→ Incluez au moins 18 verbes différents. Pensez à utiliser des temps différents (passé, présent, futur, par exemple) et aussi des sujets différents (je, nous, ils, etc.).
→ Évitez les répétitions. Variez votre vocabulaire.
→ Incluez une ou deux opinions et justifiez-les.

On vérifie ce qu'on a fait

→ Vérifiez que vos terminaisons de verbes sont correctes – par exemple, **nous** voul**ons** et que les temps que vous avez utilisés sont appropriés.
→ Vérifiez que les noms que vous avez utilisés ont le genre correct (masculin ou féminin) et s'ils sont pluriels, qu'ils finissent par un 's' par exemple.
→ Utilisez des adjectifs. Faites attention aux accords (masculins ? féminins ? singuliers ? pluriels ?)
→ Vérifiez l'orthographe et la ponctuation de votre travail.

En Vol

Coin examen 4.2

Devenez plus fort(e) !

Comment passer de l'ordinaire à l'extraordinaire !

1 a Étudiez cet exemple.

Vous devez écrire 130-140 mots en français.

Pas de place !

Vous êtes en France pour passer une semaine de vacances. Quand vous êtes arrivés à l'hôtel où vous aviez réservé des chambres, le / la réceptionniste vous a dit que l'hôtel était complet.

- Racontez ce que vous avez fait pour résoudre ce problème.
- Décrivez l'impact que cela a eu sur vos vacances.
- Décrivez ce que vous avez fait pendant la semaine.

Voici le début. Continuez l'histoire.

Nous sommes arrivés en France lundi. Quand nous sommes allés à l'hôtel, on nous a dit que...

1 b Lisez cette réponse.

Nous sommes arrivés en France lundi. Quand nous sommes allés à l'hôtel, on nous a dit que nous n'avions pas réservé de chambres et que l'hôtel était complet. Mon père était furieux. Il a parlé au directeur de l'hôtel. Puis, on est allés à l'office de tourisme. Là, ils ont téléphoné à d'autres hôtels. Ils ont trouvé un petit hôtel au centre-ville pour nous. Les chambres étaient petites. La douche était froide. L'ascenseur ne marchait pas. Le dîner n'était pas compris dans le prix. Tous les soirs, on a mangé au restaurant. C'était très cher. Mes parents n'étaient pas contents. Pendant la semaine, on est allés à la plage. J'aime beaucoup la plage. Pourtant, vendredi et samedi, il a plu. On est allés au cinéma. Je n'ai pas aimé mes vacances.

---

1 c Améliorez la qualité de cette histoire :

- En écrivant de plus longues phrases, par exemple : *Comme le dîner n'était pas compris dans le prix, on a été obligés de manger au restaurant tous les soirs.*

- En évitant les répétitions – *on est allés* (3 fois) – *était* (4 fois)

- En utilisant d'autres temps que le passé, par exemple, en conclusion : *J'espère que l'année prochaine, on fera du camping au bord de la mer.*

- En justifiant son opinion, par exemple : *J'aime beaucoup la plage parce qu'on peut s'y baigner et se faire bronzer.*

1 d Écrivez une réponse plus sophistiquée à la question 1a en vous référant tout d'abord aux conseils donnés dans l'exercice 1c et aussi au Coin examen 2, pages 104-05. Quand vous avez fini d'écrire votre réponse, montrez-la à votre partenaire et discutez-en pour pouvoir l'améliorer encore plus.

2 a Étudiez cet autre exemple.

Vous devez écrire 130-140 mots en français.

Les voyages scolaires

- Décrivez une journée que vous avez passée en voyage scolaire.

- Qu'est-ce que vous avez aimé et qu'est-ce que vous n'avez pas aimé ?

- Préférez-vous les voyages scolaires, les sorties entre ami(e)s ou les sorties en famille ?

2 b Lisez cette réponse.

> Le mois dernier, je suis allée à Monaco pour une journée avec mon collège. On a voyagé en train. Le voyage a pris quatre heures. C'était au bord de la mer. C'était bien.
>
> J'ai aimé visiter le centre-ville. On a fait les magasins aussi. Il y a beaucoup de magasins où on peut acheter des souvenirs. J'ai acheté un poster pour mes parents. Je n'ai pas aimé la plage. Aussi, on est rentrées chez nous très tard. Il était une heure du matin. J'étais très fatiguée.
>
> Moi, je préfère les sorties entre amies. Samedi, par exemple, on va aller au cinéma. Il y a un bon film qui passe. J'aime bien mes amies. On rigole ensemble. Je trouve les sorties en famille ennuyeuses. Les voyages scolaires sont quelquefois intéressants mais pas toujours.

2 c Améliorez la qualité de cette réponse.

- En incluant une opinion de Monaco plus ambitieuse que « c'était bien », par exemple *J'ai trouvé que c'était fantastique*.

- En ajoutant des adverbes de temps, par exemple, *le matin, après cela, l'après-midi, plus tard*.

- En utilisant plus de verbes irréguliers, par exemple *on ira* (au lieu de *on va aller*).

- En justifiant votre opinion, par exemple *je n'ai pas aimé la plage parce qu'il y avait trop de monde*.

- En utilisant plus de complexité grammaticale, par exemple, *avec ses amies, on peut faire ce qu'on veut* – 2 verbes irréguliers (*peut* et *veut*) – 2 verbes qui se suivent, le second est à l'infinitif (*faire*) – *ce qu'* au milieu d'une phrase (au lieu de *que / qu'est-ce que*).

3 Écrivez une réponse à la question 2a en tenant compte de toutes les recommandations qui vous ont été faites.

Nos derniers conseils :

- Vous n'avez qu'une heure pour répondre à trois questions. La dernière question est la plus longue. Donnez-vous un maximum de 30 minutes pour y répondre.

- Adaptez-vous aux circonstances ! Si vous écrivez à un(e) ami(e) ou une personne de votre famille, utilisez *tu*. Sinon, utilisez *vous*.

- Écrivez de longues phrases en utilisant des conjonctions telles que *mais, et, parce que, car*.

- Préparez-vous le mieux possible et bonne chance !

Grammar

The following grammar summary includes all of the grammar and structure points required for the Cambridge IGCSE® and International Level 1/Level 2 Certificate French. Note that while the subjunctive is covered here for reference, knowledge of the subjunctive is not required for Cambridge IGCSE®.

Grammar section contents

A Nouns and articles *Les noms et les articles*

A noun is:

- a person (e.g. the teacher)
- an object (e.g. guitar)
- a place (e.g. cinema)
- a name (e.g. Mary)
- a concept/idea (e.g. luck)

A1 Gender *Le genre*

All nouns in French are either masculine or feminine. In the dictionary, masculine nouns are usually indicated with (*m*) and feminine nouns with (*f*).

In the singular, the definite article ('the') is *le* in the masculine and *la* in the feminine, both changing to *l'* before a vowel:

le chapeau	the hat
le sac	the bag
le stylo	the pen
l'œuf	the egg
la fille	the girl

la porte	the door	
la gare	the station	
l'idée	the idea	

The indefinite article (the word for 'a' or 'an') is *un* in the masculine and *une* in the feminine.

The most common way to make the feminine form of a masculine noun is to add -*e* to the end:

un ami	*une amie*	a friend

If a noun ends in -*e* in the masculine form, it does not generally change in the feminine form:

un élève	*une élève*	a student

The examples below show how other masculine nouns change in the feminine form:

un boulanger	*une boulangère*	a baker
un jumeau	*une jumelle*	a twin
un époux	*une épouse*	a husband/wife
un danseur	*une danseuse*	a dancer
un moniteur	*une monitrice*	a supervisor
un technicien	*une technicienne*	a technician
un lion	*une lionne*	a lion/lioness

Some nouns are traditionally always masculine, even when referring to a female:

un auteur	an author
un médecin	a doctor

In general, words for animals only have one gender, although there are some exceptions:

un chien	*une chienne*	a dog/bitch
un chat	*une chatte*	a cat

The word for 'a person' is *une personne* and is always feminine.

Some words have a separate masculine and feminine form:

un fils	*une fille*	a son/daughter
un mari	*une femme*	a husband/wife
un roi	*une reine*	a king/queen
un copain	*une copine*	a male friend/female friend

Some words have two genders; their meaning depends on the gender:

un livre	a book	*une livre*	a pound
un manche	a handle	*une manche*	a sleeve
un poste	a job	*une poste*	a post office
un voile	a veil	*une voile*	a sail

The endings of words can sometimes be used to determine the gender of a noun. In general, words ending in -*age*, -*aire*, -*é*, -*eau*, -*eur*, -*ier*, -*in*, -*isme*, -*ment* and -*o* are masculine:

un garage	a garage
un bureau	an office
le bonheur	happiness

The following feminine nouns are exceptions to this rule:

une clé	a key
une image	a picture
l'eau	water
la fin	the end
la météo	the weather forecast
la plage	the beach
la radio	the radio

Words ending in -*ade*, -*ance*, -*ation*, -*ée*, -*ère*, -*erie*, -*ette*, -*que*, -*rice*, -*sse* and -*ure* are generally feminine:

une limonade	a lemonade
la natation	swimming
la fermière	the farmer's wife

The following masculine nouns are exceptions to this rule:

un lycée	a secondary school
un musée	a museum
le dentifrice	toothpaste
un kiosque	a newspaper stand

A2 Plurals *Les pluriels*

For the majority of nouns, plurals are made by adding -*s* to the singular form:

une porte	*des portes*	door(s)

Nouns ending in -*s*, -*x* or -*z* stay the same:

un bras	*des bras*	arm(s)
un nez	*des nez*	nose(s)
une voix	*des voix*	voice(s)

Nouns ending in -*eau* or -*eu* add -*x*:

un jeu	*des jeux*	game(s)

Exception:

un pneu	*des pneus*	tyre(s)

Nouns ending in -*ail* change to -*aux*:

un travail	*des travaux*	work(s)

Nouns ending in -*al* change to -*aux*:

un animal	*des animaux*	animal(s)

Nouns ending in *ou* add *-s*:

| un cou | des cous | neck(s) |

Exceptions include:

un bijou	des bijoux	jewel(s)
un caillou	des cailloux	stone(s)
un chou	des choux	cabbage(s)
un genou	des genoux	knee(s)

Note: some nouns are singular in form but plural in meaning, and take a singular verb. These include *la famille*, *la police* and *la foule*:

La famille est dans la maison.
The family is in the house.

La police arrive.
The police arrive.

A3 Definite article *Les articles définis*

The word for 'the' in French has four forms: *le*, *la*, *l'* and *les*.
Le is used for masculine nouns that start with a consonant:

| le cahier | the exercise book |

La is used for feminine nouns that start with a consonant:

| la fleur | the flower |

L' is used for nouns that begin with a vowel or a silent 'h', whether they are masculine or feminine:

| l'ennemi (m) | the enemy |
| l'huile (f) | the oil |

Les is used with all nouns in the plural:

| les cahiers | les huiles |
| les fleurs | les ennemis |

The definite article is used:

● to refer to a particular object or person

Le sac est sur la table.
The bag is on the table.

● with a noun used in a general sense

Il aime beaucoup le chocolat, mais il n'aime pas les bonbons.
He likes chocolate a lot, but he does not like sweets.

● with countries and languages

La Belgique est très petite. *J'étudie l'allemand.*
Belgium is very small. I study German.

● with parts of the body

J'ai les mains propres.
I have clean hands.

● with people's names or titles

| la petite Hélène | little Helen |
| le roi Charles | King Charles |

● with days of the week to convey 'every':

Le jeudi je sors avec mes amis.
On Thursdays I go out with my friends.

A3.1 Changes to the definite article *Comment changer les articles définis*

Le and *les* contract to *au* and *aux* when used with *à* ('to'/'at'):

Incorrect: *Je vais à le magasin.*
Correct: *Je vais au magasin.*
I'm going to the shop.

Incorrect: *Ils sont à les magasins.*
Correct: *Ils sont aux magasins.*
They are at the shops.

There are no changes with *la* or *l'*:

Il est à la poste.
He is at the post office.

Tu vas à l'église.
You are going to the church.

Note how these forms are used when describing flavours:

un sandwich au fromage a cheese sandwich

une glace à la vanille a vanilla ice cream

and ailments:

J'ai mal au pied et à la jambe.
I have a bad foot and a bad leg.

You will also find them with compass directions:

Il habite au nord/sud de la ville.
He lives to the north/south of the town.

Elle habite à l'est/l'ouest de la région.
She lives to the east/west of the area.

However, to say you are going to a country, use *en* for feminine countries and *au* for masculine ones. Use *à* to say you are going to a named place.

Je vais à Montréal au Canada, mais Paul va à Rome en Italie.
I'm going to Montreal in Canada, but Paul is going to Rome in Italy.

Le and *les* contract to *du* and *des* when used with *de*:

Incorrect: *Elle est près de le cinéma.*
Correct: *Elle est près du cinéma.*
She is near the cinema.

Incorrect: *Vous partez de les magasins.*
Correct: *Vous partez des magasins.*
You are leaving the shops.

There are no changes with *la* and *l'*:

Elle est près de la gare.
She is near the station.

Elle est près de l'église.
She is near the church.

A4 Indefinite article *Les articles indéfinis*

There are two words for 'a' and 'an'; *un* is used for masculine nouns and *une* is used for feminine nouns:

un perroquet	a parrot
une maison	a house

There are specific occasions when an indefinite article is not used:

- with a person's job
- with a negative

Il est facteur.
He is a postman.

Je n'ai pas de chat.
I don't have a cat.

A5 Partitive article *Les articles partitifs*

The word for 'some'/'any' in French has four forms: *du*, *de la*, *de l'* and *des*.

Du is used for masculine nouns:

du pain	some bread

De la is used for feminine nouns:

de la confiture	some jam

De l' is used for nouns that begin with a vowel or a silent 'h', whether masculine or feminine:

de l'eau	some water
de l'huile	some oil

Des is used for plural nouns:

Ils ont vu des girafes.
They saw some giraffes.

There are specific occasions when a partitive is not used:

- with a verb in the negative

Il n'y a pas de légumes.
There are no vegetables.

- with an adjective in front of the noun

Ils ont vu de belles plages.
They saw some beautiful beaches.

- after expressions of quantity

beaucoup de pain	a lot of bread
un peu de beurre	a little butter
un litre de lait	a litre of milk
500 grammes de fromage	500 grammes of cheese
une bouteille de limonade	a bottle of lemonade
un paquet de chips	a packet of crisps
une boite de tomates	a tin of tomatoes

A5.1 *Jouer à/jouer de*

Jouer can be followed by *à* when talking about playing a sport or game, but by *de* when talking about playing an instrument:

*Il joue **au** foot. Elle joue **du** violon.*

B Adjectives and pronouns *Les adjectifs et les pronoms*

B1 Adjective agreements *L'accord des adjectifs*

Adjectives describe nouns. In French, you usually need to change the spelling of an adjective to agree with the noun that it is describing. The most usual way is to:

- add -*e* to make it feminine singular
- add -*s* to make it masculine plural
- add -*es* to make it feminine plural

For example:

Le chapeau est bleu.
The hat is blue.

La robe est bleue.
The dress is blue.

Les chapeaux sont bleus.
The hats are blue.

Les robes sont bleues.
The dresses are blue.

Exceptions
Adjectives ending in -*e* remain the same in both the masculine and the feminine singular:

Le livre est rouge.
The book is red.

La porte est rouge.
The door is red.

Adjectives ending in -*s* do not add an extra *s* in the masculine plural:

Le pull est gris.
The sweater is grey.

Les pulls sont gris.
The sweaters are grey.

Adjectives with the following endings change as shown below:

affreux, affreuse	awful
cher, chère	dear
indien, indienne	Indian
sportif, sportive	sporty
gros, grosse	large, fat

bon, bonne	good	
gentil, gentille	nice	

Three adjectives have a special form that is used when the noun is masculine singular and begins with a vowel or silent 'h':

- *beau* becomes *bel*

un bel homme	a handsome man

- *vieux* becomes *vieil*

un vieil hôtel	an old hotel

- *nouveau* becomes *nouvel*

un nouvel hôtel	a new hotel

The following adjectives are irregular:

blanc, blanche	white
complet, complète	complete, full
doux, douce	soft, gentle
favori, favorite	favourite
faux, fausse	false
frais, fraiche	fresh
long, longue	long
public, publique	public
roux, rousse	red (hair)
sec, sèche	dry
secret, secrète	secret

Some adjectives of colour do not change, for example:

cerise	cherry
marron	brown
noisette	hazel
orange	orange
paille	straw-coloured
pêche	peach-coloured
des robes orange	orange dresses

Similarly, compound adjectives of colour do not change:

bleu clair	light blue
bleu marine	navy blue
bleu foncé	dark blue
des chaussures bleu foncé	dark-blue shoes

B2 Position of adjectives *La position des adjectifs*

Most adjectives are placed after the noun they are describing:

Elle a un chien noir.
She has a black dog.

Some more common adjectives are placed before the noun:

beau	beautiful, handsome		*joli*	attractive, pretty
bon	good		*long*	long
gentil	nice		*mauvais*	bad
grand	big		*nouveau*	new
gros	large		*petit*	small
haut	high		*premier*	first
jeune	young		*vieux*	old

C'est une jolie robe.
That's a pretty dress.

If you are using two adjectives to describe a noun, they are usually put in their normal position, and in alphabetical order if both come in front or after the noun:

une jolie robe rouge   a pretty red dress

une jolie petite voiture an attractive little car

Note: some adjectives can be placed either before or after a noun and have a different meaning according to their position:

un ancien docteur	a former doctor
un garage ancient	an old garage
un cher oncle	a dear uncle
un livre cher	an expensive book
le dernier disque	the latest record
jeudi dernier	last Thursday
un grand homme	a great man
un homme grand	a tall man
mon pauvre oncle	my poor uncle
un oncle pauvre	a poor (i.e. 'not rich') uncle
ma propre maison	my own house
ma maison propre	my clean house

B3 Comparisons *Les comparaisons*

To compare one thing with another, use *plus*, *moins* or *aussi* in front of the adjective and *que* after:

plus…que	more…than
moins…que	less…than
aussi…que	as…as

Le château est plus grand que la maison.
The castle is bigger than the house.

Les pommes sont moins chères que les oranges.
Apples are less expensive than oranges.

Mes amis sont aussi sportifs que moi.
My friends are as sporty as me.

Exceptions: *bon* ('good') becomes *meilleur* ('better'):

Elle a un bon portable, mais, moi, j'ai un meilleur portable.
She has a good mobile, but I have a better mobile.

Mauvais ('bad') becomes *pire* or *plus mauvais* ('worse'):

Ce poisson est mauvais, mais la viande est pire (or *plus mauvaise*).
This fish is bad, but the meat is worse.

Note: the use of *si* after a negative.

Ce n'est pas si facile.
This is not so easy.

B4 Superlative *Les superlatifs*

To say that something is the best, biggest, smallest etc., use *le*, *la*, or *les* with *plus/moins* followed by an adjective:

le livre le plus cher	the most expensive book
la maison la moins propre	the least clean house
les hommes les moins intelligents	the least intelligent men

If the adjective normally goes in front of the noun, the superlative also goes in front of the noun:

la plus petite robe	the smallest dress

Note that the superlative in French is followed by *de* whereas English uses 'in':

le plus grand magasin de Paris	the largest shop in Paris

Exceptions include:

le/la meilleur(e)	the best
le/la plus mauvaise or *le/la pire*	the worst
le/la moindre	the least

B5 Demonstrative adjectives *Les adjectifs démonstratifs*

In French there are four forms of the demonstrative adjective (meaning 'this', 'that', 'these', 'those'):

ce livre (m sing)	this/that book
cette robe (f sing)	this/that dress
cet avion (m; beginning with a vowel)	this/that aeroplane
cet homme (m; beginning with a silent 'h')	this/that man
ces livres (pl)	these/those books

To give further emphasis, add the endings *-ci* or *-là*:

ce livre-ci et ce cahier-là	this book here and that exercise book there

B6 Demonstrative pronouns *Les pronoms démonstratifs*

There are several forms of the demonstrative pronoun: *ce*, *cela*, *ça*, *celui* (m sing), *celle* (f sing), *ceux* (m pl) and *celles* (f pl).

Ce (c' before a vowel) means 'it', 'that' or 'those'.

Ce sont mes chaussures préférées.
Those are my favourite shoes.
Ça is used in various phrases:

Ça va bien.
I'm fine.

C'est ça.
That's right.

Ça ne fait rien.
It doesn't matter.

Celui, *celle*, *ceux* and *celles* mean 'the one(s)' and agree with the noun to which they refer. The endings *-ci* or *-là* can be added for emphasis.

Quel magasin est-ce que tu préfères ? Celui qui est à gauche. Celui-là est trop petit.
Which shop do you prefer? The one that is on the left. That one is too small.

Quelles voitures aimes-tu ? Celles-ci. Je n'aime pas celles qui sont bleues.
Which cars do you like? These. I don't like the blue ones. (i.e. 'Those which are blue.')

B7 Indefinite adjectives *Les adjectifs indéfinis*

Indefinite adjectives add an unspecified value to a noun.

Chaque means 'each', and never changes form:

chaque garçon	each boy
chaque fille	each girl

Quelques means 'some' or 'a few':

Tu as quelques DVD.
You have some DVDs.

Tel means 'such' and can be used to say 'like that'. It has four forms: *tel* (m sing), *telle* (f sing), *tels* (m pl) and *telles* (f pl):

Un tel livre est cher.
Such a book is expensive.

Avec une telle famille, il ne s'ennuie jamais.
With a family like that, he never gets bored.

Même means 'same':

Ils ont la même voiture que nous.
They have the same car as us.

Pareil means 'similar':

J'aime ton sac. J'en ai un pareil.
I like your bag. I have a similar one.

Certain means 'some' or 'certain':

après un certain temps	after some time, after a certain time

Plusieurs means 'several':

Plusieurs personnes sont arrivées.
Several people arrived.

Autre means 'other':

un autre livre	another book

Nous avons acheté les autres chaussures.
We (have) bought the other shoes.

Tout is the word for 'all' and has four forms: *tout* (m sing),
toute (f sing), *tous* (m pl) and *toutes* (f pl):

tout le temps	all the time
tous les jours	every day

B8 Indefinite pronouns *Les pronoms indéfinis*

Some common indefinite pronouns are:

chacun(e)	each
tout	all
autre (sing)	other
plusieurs	several
certain(e) (sing)	certain
quelqu'un	someone
quelques-uns (m pl)	some, a few
quelques-unes (f pl)	some, a few
quelque chose	something
n'importe qui/quoi	anybody/thing

These can be used either as the subject or the object of a verb:

Certains sont riches, plusieurs sont pauvres; d'autres ne sont ni riches ni pauvres.
Some are rich, several are poor; others are neither rich nor poor.

Vous avez des livres ? J'en ai quelques-uns dans mon sac.
Do you have any books? I have some in my bag.

Chacun a reçu 100 euros.
Each (one) received 100 euros.

Il n'y en a pas d'autres.
There are no others left.

J'ai trouvé quelque chose d'intéressant.
I found something interesting.

Elle parle à n'importe qui.
She talks to anybody.

B9 Possessive adjectives *Les adjectifs possessifs*

In French the possessive adjectives have the forms shown below:

	m sing	f sing	m/f pl
my	*mon*	*ma*	*mes*
your(s)	*ton*	*ta*	*tes*
his/her/its	*son*	*sa*	*ses*
our	*notre*	*notre*	*nos*
your (pl)	*votre*	*votre*	*vos*
their	*leur*	*leur*	*leurs*

In French the possessive adjective agrees with the object it is describing and not with the gender of the person who is the possessor. For example, *mon père* could be used by both a male and a female speaker.

Note: if a feminine singular word starts with a vowel or silent 'h', use the masculine form *mon, ton* and *son* (not *ma, ta* and *sa*):

mon amie Louise   my friend Louise

B10 Possessive pronouns *Les pronoms possessifs*

The possessive pronoun agrees with the object it is replacing and not the person to whom the object belongs:

	m sing	f sing	m pl	f pl
mine	*le mien*	*la mienne*	*les miens*	*les miennes*
your(s)	*le tien*	*la tienne*	*les tiens*	*les tiennes*
his/hers/its	*le sien*	*la sienne*	*les siens*	*les siennes*
ours	*le nôtre*	*la nôtre*	*les nôtres*	*les nôtres*
yours (pl)	*le vôtre*	*la vôtre*	*les vôtres*	*les vôtres*
theirs	*le leur*	*la leur*	*les leurs*	*les leurs*

For example:

J'ai mon crayon. Tu as le tien ?
I have my pencil. Do you have yours?

Je n'ai pas de chaise. Donne-moi la sienne.
I don't have a chair. Give me his/hers.

Possession can also be expressed by using *à moi, à toi, à lui, à elle, à soi, à nous, à vous, à eux* or *à elles*:

Ce livre est à moi, mais ce cahier est à lui.
This book is mine, but this exercise book is his.

Note: there is no apostrophe 's' in French: 'Luc's house' is 'the house of Luc': *la maison de Luc*.

C Adverbs *Les adverbes*

Adverbs are words or phrases such as 'slowly', 'really' or 'very' that modify the meaning of other words or phrases. They tell you how, when, where and how often something is done. In English, they usually end in -ly.

C1 Formation *La formation des adverbes*

In French to form an adverb you generally use the feminine form of the adjective and add -ment:

lent (m) → *lente* (f) → *lentement (lente + ment)* slowly

Some adjectives change their final e to é before adding -ment:

énorme → *énormément* enormously

If an adjective ends in a vowel, the adverb is formed by adding -ment to the masculine form:

poli → *poliment* politely

If the masculine form of the adjective ends in -ant, the adverb ends in -amment.

constant → *constamment* constantly

If the masculine form of the adjective ends in -ent, the adverb ends in -emment:

évident → *évidemment* evidently

Some of the most commonly used adverbs do not follow this pattern:

beaucoup	a lot	*petit à petit*	gradually
bien	well	*très*	very
d'habitude	usually	*vite*	quickly
mal	badly		

Adverbs are invariable, so they do not agree in gender or number.

C2 Position of adverbs *La position des adverbes*

If the verb in a sentence is in the present, future or conditional, the adverb is usually placed after the verb:

Nous regardons tranquillement le film.
We watch the film quietly.

In a sentence where the verb is in the perfect or pluperfect tense, long adverbs, adverbs of place and some common adverbs of time all follow the past participle, whereas short common adverbs come before the past participle:

Elle a souvent pris l'autobus.
She took the bus often.

Je suis arrivée hier.
I arrived yesterday.

See section D4 for help with the use of the adverb *y*.

C3 Comparisons *Les comparaisons*

The comparative of adverbs is formed in the same way as the comparative of adjectives:

Je regarde des films plus régulièrement que ma mère.
I watch films more regularly than my mother.

Il mange moins vite que moi.
He eats less quickly than me.

Elle chante aussi doucement que sa sœur.
She sings as sweetly as her sister.

The superlative of adverbs is also formed in the same way as the superlative of adjectives, by using *le plus* and *le moins*:

C'est Pierre qui court le plus vite.
It is Pierre who runs the fastest.

However, there are some exceptions:

● *Beaucoup* becomes *plus* in the comparative and *le plus* in the superlative.

Il mange plus que moi.
He eats more than me.

C'est nous qui jouons le plus.
It is us who play the most.

● *Bien* becomes *mieux* ('better') in the comparative and *le mieux* ('the best') in the superlative. *Pire* means 'worse'.

Il parle espagnol mieux que moi.
He speaks Spanish better than me.

Elle joue le mieux.
She plays the best.

Elle chante pire que sa sœur.
She sings worse than her sister.

C4 Adverbial expressions *Les expressions adverbiales*

There are several adverbial expressions of time, sequence and frequency:

après	afterwards
après-demain	the day after tomorrow
aujourd'hui	today
avant-hier	the day before yesterday
d'abord	firstly
d'habitude	usually
de temps en temps	from time to time
demain	tomorrow
depuis	since
dès	from
encore	again

enfin	finally
ensuite	next
hier	yesterday
il y a	ago
pendant	during
pour	for
puis	then
quelquefois	sometimes
rarement	rarely
régulièrement	regularly
souvent	often
toujours	always
tous les jours	every day
une fois par semaine	once a week

C4.1 Adverbs of place *Les adverbes de lieu*

Adverbs of place include:

dedans	inside
dehors	outside
ici	here
là-bas	(over) there
loin	far
partout	everywhere

C4.2 Quantifiers *Les quantificateurs*

Quantifiers (qualifying words) include:

assez	enough, quite
beaucoup	a lot
comme	as, just
de moins en moins	less and less
de plus en plus	more and more
énormément	enormously
excessivement	excessively
extrèmement	extremely
fort	very, most
un peu	a little
la plupart	the most
suffisamment	sufficiently
tellement	so much
tout à fait	completely
très	very
trop	too (much)

La ville est assez intéressante mais trop bruyante.
The town is quite interesting, but too noisy.

Il devient de plus en plus courageux.
He's becoming braver and braver.

D Personal pronouns *Les pronoms personnels*

Personal pronouns are used in place of a noun.

D1 Subject pronouns *Les pronoms sujets*

Subject pronouns come before the verb and show who is doing the action:

je	I
tu	you (sing, informal)
il	he
elle	she
nous	we
vous	you (pl, polite)
ils	they (m)
elles	they (f)

On has several meanings: 'we', 'one', 'they', 'you' or 'people':

On a fini.
We/You etc. (have) finished.

Note that *tu* is used when talking to one person you know well. *Vous* is used when talking to an adult you do not know well or to more than one person.

Salut Jeanne, tu vas bien ?
Hi Jeanne, are you well?

Bonsoir monsieur, comment allez-vous ?
Good evening sir, how are you?

Remember also that *il* and *elle* can be used to mean 'it' when referring to masculine and feminine nouns:

Où est le livre ? Il est sur la table.
Where is the book? It is on the table.

Où est la fenêtre ? Elle est près de la porte.
Where is the window? It is near the door.

D2 Direct object pronouns *Les pronoms directs*

The direct object of a verb is the person or thing that is receiving the action. In the sentence 'The girl reads the book', 'the book' is the direct object. When you do not want to repeat the direct object, you can replace it with a direct object pronoun (i.e. 'The girl read the book and she enjoyed it').

The direct object pronouns are:

me	me
te	you
le/la	him/her/it
nous	us
vous	you
les	them

D3 Indirect object pronouns *Les pronoms indirects*

An indirect object pronoun expresses 'to' or 'for' a person, for example 'the girl gave the book to me', or 'he bought a present for us'. The indirect object pronouns are:

me	to/for me
te	to/for you
lui	to/for him/her/it
nous	to/for us
vous	to/for you
leur	to/for them

There are two other pronouns: *en* and *y*.

● *en* — of it, some, any

J'en prends.
I take some.

Il en veut ?
Does he want any?

● *y* — there

The pronoun *y* (there) usually replaces a place:

Vous allez en ville ? Oui, j'y vais.
Are you going to town? Yes, I am going there.

Y can also replace *à* or *dans* + a noun:

Est-ce que tu penses à tes devoirs ? Oui, j'y pense.
Are you thinking about your homework? Yes, I am thinking about it.

D4 Position of direct/indirect object pronouns *La position des pronoms directs/indirects*

Direct/indirect object pronouns usually go in front of the verb:

Il le voit.
He sees it.

If the verb is in the perfect or pluperfect tense, direct and indirect object pronouns usually go in front of the auxiliary verb:

*Il m'**a** regardé.*
He looked at me.

Note also the position in sentences using the future with *aller*:

Je vais y aller demain.
I'm going there tomorrow.

Il va leur en parler demain.
He's going to talk to them about it tomorrow.

D5 Order of object pronouns *L'ordre des pronoms*

If two object pronouns are used with the same verb, the order is:

Position				
First	Second	Third	Fourth	Fifth
me	le	lui	y	en
te	la	leur		
se	les			
nous				
vous				

Il me les donne.
He gives them to me.

If you are giving a command, the pronoun follows the verb and is joined by a hyphen:

Mangez-la.
Eat it.

Donne-les-lui.
Give them to him/her.

In affirmative commands *me* becomes *moi* and *te* becomes *toi*:

Montrez-moi.
Show me.

However, if the command is negative, the direct and indirect object pronouns come in front of the verb:

Ne me le donne pas.
Don't give it to me.

Note: if a direct object pronoun is placed in front of the auxiliary verb *avoir* in the perfect and pluperfect tenses, the past participle agrees in gender (m/f) and number (sing/pl) with the direct object pronoun:

*Elle a acheté la pomme et elle l'a mang**ée**.*
She bought the apple and she ate it.

In the above sentence, the direct object pronoun *la* (which has contracted to *l'*) is referring to *la pomme*, which is a feminine singular noun.

D6 Disjunctive pronouns *La forme disjointe du pronom*

The disjunctive (or emphatic) pronouns are: *moi, toi, lui, elle, nous, vous, eux, elles*. They are used:

● when combined with *-même*

toi-même   yourself

- in comparisons

Il est plus petit que toi.
He is smaller than you.

- as a one-word answer

Qui a le stylo ? Moi.
Who has the pen? Me.

- after prepositions

Il est devant elle.
He is in front of her.

- for emphasis

Lui, il est docteur.
He is a doctor.

- after *c'est* and *ce sont*

C'est toujours elle qui gagne.
It's always her who wins.

D7 Relative pronouns *Les pronoms relatifs*

Relative pronouns are used to link two clauses (main clause and subordinate clause). The most commonly used relative pronouns are *qui*, *que*, *dont* and *où*.

Qui is used when the relative pronoun is the subject of the verb in the subordinate clause:

Le chanteur qui parle est très intelligent.
The singer who is talking is very intelligent.

Que (or *qu'* in front of a vowel or a silent 'h') is used when the relative pronoun is the object of the verb in the subordinate clause:

La pomme que je mange est verte.
The apple (that) I'm eating is green.

Note: *qui* and *que* can also be used as conjunctions (see section H).

Dont usually translates as 'whose', 'of whom' or 'of which':

C'est une personne dont nous ne connaissons pas l'adresse.
It's a person whose address we don't know.

Dont is also used instead of *qui* and *que* when the verb in the subordinate clause is usually followed by *de*:

Il a le stylo dont j'ai besoin.
He has the pen that I need. (lit. 'the pen of which I have need')

(to need = *avoir besoin de*)

Où is used when the relative pronoun means 'where':

J'ai vu la maison où il est né.
I saw the house where he was born.

Use *ce qui* and *ce que* to mean 'what', when 'what' is not a question:

Il va faire ce qui est plus facile.
He is going to do what is easier.

J'ai fait ce que tu m'as demandé.
I did what you asked me.

Lequel (m sing), *laquelle* (f sing), *lesquels* (m pl) and *lesquelles* (f pl) are used after a preposition to mean 'which' when referring to inanimate objects:

Il a vu le cahier dans lequel tu dessines.
He saw the exercise book that you draw in. (lit. 'in which you draw')

Il a perdu la boite dans laquelle elle met les crayons.
He has lost the box that she puts the pencils in. (lit. 'in which she puts the pencils')

Note: when used with *à*, these pronouns change to *auquel* (m sing), *à laquelle* (f sing), *auxquels* (m pl) and *auxquelles* (f pl):

Il a oublié le travail auquel il n'a pas donné son attention.
He has forgotten the work that he did not give his attention to. (lit. 'to which he did not give his attention')

When used with *de*, these pronouns change to *duquel* (m sing), *de laquelle* (f sing), *desquels* (m pl) and *desquelles* (f pl):

On est allés au cinéma près duquel se trouve la piscine.
We went to the cinema near to which the swimming pool is situated.

E Asking questions *Poser des questions*

The following are question words:

Combien (de) ?	How many/much?
Comment ?	How?
Où ?	Where?
Pourquoi ?	Why?
Quand ?	When?
Que/Qu'est-ce que/Qu'est-ce qui ?	What?
Qui/Qui est-ce qui ?	Who?
Quoi ?	What?

Quel (m sing)/*Quelle* (f sing)/*Quels* (m pl)/*Quelles* (f pl) ? Which?

Lequel (m sing)/*Laquelle* (f sing)/*Lesquels* (m pl) *Lesquelles* (f pl) ? Which (one(s))?

Examples of questions are:

Comment vas-tu ?
How are you?

Où sont les toilettes ?
Where are the toilets?

Qu'est-ce qu'il a dit ?
What did he say?

À quelle heure ?
At what time?

Depuis quand habites-tu Paris ?
How long have you been living in Paris?

Lequel des deux films préférez-vous ?
Which of the two films do you prefer?

There are several ways of asking a question:

- by raising your voice at the end of the sentence

Tu vas sortir ?
Are you going to go out?

- by putting *est-ce que* in front of the sentence, preceded by a question word, if appropriate

Est-ce que tu vas sortir ?
Are you going to go out?

Pourquoi est-ce que tu vas sortir ?
Why are you going to go out?

- by inverting the subject and the verb with a hyphen in between

Allez-vous en France ?
Are you going to France?

Avez-vous fini ?
Have you finished?

When the subject and verb are inverted, you need to add an extra 't' after a verb ending with a vowel:

Alors, Dominique va-t-elle jouer au football ?
Well then, is Dominique going to play football?

E1 Referring to people *Concernant des gens*

In French there are alternative ways of asking 'who?' and 'what?' For example, you can either use the simple *qui ?* or the more complex construction *qui est-ce qui ?*, which literally means 'who is it that?'

Qui (or *qui est-ce qui*) is used to ask 'who?', when 'who' is the subject of the verb:

Qui est dans le jardin ?
Qui est-ce qui est dans le jardin ?
Who/Who is it that (lit.) is in the garden?

Qui (or *qui est-ce que*) is used if 'who' is the object of the sentence:

Qui tu regardes ?
Qui est-ce que tu regardes ?
Who are you/who is it that (lit.) you are looking at?

E2 Referring to things *Concernant des objets*

Use *qu'est-ce qui* if what you are talking about is the subject of the sentence:

Qu'est-ce qui a disparu ?
What (lit. what is it that) has disappeared?

Use *que* and invert the verb if what you are talking about is the object of the verb, or use *qu'est-ce que* with no inversion:

Que manges-tu ?
Qu'est-ce que tu manges ?
What are you eating?

Use *quoi* with a preposition:

De quoi parles-tu ?
What are you talking about?

E3 *Quel* and *lequel*

Quel ? means 'which?' As it is an adjective, it needs to agree with the noun. There are four forms: *quel* (m sing), *quelle* (f sing), *quels* (m pl) and *quelles* (f pl):

Quel sac ?
Which bag?

Quelle voiture ?
Which car?

Quels crayons ?
Which pencils?

Quelles filles ?
Which girls?

Lequel, laquelle, lesquels and *lesquelles* mean which one(s)?

J'aime ces robes. Laquelle préférez-vous ?
I like these dresses. Which one do you prefer?

F Negatives *La négation*

Generally, negatives are expressed by using *ne* with one of the words shown below:

ne…pas	not
ne…jamais	never
ne…rien	nothing
ne…personne	no one
ne…plus	no more, no longer
ne…que	only
ne… guère	hardly
ne…aucun(e)	no, not one
ne…nulle part	nowhere
ne…point	not
ne…ni…ni	neither…nor

F1 Position *La position*

With the present, future, conditional and imperfect, *ne* generally goes in front of the verb and the second part of the negative after it:

*Elle **ne** mange **jamais** de poisson.*
She never eats fish.

*Ils n'iront **ni** en France **ni** en Espagne.*
They will go neither to France nor to Spain.

To give a negative command, you also place *ne* in front of the verb and the second part of the negative after it:

***Ne** mange **pas** le chocolat !*
Don't eat the chocolate!

With the perfect and pluperfect tenses, *ne* generally goes in front of the auxiliary and *pas*, *jamais* etc. after it:

*Il **n'a pas** joué au tennis.*
He didn't play tennis.

*Elle **n'avait jamais** fini.*
She had never finished.

However, with *ne...personne, ne...que, ne...aucun(e), ne...nulle part, ne...ni...ni,* the *ne* is placed in front of the auxiliary and the *personne, que* etc. after the past participle:

*Je **n'ai** vu **personne**.*
I saw no one.

*Il **n'a** vu **que** trois maisons.*
He saw only three houses.

With the immediate future, *ne* is placed in front of the part of *aller* and the *pas* after it:

*Il **ne** va **pas** partir demain.*
He is not going to leave tomorrow.

If there are pronouns in front of the verb, *ne* goes in front of the pronouns:

*Je **ne** t'en donne **pas**.*
I do not give you any.

*Ma sœur **ne** me les a **pas** prêtés.*
My sister did not lend them to me.

The negatives *ne...personne, ne...rien, ne...ni...ni* and *ne...jamais* can be used as the subject of the sentence. In this case, the second part of the negative comes first and is then followed by *ne*:

***Rien ne** me tente.*
Nothing tempts me.

***Personne ne** me cherche.*
Nobody is looking for me.

In the negative *ne...aucun, aucun* is an adjective and therefore agrees with the noun to which it refers:

*Il **n'y** a **aucune** maison dans la rue.*
There is no house in the street.

If two negatives are used, they are usually placed in alphabetical order:

*Je **ne** regarderai **plus** rien.*
I will no longer watch anything.

If the infinitive of a verb is in the negative, both parts of the negative go in front of the infinitive:

*Elle va promettre de **ne plus** mentir.*
She is going to promise not to lie any more.

Negatives are usually followed by *de*:

*Nous **n'avons** pas **de** crayons.*
We do not have any pencils.

*Il **ne** mange **jamais de** poisson.*
He never eats fish.

Rien, jamais, personne, nulle part, aucun(e) and *ni...ni* can be used on their own:

*Qu'est-ce que tu manges ? **Rien.***
What are you eating? Nothing.

*As-tu déjà vu la tour Eiffel ? **Jamais.***
Have you ever seen the Eiffel Tower? Never.

*Qui est parti ? **Personne.***
Who has left? Nobody.

*Tu l'as vu où ? **Nulle part.***
Where did you see him? Nowhere.

G Time and dates *L'heure et les dates*

G1 Time *L'heure*

Note the different ways of telling the time, including using the 24 hour clock

Il est une heure. (no 's' on *heure*)
It is one o'clock.

Il est trois heures.
It is three o'clock.

Il est deux heures...

...cinq.   It is 2.05.

...dix.   It is 2.10.

...et quart.   It is quarter past two.

...vingt.   It is 2.20.

...vingt-cinq.   It is 2.25.

...et demie.   It is half past two.

Il est trois heures moins vingt-cinq or
Il est deux heures trente-cinq.
It is 2.35.

Il est trois heures moins vingt or
Il est deux heures quarante.
It is 2.40.

Il est trois heures moins le quart or
Il est deux heures quarante-cinq.
It is 2.45.

Il est trois heures moins dix or
Il est deux heures cinquante.
It is 2.50

Il est trois heures moins cinq or
Il est deux heures cinquante-cinq.
It is 2.55.

Il est midi.
It is midday.

Il est minuit.
It is midnight.

Il est midi/minuit et demi.
It 12:30 p.m./a.m.
(note no 'e' on *demi*)

Examples using the 24 hour clock:

Le bus arrive à quatorze heures trente.
The bus arrives at 14:30.

Le train part à dix-huit heures vingt.
The train leaves at 18:20.

Le film finit à vingt-deux heures quinze.
The film ends at 22:15.

G2 Dates *Les dates*

To say a date in French use: *le* + the number + the month, with the exception of 'the first' when you use *le premier*.

le 1 janvier	le premier janvier
le 2 février	le deux février
le 4 mars	le quatre mars
le 6 avril	le six avril
le 8 juin	le huit juin
le 11 juillet	le onze juillet
le 15 aout	le quinze aout
le 18 septembre	le dix-huit septembre
le 20 octobre	le vingt octobre
le 25 novembre	le vingt-cinq novembre
le 30 décembre	le trente décembre

Note: the *le* is missed out when you include the day of the week: *jeudi 7 avril*

Note also how to say 'in' a month or year, and how years are said in French:

Mon anniversaire, c'est au mois de juin.
My birthday is in June.

*Mon grand-père est né en 1950
(mille-neuf-cent-cinquante).*
My grandfather was born in 1950.

H Conjunctions *Les conjonctions*

Conjunctions link two sentences or join two parts of a sentence:

à la fin	in the end
ainsi	thus
alors	in that case, then
bien que	although
car	for/because
cependant	however
c'est-à-dire	that is to say
d'abord	at first
d'ailleurs	moreover
de toute façon	in any case
donc	therefore, so
en effet	indeed
en fait	in fact
enfin	at last, finally
ensuite	next
et	and
mais	but
ou	or
ou bien	or else
parce que	because
par conséquent	as a result
pendant que	while
puis	then, next
quand	when
quand même	all the same
plus tard	later, later on
par contre	on the other hand

Note: the relative pronouns *qui* and *que* (see section D7) can also be used as conjunctions:

Je sais que tu es prêt.
I know that you are ready.

Je sais qui a gagné le prix.
I know who won the prize.

I Numbers *Les nombres*

I1 Cardinal numbers *Les nombres cardinaux*

0 *zero*	19 *dix-neuf*
1 *un*	20 *vingt*
2 *deux*	21 *vingt-et-un*
3 *trois*	22 *vingt-deux*
4 *quatre*	30 *trente*
5 *cinq*	31 *trente-et-un*
6 *six*	32 *trente-deux*
7 *sept*	40 *quarante*
8 *huit*	50 *cinquante*
9 *neuf*	60 *soixante*
10 *dix*	70 *soixante-dix*
11 *onze*	71 *soixante-et-onze*
12 *douze*	72 *soixante-douze*
13 *treize*	79 *soixante-dix-neuf*
14 *quatorze*	80 *quatre-vingts*
15 *quinze*	81 *quatre-vingt-un*
16 *seize*	90 *quatre-vingt-dix*
17 *dix-sept*	91 *quatre-vingt-onze*
18 *dix-huit*	99 *quatre-vingt-dix-neuf*

100 *cent*	1 000 *mille*
101 *cent-un*	1 200 *mille-deux-cents*
110 *cent-dix*	1 202 *mille-deux-cent-deux*
200 *deux-cents*	2 000 *deux-mille*
201 *deux-cent-un*	1 000 000 *un million*
221 *deux-cent-vingt-et-un*	1 000 000 000 *un milliard*

I2 Fractions *Les fractions*

½ *un demi*   ⅓ *un tiers*   ¼ *un quart*   ¾ *trois quarts*

I3 Ordinal numbers *Les nombres ordinaux*

These are usually formed by adding *-ième* to the cardinal number:

trois, troisième	third
six, sixième	sixth

Exceptions:

premier (m), première (f)	first
cinquième	fifth
neuvième	ninth

Numbers ending in an e drop the final e:

quatre, quatrième	fourth

J Prepositions *Les prépositions*

Prepositions are placed before a noun or pronoun to express position, movement and circumstance relative to it, for example: 'It is *behind* the shop.' Below is a list of frequently used prepositions. See sections A3 and A5 for information on how those prepositions ending in *à* or *de* change, depending on the noun that follows:

à côté de	next to
à droite de	on/to the right of
à gauche de	on/to the left of
après	after
à travers	across
au-dessous de	beneath
au-dessus de	above
au fond de	at the back/end of
au sujet de	about
autour de	around
avant	before
avec	with
chez	at
contre	against
dans	in
de	of/from
depuis	since
derrière	behind
dès	from (a specific moment in time)
devant	in front of
en	in/by/to
en face de	opposite
entre	between
hors de	out of/apart from
jusqu'à	as far as/up to

le long de	along
par-dessus	over
parmi	among
pendant	during
pour	for
près de	near to
quant à	as for
sans	without
sous	under
sur	on
vers	to/towards/about

J1 *En*

En is used with:

- feminine countries

en Italie	in Italy

- most means of transport

en autobus	by bus
en voiture	by car
en avion	by plane
en train	by train
en bateau	by boat

Some exceptions:

à pied	on foot
à vélo	by bike
à moto	by motorbike

- months and years

en mars	in March
en 1700	in 1700

- materials

en soie	made of silk

K Verbs *Les verbes*

Verbs describe actions:

Last week I went to Paris.

When you look for a French verb in the dictionary, it is shown with one of the three endings *-er*, *-ir* or *-re*. This ending indicates the type of verb and how it needs to change when written in the various tenses. The form of the verb found in the dictionary is called the infinitive, and means 'to…'. For example:

jouer	to play
finir	to finish
rendre	to give back

K1 Present tense *Le présent*

The present tense gives information about what is happening at the moment or what happens regularly. In English, we have three forms of the present tense: 'I eat', 'I am eating' and 'I do eat'. In French, there is only one form: *je mange.*

K2 Regular verbs *Les verbes réguliers*

The present tense is formed by removing *-er, -ir* and *-re* from the infinitive and adding the appropriate endings, as shown below:

	jouer (to play)	*finir* (to finish)	*rendre* (to give back)
je	jou**e**	fin**is**	rend**s**
tu	jou**es**	fin**is**	rend**s**
il/elle/on	jou**e**	fin**it**	rend
nous	jou**ons**	fin**issons**	rend**ons**
vous	jou**ez**	fin**issez**	rend**ez**
ils/elles	jou**ent**	fin**issent**	rend**ent**

-*er* verb exceptions

Some *-er* verbs differ from the pattern described above. Verbs ending in *-cer* change the *c* to *ç* where the *c* is followed by *a* or *o*, to make the pronunciation soft:

lancer (to throw)	
je lance	*nous lan**ç**ons*
tu lances	*vous lancez*
il/elle/on lance	*ils/elles lancent*

Other verbs that follow the same pattern include *commencer* (to start), *avancer* (to advance), *menacer* (to threaten) and *remplacer* (to replace).

Verbs ending in *-ger* add an *e* before *-ons* in the *nous* form, to make the pronunciation soft:

nager (to swim)	
je nage	*nous nag**e**ons*
tu nages	*vous nagez*
il/elle/on nage	*ils/elles nagent*

Other such verbs include *voyager* (to travel), *loger* (to lodge), *manger* (to eat), *partager* (to share) and *ranger* (to tidy).

Most verbs ending in *-eler* double the *l* in the *je, tu, il/elle/on* and *ils/elles* forms:

s'appeler (to be called)	
*je m'appe**ll**e*	*nous nous appelons*
*tu t'appe**ll**es*	*vous vous appelez*
*il/elle/on s'appe**ll**e*	*ils/elles s'appe**ll**ent*

Some verbs change the acute accent on the infinitive to a grave accent in the *je, tu, il/elle/on* and *ils/elles* forms:

***espérer* (to hope)**	
j'espère	*nous nous espérons*
tu espères	*vous vous espérez*
il/elle/on espère	*ils/elles espèrent*

Other such verbs include *répéter* (to repeat) and *préférer* (to prefer).

Verbs ending in *-yer* change *y* to *i* in the *je, tu, il/elle/on* and *ils/elles* forms:

***payer* (to pay)**	
je paie	*nous payons*
tu paies	*vous payez*
il/elle/on paie	*ils/elles paient*

Other such verbs include *appuyer* (to lean), *envoyer* (to send), *employer* (to use), *essayer* (to try) and *nettoyer* (to clean).

Some verbs add an accent in the *je, tu, il, elle, on* and *ils/elles* forms:

***acheter* (to buy)**	
j'achète	*nous achetons*
tu achètes	*vous achetez*
il/elle/on achète	*ils/elles achètent*

Other such verbs include *geler* (to freeze), *lever* (to lift), *peser* (to weigh) and *se promener* (to go for a walk).

-ir verb exceptions
Some *-ir* verbs use the *-er* verb endings in the present tense:

***offrir* (to offer)**	
j'offre	*nous offrons*
tu offres	*vous offrez*
il/elle/on offre	*ils/elles offrent*

Others such verbs include *ouvrir* (to open), *couvrir* (to cover) and *souffrir* (to suffer).

K3 Irregular verbs *Les verbes irréguliers*

There are many verbs that do not form the present tense in the way described above. The three most commonly used are:

	aller (to go)	**être** (to be)	**avoir** (to have)
je/j'	*vais*	*suis*	*ai*
tu	*vas*	*es*	*as*
il/elle/on	*va*	*est*	*a*
nous	*allons*	*sommes*	*avons*
vous	*allez*	*êtes*	*avez*
ils/elles	*vont*	*sont*	*ont*

Below is a list of frequently used irregular verbs, some of which are conjugated in the verb tables at the end of this section.

s'assoir	to sit down	*naitre*	to be born
boire	to drink	*paraitre*	to appear
conduire	to drive	*partir*	to leave
croire	to believe	*pouvoir*	to be able
connaitre	to know	*prendre*	to take
construire	to build	*pleuvoir*	to rain
coudre	to sew	*recevoir*	to receive
craindre	to fear	*rire*	to laugh
devoir	to have to	*savoir*	to know
dire	to say/tell	*sortir*	to go out
se distraire	to enjoy oneself	*sourire*	to smile
écrire	to write	*suivre*	to follow
faire	to make/to do	*venir*	to come
joindre	to join	*vivre*	to live
lire	to read	*voir*	to see
mettre	to put	*vouloir*	to wish/to want

K4 Expressing the future *Exprimer le futur*

There are two ways of expressing the future, just as in English:

- the future tense, which is used to talk about events that will happen or will be happening
- the 'to be going to' construction, as in 'I am going to see my grandma' (the immediate future)

K5 Future tense *Le futur*

To form the future tense of regular *-er* and *-ir* verbs, the following endings are added to the infinitive: *-ai, -as, -a, -ons, -ez, -ont*.

For *-re* verbs, the *e* is removed from the infinitive before the endings are added.

	***-er* verbs**	***-ir* verbs**	***-re* verbs**
je	*jouerai*	*punirai*	*rendrai*
tu	*joueras*	*puniras*	*rendras*
il/elle/on	*jouera*	*punira*	*rendra*
nous	*jouerons*	*punirons*	*rendrons*
vous	*jouerez*	*punirez*	*rendrez*
ils/elles	*joueront*	*puniront*	*rendront*

Some verbs do not use the infinitive to form the future tense and have an irregular stem:

acheter	*j'achèterai*	I will buy
aller	*j'irai*	I will go

avoir	*j'aurai*	I will have
courir	*je courrai*	I will run
devoir	*je devrai*	I will have to
envoyer	*j'enverrai*	I will send
être	*je serai*	I will be
faire	*je ferai*	I will do/make
mourir	*je mourrai*	I will die
pouvoir	*je pourrai*	I will be able
recevoir	*je recevrai*	I will receive
savoir	*je saurai*	I will know
venir	*je viendrai*	I will come
voir	*je verrai*	I will see
vouloir	*je voudrai*	I will wish/want

K5.1 *Quand/si* and the future *Quand/si et le futur*
In a future context, we use the present tense after 'when' in English, whereas in French the future tense is used. For example, in 'You will see the children when you arrive', 'when you arrive' is in the present tense in English but in French the future tense is used, i.e. 'when you will arrive':

Tu verras les enfants quand tu arriveras.

This is also the case with *dès que* and *aussitôt que*, which both mean 'as soon as':

Il partira dès que/aussitôt qu'il finira.
He will leave as soon as he finishes.

However, you will find a present and a future tense used in a sentence containing the word 'if':

Demain, s'il fait beau, j'irai à la plage.
Tomorrow, if it is fine, I will go to the beach

K6 Immediate future *Le futur proche*
The immediate future is so called because it describes actions that are more imminent. It uses *aller* (to go) and an infinitive:

Je vais partir à 7 heures.
I am going to leave at 7 o'clock.

Je vais manger d'abord et après, je ferai la vaisselle.
I am going to eat first and afterwards I will do the washing up.

The immediate future is also used to imply that something is more certain to happen. *Il va pleuvoir* ('It is going to rain') suggests the likelihood is that it most definitely *is* going to rain, whereas *il pleuvra* ('it will rain') does not convey the same amount of certainty.

K7 Imperfect tense *L'imparfait*
The imperfect tense is used for actions that used to happen or which were happening, and to describe events and people in the past:

When I was younger, I used to go to a club.

As I was watching television, the phone rang.

The sun was shining and they were happy.

To form the imperfect tense, remove the *-ons* ending from the *nous* form of the verb in the present tense, except in the case of *être*, and add the following endings: *-ais*, *-ais*, *-ait*, *-ions*, *-iez*, *-aient*.

For example *nous jouons*, remove *-ons* = *jou* + ending:

*je jou**ais***	I used to play/was playing
*tu jou**ais***	you used to play/were playing
*il/elle/on jou**ait***	he/she/one used to play/was playing
*nous jou**ions***	we used to play/were playing
*vous jou**iez***	you used to play/were playing
*ils/elles jou**aient***	they used to play/were playing

Note: *manger* (and verbs conjugated like *manger*) have an additional e in the *je, tu, il/elle/on, ils/elles* forms in the imperfect:

*je mang**eais**, tu mang**eais**, il/elle/on mang**eait**, ils/elles mang**eaie**nt*

Verbs ending in *-cer*, such as *lancer*, need ç before the a:

*je lan**ç**ais, tu lan**ç**ais, il/elle/on lan**ç**ait, ils/elles lan**ç**aient*

The e or ç is added to keep the pronunciation soft.

Être is the only verb that is irregular in the imperfect tense. It uses the same endings, but has the stem *ét-*:

j'étais	I was	*nous étions*	we were
tu étais	you were	*vous étiez*	you were
il/elle/on était	he/she/one was	*ils/elles étaient*	they were

K8 Perfect tense *Le passé composé*

K8.1 Regular verbs *Les verbes réguliers*
The perfect tense is used to talk about actions or events that took place in the past, usually on one occasion only. In English, we have different ways of expressing the perfect tense, for example 'I watched', 'I have watched' and 'I have been watching'. In French, there is only one form for all these ways: *j'ai regardé*.

The perfect tense of all verbs is formed with two parts: most verbs use a part of *avoir* in the present tense (this is often referred to as the auxiliary verb) and a past participle. To form the past participle of regular verbs, the final *-er*, *-ir*, or *-re* is removed from the infinitive and the following endings are added: *-é* for an *-er* verb, *-i* for an *-ir* verb and *-u* for an *-re* verb.

	-er verbs	-ir verbs	-re verbs
j'ai	*joué*	*choisi*	*rendu*
tu as	*joué*	*choisi*	*rendu*
il/elle/on a	*joué*	*choisi*	*rendu*
nous avons	*joué*	*choisi*	*rendu*
vous avez	*joué*	*choisi*	*rendu*
ils/elles ont	*joué*	*choisi*	*rendu*

K8.2 Verbs with irregular past participles *Les participes passés irréguliers*

A number of verbs have irregular past participles, although they still use *avoir* as their auxiliary:

avoir (to have)	*eu*	*mettre* (to put)	*mis*
boire (to drink)	*bu*	*ouvrir* (to open)	*ouvert*
comprendre (to understand)	*compris*	*pleuvoir* (to rain)	*plu*
		pouvoir (to be able to)	*pu*
conduire (to drive)	*conduit*	*prendre* (to take)	*pris*
courir (to run)	*couru*	*recevoir* (to receive)	*reçu*
croire (to believe)	*cru*	*rire* (to laugh)	*ri*
devoir (to have to)	*dû*	*savoir* (to know)	*su*
dire (to say/tell)	*dit*	*tenir* (to hold)	*tenu*
écrire (to write)	*écrit*	*vivre* (to live)	*vécu*
être (to be)	*été*	*voir* (to see)	*vu*
faire (to do/make)	*fait*	*vouloir* (to wish/want)	*voulu*
lire (to read)	*lu*		

K8.3 Agreement of past participles *L'accord des participes passés*

In the sentence below, que (which replaces the feminine noun *la boite*) is the direct object of …*a achetée*. Since the *que* comes before the past participle, an extra *-e* is added to the past participle.

*Elle a ouvert la boite qu'elle a acheté**e**.*   She opened the box that she bought.

In the following sentence, *maisons*, which is feminine plural, is the direct object and comes in front of the past participle, so an extra *-es* is added.

*Quelles maisons ont-ils vu**es** ?*   Which houses did they see?

K8.4 Verbs that use *être* as an auxiliary verb *L'utilisation d'*être *comme verbe auxiliare*

Some verbs use the present tense of *être* to form the perfect tense:

aller	to go
arriver	to arrive
descendre	to go down/to come down
entrer	to go in
monter	to go up
mourir	to die
naitre	to be born
partir	to leave
rester	to stay
retourner	to return
sortir	to come out/go out
tomber	to fall
venir	to come

They all have a regular past participle, except for:

venir	*venu*	*naître*	*né*
mourir	*mort*		

K8.5 Past participle of verbs that use *être* *Les participes passés des verbes avec* être

The past participle of a verb that uses *être* as its auxiliary has to agree in gender and in number with the subject.

For masculine singular, add nothing to the past participle.

For feminine singular, add *-e*.

For masculine plural, add *-s*.

For feminine plural, add *-es*.

je suis parti (m sing)	*je suis parti**e*** (f sing)
tu es parti (m sing)	*tu es parti**e*** (f sing)
il est parti (m sing)	*elle est parti**e*** (f sing)
*nous sommes parti**s*** (m pl)	*nous sommes parti**es*** (f pl)
*vous êtes parti**s*** (m pl)	*vous êtes parti**es*** (f pl)
*ils sont parti**s*** (m pl)	*elles sont parti**es*** (f pl)

If using *vous* when speaking to a single male, there is no agreement; if using *vous* when speaking to a single female, add *-e*. The same rules of agreement also apply to reflexive verbs in the perfect tense, as they also use *être* (see section K14).

Note: *descendre*, *monter* and *sortir* can be used with *avoir*, but this changes their meanings to: *descendre* (to take/bring down), *monter* (to take/bring up) and *sortir* (to take/bring out):

Il a descendu la chaise.
He brought the chair down.

Il a monté la table.
He brought the table up.

Il a sorti son livre.
He took out his book.

K8.6 *Après avoir/être*

The past participle can be used with *après avoir* and *après être* to say 'after doing' something:

Après avoir pris le livre, elle a dessiné.
After taking the book, she drew.

Après être sorti, il a fait du shopping.
After going out, he went shopping.

For this construction to be possible, the subject of both verbs in the sentence must be the same.

Note: a reflexive verb needs to have the appropriate reflexive pronoun:

Après m'être assis, j'ai lu le magazine.
After sitting down, I read the magazine

K9 Pluperfect tense *Le plus-que-parfait*

The pluperfect tense is used to talk about what had happened before something else happened in the past:

They returned to the town *they had visited* last year.

It is formed using an auxiliary verb (the imperfect of *avoir* or *être*) and a past participle. Those verbs that use *être* in the perfect tense also use *être* in the pluperfect tense.

j'avais fini	I had finished
tu avais fini	you had finished
il/elle/on avait fini	he/she/one had finished
nous avions fini	we had finished
vous aviez fini	you had finished
ils/elles avaient fini	they had finished
j'étais sorti(e)	I had gone out
tu étais sorti(e)	you had gone out
il/elle/on était sorti(e) (sing)	he/she/one had gone out
nous étions sortis/sorties	we had gone out
vous étiez sorti(e) (sing)	you had gone out
ils/elles étaient sortis/sorties	they had gone out

K10 Imperatives *L'impératif*

The imperative is used for telling somebody to do something. To form the imperative, the *tu, vous* and *nous* forms of the present tense are used without the subject pronoun.

-*er* verbs

With -*er* verbs, the *tu* form of the present tense loses its final -*s*:

Mange ton diner !
Eat your dinner!

Mangeons les pommes !
Let's eat the apples!

Mangez les glaces !
Eat the ice creams!

-*ir* verbs

Choisis un gâteau !
Choose a cake!

Choisissons du pain !
Let's choose some bread!

Choisissez un livre !
Choose a book!

-*re* verbs

Apprends ta grammaire !
Learn your grammar!

Apprenons le vocabulaire !
Let's learn the vocabulary!

Apprenez les verbes irréguliers !
Learn the irregular verbs!

Exceptions
There are four verbs that have irregular forms in the imperative:

avoir	*aie !*	*ayons !*	*ayez !*
être	*sois !*	*soyons !*	*soyez !*
savoir	*sache !*	*sachons !*	*sachez !*
vouloir	*veuille !*	*veuillons !*	*veuillez !*

K11 Conditional *Le conditionnel*

The conditional is used to talk about things that would happen or that someone would do. To form the conditional, add the following endings to the infinitive (or the stem of those verbs that have an irregular stem in the future tense): *-ais, -ais, -ait, -ions, -iez, -aient.*

Note: these endings are also used for the imperfect tense.

	-*er* verbs	-*ir* verbs	-*re* verbs
je	*regarderais*	*finirais*	*rendrais*
tu	*regarderais*	*finirais*	*rendrais*
il/elle/on	*regarderait*	*finirait*	*rendrait*
nous	*regarderions*	*finirions*	*rendrions*
vous	*regarderiez*	*finiriez*	*rendriez*
ils/elles	*regarderaient*	*finiraient*	*rendraient*

J'aimerais aller à l'université.
I would like to go to unversity.

Il serait content s'il pouvait sortir samedi.
Hе would be happy if he was able to go out on Saturday.

K11.1 Conditional perfect *Le conditionnel passé*

There is another form of the conditional, called the conditional perfect, used to say what someone would have done. It is formed using the conditional form of the auxiliary (*avoir* or *être*) plus the past participle, which follows the same rules of agreement as in the perfect tense.

J'aurais acheté la chemise, mais je n'avais pas assez d'argent.
I would have bought the shirt, but I didn't have enough money.

Elle serait arrivée plus tôt, mais le bus était en retard.
She would have arrived earlier, but the bus was late.

K12 Subjunctive *Le subjonctif*

It is useful to understand the subjunctive, but note that it is not required knowledge for Cambridge IGCSE®. The subjunctive is not a tense; it is a form of the verb used in certain structures:

● after some verbs expressing an emotion or an opinion, such as fear, doubt, wish, regret, possibility, necessity, surprise and happiness

● after *il faut que*

● after conjunctions expressing time, e.g. *avant que* ('before') and *jusqu'à ce que* ('until')

- after conjunctions expressing concession, e.g. *bien que* and *quoique* (both of which mean 'although')

To form the present subjunctive, take the *ils* form of the present tense (*ils mangent, ils finissent, ils rendent*), remove the *-ent* ending and add the following endings: *-e, -es, -e, -ions, -iez, -ent*.

	-er verbs	*-ir* verbs	*-re* verbs
je	jou**e**	fin**isse**	rend**e**
tu	jou**es**	fin**isses**	rend**es**
il/elle/on	jou**e**	fin**isse**	rend**e**
nous	jou**ions**	fin**issions**	rend**ions**
vous	jou**iez**	fin**issiez**	rend**iez**
ils/elles	jou**ent**	fin**issent**	rend**ent**

Irregular verbs
The following common irregular verbs form the present subjunctive as follows:

aller (to go)	*avoir* (to have)	*être* (to be)	*faire* (to do/make)
j'aille	j'aie	je sois	je fasse
tu ailles	tu aies	tu sois	tu fasses
il/elle/on aille	il/elle/on ait	il/elle/on soit	il/elle/on fasse
nous allions	nous ayons	nous soyons	nous fassions
vous alliez	vous ayez	vous soyez	vous fassiez
ils/elles aillent	ils/elles aient	ils/elles soient	ils/elles fassent

Je voudrais que tu partes.
I would like you to leave.

Il faut que tu manges des fruits.
You must eat fruit.

K13 Present participle *Les participes présents*

In English, this ends in *-ing*, for example 'while working...'. To form the present participle, take the *nous* form of the present tense, remove *-ons* and add *-ant*:

-er verbs

| *nous jouons* | *jou-* | *jou**ant*** |

-ir verbs

| *nous choisissons* | *choisiss-* | *choisiss**ant*** |

-re verbs

| *nous rendons* | *rend-* | *rend**ant*** |

Exceptions:

avoir (to have)	*ayant*
être (to be)	*étant*
savoir (to know)	*sachant*

The present participle is used with *en* to talk about two actions being done at the same time, translating as 'on', 'while', 'as', 'by ...ing'. For example:

Elle a préparé le dîner en écoutant la radio.
She prepared dinner as she listened to the radio.

Il s'est coupé le doigt en coupant le pain.
He cut his finger while cutting the bread.

Note: *en* can be used with a present participle to denote movement:

Elle est partie en courant.
She ran off.

K14 Reflexive verbs *Les verbes pronominaux*

Reflexive verbs are listed in the dictionary with *se* (a reflexive pronoun placed before the infinitive), for example:

| *se laver* | to get washed |
| *s'arrêter* | to stop |

These verbs require the reflexive pronoun to change according to the subject:

*je **me** lave*	*nous **nous** lavons*
*tu **te** laves*	*vous **vous** lavez*
*il/elle **se** lave*	*ils/elles **se** lavent*

Me, te and *se* contract to *m', t'* and *s'* in front of a vowel or a silent 'h':

je m'amuse   *tu t'habilles*   *il s'appelle*

Note: when using a reflexive verb in the infinitive, the reflexive pronoun needs to agree with the subject:

Elle va se laver.
She is going to get washed.

Nous n'aimons pas nous lever tôt.
We don't like to get up early.

K14.1 Reflexive verbs in the imperative *L'impératif des verbes pronominaux*
In commands with a reflexive verb with *vous* or *nous*, the reflexive pronoun comes after the verb and is joined by a hyphen:

Couchez-vous !
Go to bed!

Levons-nous.
Let's get up.

In negative commands, the pronoun goes in front of the verb:

Ne vous couchez pas.
Don't go to bed.

Ne nous levons pas.
Let's not get up.

In affirmative commands that use *tu*, the reflexive pronoun *te* changes to *toi*:

Repose-toi.   Rest.

However, in negative commands, use *te*:

Ne te repose pas.   Don't rest.

Other frequently used reflexive verbs include:

s'amuser	to have fun/to enjoy oneself
s'appeler	to be called
s'approcher (de)	to approach
se baigner	to bathe
se brosser (les dents)	to brush (one's teeth)
se déshabiller	to undress
se débrouiller	to manage, to get by
se demander	to ask oneself, to wonder
se dépêcher	to hurry
se disputer	to argue, to have an argument
s'entendre (avec)	to get on (with)
se fâcher	to get angry
se faire mal	to hurt oneself
s'habiller	to get dressed
s'intéresser à	to be interested in
se lever	to get up
se marier	to get married
s'occuper (de)	to be concerned (with), to look after
se promener	to go for a walk
se réveiller	to wake up
se trouver	to be situated

Note: the most common forms of *se trouver:* ... *se trouve/se trouvent*

Le marché se trouve au centre ville.
The market is situated in the town centre.

Les meilleurs restaurants se trouvent dans la vieille ville.
The best restaurants are situated in the old town.

Reflexive verbs form the tenses in the same way as other regular verbs, but you have to include the reflexive pronoun:

Je me coucherai.
I will go to bed.

Il se lavait.
He was washing.

Je m'amuserais.
I would have fun.

Il écoute la radio en se brossant les dents.
He listens to the radio while brushing his teeth.

The perfect and pluperfect tenses of all reflexive verbs are formed with *être*. You need to remember to put the reflexive pronoun in front of the auxiliary verb and to make an agreement with the subject:

Je me suis couché(e).
I went to bed.

Je m'étais couché(e).
I had gone to bed.

K14.2 Reflexive verbs in the negative *La négation des verbes pronominaux*

When using negatives with a reflexive verb, *ne* goes in front of the reflexive pronoun and *pas* after the verb or auxiliary:

Je ne me lève pas à 6 heures.
I do not get up at six o'clock.

Il ne s'est pas levé de bonne heure.
He did not get up early.

K14.3 *S'appeler*

Note that in some forms of s'appeler, there is a double l:

je m'appelle	*nous nous appelons*
tu t'appelles	*vous vous appelez*
il/elle/on s'appelle	*ils/elles s'appellent*

K15 Modal verbs *Les verbes modaux*

Pouvoir (to be able), *savoir* (to know, to know how to), *devoir* (to have to) and *vouloir* (to wish, to want) are known as modal verbs and are followed by an infinitive. For example:

On doit finir à 6 heures.
We have to finish at six o'clock.

Elles ne peuvent pas venir.
They cannot come.

Vous savez jouer du violon ?
Do you know how to play the violin?

Tu veux sortir ?
Do you want to go out?

Note: *devoir*, when used in the perfect tense, means 'had to' or 'must have':

Elles ont dû finir très tôt.
They had to finish early.

Elles ont dû oublier.
They must have forgotten.

When used in the conditional, *devoir* means 'should' or 'ought to':

Elle devrait revenir.
She should/ought to come back.

When used in the conditional, *pouvoir* means 'might' or 'could' (i.e. 'would be able to'):

On pourrait acheter du chocolat.
We could buy some chocolate.

Savoir is used to convey the idea of knowing how to do something, or having knowledge of facts:

Elle sait nager.   She can/knows how to swim.

Savoir should not be confused with *connaitre*, which also means 'to know' in the sense of knowing or being acquainted with a person, place or work of art (such as a film) etc.:

Je connais la famille Robinson.   I know the Robinson family.

K16 Direct and indirect speech
Le discours direct et indirect

In English, if you want to report what someone else says or said, you can do it in one of two ways:

- direct speech

Daniel says: 'I don't like cheese.'

- indirect speech

Daniel says that he doesn't like cheese.

In French, the same applies:

- direct speech

Daniel dit: « Je n'aime pas le fromage. »

- Indirect speech:

Daniel dit qu'il n'aime pas le fromage.

Note that in indirect speech:

- the original words are reported without inverted commas
- the words reported are introduced by *que* in a subordinate clause
- the person whose speech is reported changes in the subordinate clause in indirect speech

Change of tense/person in indirect speech

In order to report something that was said in the past, there is usually a change of tense/person in the subordinate clause. For example:

- direct speech

Il a dit: « Je veux sortir. »
He said: 'I want to go out.'

Elles ont dit: « Nous viendrons demain. »
They said: 'We will come tomorrow.'

- indirect speech

Il a dit qu'il voulait sortir.
He said that he wanted to go out.

Elles ont dit qu'elles viendraient demain.
They said that they would come tomorrow.

K17 The passive *Le passif*

When the subject of a sentence receives the action instead of performing it, the sentence is said to be in the passive.

- active

'The neighbours saw the burglars.'

- passive

'The burglars were seen by the neighbours.'

To form the passive, you need to use the relevant tense of *être* with a past participle:

Les cambrioleurs ont été vus par les voisins.
The burglars were seen by the neighbours.

Elle sera remarquée tout de suite.
She will be noticed straightaway.

Note: the past participle has to agree with the subject in gender and number.

K18 Verbs requiring *à* or *de* + infinitive *Les verbes suivis de à ou de et d'un infinitif*

Some verbs need to be followed by *à* or by *de* before the infinitive.

Verbs requiring *à*

aider à	to help
s'amuser à	to amuse oneself
apprendre à	to learn
commencer à	to begin
continuer à	to continue
demander à	to ask
encourager à	to encourage
hésiter à	to hesitate
s'intéresser à	to be interested in
inviter à	to invite
se mettre à	to begin
passer du temps à	to spend time
réussir à	to succeed

Il a aidé à ranger sa chambre.
He helped to tidy his room.

Verbs requiring *de*

s'arrêter de	to stop
cesser de	to stop
décider de	to decide
se dépêcher de	to hurry
essayer de	to try
finir de	to finish
offrir de	to offer
oublier de	to forget
permettre de	to allow
recommander de	to recommend
refuser de	to refuse
regretter de	to regret

J'essaie de finir.
I'm trying to finish.

Verbs requiring _à_ + person + _de_ + infinitive

Some verbs require _à_ in front of the person and _de_ in front of the infinitive.

Elle dit à Paul de partir.
She tells Paul to leave.

dire à Marie de manger
to tell Marie to eat

Other examples include:

ordonner à Julie de rentrer
to order Julie to go home

commander à Paul de partir
to order Paul to leave

permettre à Sophie de jouer
to allow Sophie to play

conseiller à Luc de finir
to advise Luke to finish

promettre à Justin de revenir
to promise Justin to come back

défendre à Chantal de sortir
to forbid Chantal to go out

proposer à Martin de chanter
to suggest to Martin to sing

K19 _Depuis_ with verbs Depuis _avec des verbes_

Depuis (for/since) is used with the present tense to say how long something has been going on. This implies that the action is still going on in the present. The present tense is used in French where the perfect tense is used in English:

Nous habitons dans la même maison depuis 15 ans.
We have been living in the same house for 15 years.

Depuis is used with the imperfect tense to say how long something _had_ been going on. The imperfect tense is used in French where the pluperfect tense is used in English:

Je lisais depuis dix minutes quand le téléphone a sonné.
I had been reading for ten minutes when the phone rang.

Note: _depuis_ can also be used with _quand_ to ask 'how long..?':

Tu joues de la guitare depuis quand ?
How long have you been playing the guitar?

K20 _Venir de_

The present tense of _venir_ is used with _de_ and an infinitive to express the idea that someone has just done something or that something has just taken place. For example:

Je viens de finir.
I have just finished.

When used with the imperfect tense, _venir_ followed by _de_ means that someone _had_ just done something:

Il venait de finir.
He had just finished.

K21 _Avoir_

Avoir is used in the following expressions and is followed by an infinitive:

avoir besoin de	to need
avoir du mal à	to have trouble
avoir le droit de	to have the right
avoir envie de	to feel like
avoir hâte de	to look forward to
avoir horreur de	to hate
avoir l'intention de	to intend
avoir le temps de	to have time

Nous n'avons pas besoin de revenir.
We don't need to come back.

It is also used to describe age, ailments and other conditions:

Elle a douze ans.
She is 12 years old.

J'ai la grippe et mal à la gorge.
I have flu and a sore throat.

Il a mal au dos et aux genoux.
He has a bad back and bad knees.

Tu as chaud ? Tu as sommeil ?
Are you hot? Are you sleepy?

K22 _Faire_

The verb _faire_ usually means 'to do' or 'to make'. However, it can translate as 'to go' in certain expressions or take on a different meaning altogether.

Expressions in which _faire_ means 'to go'

faire des achats	to go shopping
faire de l'alpinisme	to go mountaineering
faire du camping	to go camping
faire du cheval/de l'équitation	to go horse-riding
faire du cyclisme	to go cycling
faire du lèche-vitrines	to go window-shopping
faire de la natation	to go swimming
faire de la planche à voile	to go windsurfing
faire du ski (nautique)	to go (water) skiing
faire une promenade/ une randonnée	to go for a walk
faire du vélo	to go for a bike ride
faire de la voile	to go sailing

Below are more examples of expressions that use _faire_:

faire l'appel	to take the register
faire de l'autostop	to hitchhike
faire ses bagages	to pack one's bags
faire la bise	to kiss on both cheeks
faire la connaissance	to get to know
faire la cuisine	to cook
faire des économies	to save
faire la grasse matinée	to have a lie in
faire mal	to hurt

faire un paquet-cadeau — to gift-wrap

faire partie de — to belong to

faire une partie de — to have a game of

Faire is also used in some weather expressions:

Il fait chaud. — It is hot.

K23 Impersonal verbs *Les verbes impersonnels*

Impersonal verbs are only used in the third person singular (the *il* form). The most common are:

il y a	there is/there are
il faut	it is necessary
il manque…	is missing
il parait que	it appears that
il pleut	it rains/is raining
il reste	there is/are…left
il s'agit de	it is about
il suffit de	it is enough to
il vaut mieux	it is better

Il ne faut pas oublier l'argent.
You must not forget the money.

Il manque un bouton.
A button is missing.

Il faut has different meanings:

Il faut revenir ce soir.
You must come back this evening.

Il faut de l'eau pour vivre.
We need water to live.

Il faut une minute pour arriver.
It takes a minute to arrive.

Il faut can be used with an indirect object pronoun:

Il me faut du papier.
I need some paper.

Il leur faut du temps.
They need some time.

Note: *Il y a* can be used with an expression of time to translate 'ago':

il y a un mois
a month ago

K24 Dependent infinitives *Les infinitifs dépendants*

To say that you have something cut, repaired, built or cleaned by someone else, you need to use *faire* followed by the appropriate infinitive:

faire construire	to get something built
faire couper	to get something cut
faire nettoyer	to get something cleaned
faire réparer	to get something repaired

Elle va faire réparer la voiture.
She is going to get the car repaired.

K25 Mixed-tense sentences *La concordance des temps*

You will often find longer sentences that refer to more than one time frame and that therefore use more than one tense of verb:

Aujourd'hui je reste à la maison, mais demain je vais sortir avec mes amis.
Today I am staying at home, but tomorrow I am going out with my friends.

L'année dernière je suis allé en Suisse, mais l'année prochaine j'irai en Allemagne.
Last year I went to Switzerland, but next year I will go to Germany.

Il regardait un film quand sa mère est entrée.
He was watching a film when his mother came in.

Je voudrais acheter cette guitare si j'avais assez d'argent.
I would like to buy this guitar if I had enough money.

Verb tables (*Conjugaisons*)

Infinitif	Présent	Futur	Imparfait	Conditionnel	Passé composé	Plus-que-parfait	Subjonctif
Verbes réguliers en -er							
JOUER **Participe présent** jouant **Participe passé** joué	je joue tu joues il/elle/on joue nous jouons vous jouez ils/elles jouent	je jouerai tu joueras il/elle/on jouera nous jouerons vous jouerez ils/elles joueront	je jouais tu jouais il/elle/on jouait nous jouions vous jouiez ils/elles jouaient	je jouerais tu jouerais il/elle/on jouerait nous jouerions vous joueriez ils/elles joueraient	j'ai joué tu as joué il/elle/on a joué nous avons joué vous avez joué ils/elles ont joué	j'avais joué tu avais joué il/elle/on avait joué nous avions joué vous aviez joué ils/elles avaient joué	je joue tu joues il/elle/on joue nous jouions vous jouiez ils/elles jouent
Verbes réguliers en -ir							
FINIR **Participe présent** finissant **Participe passé** fini	je finis tu finis il/elle/on finit nous finissons vous finissez ils/elles finissent	je finirai tu finiras il/elle/on finira nous finirons vous finirez ils/elles finiront	je finissais tu finissais il/elle/on finissait nous finissions vous finissiez ils/elles finissaient	je finirais tu finirais il/elle/on finirait nous finirions vous finiriez ils/elles finiraient	j'ai fini tu as fini il/elle/on a fini nous avons fini vous avez fini ils/elles ont fini	j'avais fini tu avais fini il/elle/on avait fini nous avions fini vous aviez fini ils/elles avaient fini	je finisse tu finisses il/elle/on finisse nous finissions vous finissiez ils/elles finissent
Verbes réguliers en -re							
RENDRE **Participe présent** rendant **Participe passé** rendu	je rends tu rends il/elle/on rend nous rendons vous rendez ils/elles rendent	je rendrai tu rendras il/elle/on rendra nous rendrons vous rendrez ils/elles rendront	je rendais tu rendais il/elle/on rendait nous rendions vous rendiez ils/elles rendaient	je rendrais tu rendrais il/elle/on rendrait nous rendrions vous rendriez ils/elles rendraient	j'ai rendu tu as rendu il/elle/on a rendu nous avons rendu vous avez rendu ils/elles ont rendu	j'avais rendu tu avais rendu il/elle/on avait rendu nous avions rendu vous aviez rendu ils/elles avaient rendu	je rende tu rendes il/elle/on rende nous rendions vous rendiez ils/elles rendent
Verbes pronominaux							
SE COUCHER **Participe présent** se couchant **Participe passé** couché	je me couche tu te couches il/elle/on se couche nous nous couchons vous vous couchez ils/elles se couchent	je me coucherai tu te coucheras il/elle/on se couchera nous nous coucherons vous vous coucherez ils/elles se coucheront	je me couchais tu te couchais il/elle/on se couchait nous nous couchions vous vous couchiez ils/elles se couchaient	je me coucherais tu te coucherais il/elle/on se coucherait nous nous coucherions vous vous coucheriez ils/elles se coucheraient	je me suis couché(e) tu t'es couché(e) il s'est couché elle s'est couchée on s'est couché(e)(s) nous nous sommes couché(e)s vous vous êtes couché(e)(s) ils se sont couchés elles se sont couchées	je m'étais couché(e) tu t'étais couché(e) il s'était couché elle s'était couchée on s'était couché(e)(s) nous nous étions couché(e)s vous vous étiez couché(e)(s) ils s'étaient couchés elles s'étaient couchées	je me couche tu te couches il/elle/on se couche nous nous couchions vous vous couchiez ils/elles se couchent
Verbes irréguliers les plus fréquents							
AVOIR **Participe présent** ayant **Participe passé** eu	j'ai tu as il/elle/on a nous avons vous avez ils/elles ont	j'aurai tu auras il/elle/on aura nous aurons vous aurez ils/elles auront	j'avais tu avais il/elle/on avait nous avions vous aviez ils/elles avaient	j'aurais tu aurais il/elle/on aurait nous aurions vous auriez ils/elles auraient	j'ai eu tu as eu il/elle/on a eu nous avons eu vous avez eu ils/elles ont eu	j'avais eu tu avais eu il/elle/on avait eu nous avions eu vous aviez eu ils/elles avaient eu	j'aie tu aies il/elle/on ait nous ayons vous ayez ils/elles aient

ÊTRE
Participe présent étant
Participe passé été

	Présent	Futur	Imparfait	Conditionnel	Passé composé	Plus-que-parfait	Subjonctif
	je suis	je serai	j'étais	je serais	j'ai été	j'avais été	je sois
	tu es	tu seras	tu étais	tu serais	tu as été	tu avais été	tu sois
	il/elle/on est	il/elle/on sera	il/elle/on était	il/elle/on serait	il/elle/on a été	il/elle/on avait été	il/elle/on soit
	nous sommes	nous serons	nous étions	nous serions	nous avons été	nous avions été	nous soyons
	vous êtes	vous serez	vous étiez	vous seriez	vous avez été	vous aviez été	vous soyez
	ils/elles sont	ils/elles seront	ils/elles étaient	ils/elles seraient	ils/elles ont été	ils/elles avaient été	ils/elles soient

ALLER
Participe présent allant
Participe passé allé

	Présent	Futur	Imparfait	Conditionnel	Passé composé	Plus-que-parfait	Subjonctif
	je vais	j'irai	j'allais	j'irais	je suis allé(e)	j'étais allé(e)	j'aille
	tu vas	tu iras	tu allais	tu irais	tu es allé(e)	tu étais allé(e)	tu ailles
	il/elle/on va	il/elle/on ira	il/elle/on allait	il/elle/on irait	il est allé	il était allé	il/elle/on aille
	nous allons	nous irons	nous allions	nous irions	elle est allée	elle était allée	nous allions
	vous allez	vous irez	vous alliez	vous iriez	on est allé(e)(s)	on était allé(e)(s)	vous alliez
	ils/elles vont	ils/elles iront	ils/elles allaient	ils/elles iraient	nous sommes allé(e)s	nous étions allé(e)s	ils/elles aillent
					vous êtes allé(e)(s)	vous étiez allé(e)(s)	
					ils sont allés	ils étaient allés	
					elles sont allées	elles étaient allées	

Verbes modaux

DEVOIR
Participe présent devant
Participe passé dû

	Présent	Futur	Imparfait	Conditionnel	Passé composé	Plus-que-parfait	Subjonctif
	je dois	je devrai	je devais	je devrais	j'ai dû	j'avais dû	je doive
	tu dois	tu devras	tu devais	tu devrais	tu as dû	tu avais dû	tu doives
	il/elle/on doit	il/elle/on devra	il/elle/on devait	il/elle/on devrait	il/elle/on a dû	il/elle/on avait dû	il/elle/on doive
	nous devons	nous devrons	nous devions	nous devrions	nous avons dû	nous avions dû	nous devions
	vous devez	vous devrez	vous deviez	vous devriez	vous avez dû	vous aviez dû	vous deviez
	ils/elles doivent	ils/elles devront	ils/elles devaient	ils/elles devraient	ils/elles ont dû	ils/elles avaient dû	ils/elles doivent

POUVOIR
Participe présent pouvant
Participe passé pu

	Présent	Futur	Imparfait	Conditionnel	Passé composé	Plus-que-parfait	Subjonctif
	je peux	je pourrai	je pouvais	je pourrais	j'ai pu	j'avais pu	je puisse
	tu peux	tu pourras	tu pouvais	tu pourrais	tu as pu	tu avais pu	tu puisses
	il/elle/on peut	il/elle/on pourra	il/elle/on pouvait	il/elle/on pourrait	il/elle/on a pu	il/elle/on avait pu	il/elle/on puisse
	nous pouvons	nous pourrons	nous pouvions	nous pourrions	nous avons pu	nous avions pu	nous puissions
	vous pouvez	vous pourrez	vous pouviez	vous pourriez	vous avez pu	vous aviez pu	vous puissiez
	ils/elles peuvent	ils/elles pourront	ils/elles pouvaient	ils/elles pourraient	ils/elles ont pu	ils/elles avaient pu	ils/elles puissent

SAVOIR
Participe présent sachant
Participe passé su

	Présent	Futur	Imparfait	Conditionnel	Passé composé	Plus-que-parfait	Subjonctif
	je sais	je saurai	je savais	je saurais	j'ai su	j'avais su	je sache
	tu sais	tu sauras	tu savais	tu saurais	tu as su	tu avais su	tu saches
	il/elle/on sait	il/elle/on saura	il/elle/on savait	il/elle/on saurait	il/elle/on a su	il/elle/on avait su	il/elle/on sache
	nous savons	nous saurons	nous savions	nous saurions	nous avons su	nous avions su	nous sachions
	vous savez	vous saurez	vous saviez	vous sauriez	vous avez su	vous aviez su	vous sachiez
	ils/elles savent	ils/elles sauront	ils/elles savaient	ils/elles sauraient	ils/elles ont su	ils/elles avaient su	ils/elles sachent

VOULOIR
Participe présent voulant
Participe passé voulu

	Présent	Futur	Imparfait	Conditionnel	Passé composé	Plus-que-parfait	Subjonctif
	je veux	je voudrai	je voulais	je voudrais	j'ai voulu	j'avais voulu	je veuille
	tu veux	tu voudras	tu voulais	tu voudrais	tu as voulu	tu avais voulu	tu veuilles
	il/elle/on veut	il/elle/on voudra	il/elle/on voulait	il/elle/on voudrait	il/elle/on a voulu	il/elle/on avait voulu	il/elle/on veuille
	nous voulons	nous voudrons	nous voulions	nous voudrions	nous avons voulu	nous avions voulu	nous voulions
	vous voulez	vous voudrez	vous vouliez	vous voudriez	vous avez voulu	vous aviez voulu	vous vouliez
	ils/elles veulent	ils/elles voudront	ils/elles voulaient	ils/elles voudraient	ils/elles ont voulu	ils/elles avaient voulu	ils/elles veuillent

Infinitif	Présent	Futur	Imparfait	Conditionnel	Passé composé	Plus-que-parfait	Subjonctif
Autres verbes irréguliers							
APPELER **Participe présent** *appelant* **Participe passé** *appelé*	*j'appelle* *tu appelles* *il/elle/on appelle* *nous appelons* *vous appelez* *ils/elles appellent*	*j'appellerai* *tu appelleras* *il/elle/on appellera* *nous appellerons* *vous appellerez* *ils/elles appelleront*	*j'appelais* *tu appelais* *il/elle/on appelait* *nous appelions* *vous appeliez* *ils/elles appelaient*	*j'appellerais* *tu appellerais* *il/elle/on appellerait* *nous appellerions* *vous appelleriez* *ils/elles appelleraient*	*j'ai appelé* *tu as appelé* *il/elle/on a appelé* *nous avons appelé* *vous avez appelé* *ils/elles ont appelé*	*j'avais appelé* *tu avais appelé* *il/elle/on avait appelé* *nous avions appelé* *vous aviez appelé* *ils/elles avaient appelé*	*j'appelle* *tu appelles* *il/elle/on appelle* *nous appelions* *vous appeliez* *ils/elles appellent*
S'ASSOIR **Participe présent** *s'asseyant* **Participe passé** *assis*	*je m'assieds* *tu t'assieds* *il/elle/on s'assied* *nous nous asseyons* *vous vous asseyez* *ils/elles s'asseyent*	*je m'assiérai* *tu t'assiéras* *il/elle/on s'assiéra* *nous nous assiérons* *vous vous assiérez* *ils/elles s'assiéront*	*je m'asseyais* *tu t'asseyais* *il/elle/on s'asseyait* *nous nous asseyions* *vous vous asseyiez* *ils/elles s'asseyaient*	*je m'assiérais* *tu t'assiérais* *il/elle/on s'assiérait* *nous nous assiérions* *vous vous assiériez* *ils/elles s'assiéraient*	*je me suis assis(e)* *tu t'es assis(e)* *il s'est assis* *elle s'est assise* *on s'est assis(e)(s)* *nous nous sommes assis(es)* *vous vous êtes assis(e)(s)* *ils/elles se sont assis(es)*	*je m'étais assis(e)* *tu t'étais assis(e)* *il s'était assis* *elle s'était assise* *on s'était assis(e)(s)* *nous nous étions assis(es)* *vous vous étiez assis(e)(s)* *ils/elles s'étaient assis(es)*	*je m'asseye* *tu t'asseyes* *il/elle/on s'asseye* *nous nous asseyions* *vous vous asseyiez* *ils/elles s'asseyent*
BOIRE **Participe présent** *buvant* **Participe passé** *bu*	*je bois* *tu bois* *il/elle/on boit* *nous buvons* *vous buvez* *ils/elles boivent*	*je boirai* *tu boiras* *il/elle/on boira* *nous boirons* *vous boirez* *ils/elles boiront*	*je buvais* *tu buvais* *il/elle/on buvait* *nous buvions* *vous buviez* *ils/elles buvaient*	*je boirais* *tu boirais* *il/elle/on boirait* *nous boirions* *vous boiriez* *ils/elles boiraient*	*j'ai bu* *tu as bu* *il/elle/on a bu* *nous avons bu* *vous avez bu* *ils/elles ont bu*	*j'avais bu* *tu avais bu* *il/elle/on avait bu* *nous avions bu* *vous aviez bu* *ils/elles avaient bu*	*je boive* *tu boives* *il/elle/on boive* *nous buvions* *vous buviez* *ils/elles boivent*
COMMENCER **Participe présent** *commençant* **Participe passé** *commencé*	*je commence* *tu commences* *il/elle/on commence* *nous commençons* *vous commencez* *ils/elles commencent*	*je commencerai* *tu commenceras* *il/elle/on commencera* *nous commencerons* *vous commencerez* *ils/elles commenceront*	*je commençais* *tu commençais* *il/elle/on commençait* *nous commencions* *vous commenciez* *ils/elles commençaient*	*je commencerais* *tu commencerais* *il/elle/on commencerait* *nous commencerions* *vous commenceriez* *ils/elles commenceraient*	*j'ai commencé* *tu as commencé* *il/elle/on a commencé* *nous avons commencé* *vous avez commencé* *ils/elles ont commencé*	*j'avais commencé* *tu avais commencé* *il/elle/on avait commencé* *nous avions commencé* *vous aviez commencé* *ils/elles avaient commencé*	*je commence* *tu commences* *il/elle/on commence* *nous commencions* *vous commenciez* *ils/elles commencent*
CONDUIRE **Participe présent** *conduisant* **Participe passé** *conduit*	*je conduis* *tu conduis* *il/elle/on conduit* *nous conduisons* *vous conduisez* *ils/elles conduisent*	*je conduirai* *tu conduiras* *il/elle/on conduira* *nous conduirons* *vous conduirez* *ils/elles conduiront*	*je conduisais* *tu conduisais* *il/elle/on conduisait* *nous conduisions* *vous conduisiez* *ils/elles conduisaient*	*je conduirais* *tu conduirais* *il/elle/on conduirait* *nous conduirions* *vous conduiriez* *ils/elles conduiraient*	*j'ai conduit* *tu as conduit* *il/elle/on a conduit* *nous avons conduit* *vous avez conduit* *ils/elles ont conduit*	*j'avais conduit* *tu avais conduit* *il/elle/on avait conduit* *nous avions conduit* *vous aviez conduit* *ils/elles avaient conduit*	*je conduise* *tu conduises* *il/elle/on conduise* *nous conduisions* *vous conduisiez* *ils/elles conduisent*
CONNAITRE **Participe présent** *connaissant* **Participe passé** *connu*	*je connais* *tu connais* *il/elle/on connait* *nous connaissons* *vous connaissez* *ils/elles connaissent*	*je connaitrai* *tu connaitras* *il/elle/on connaitra* *nous connaitrons* *vous connaitrez* *ils/elles connaitront*	*je connaissais* *tu connaissais* *il/elle/on connaissait* *nous connaissions* *vous connaissiez* *ils/elles connaissaient*	*je connaitrais* *tu connaitrais* *il/elle/on connaitrait* *nous connaitrions* *vous connaitriez* *ils/elles connaitraient*	*j'ai connu* *tu as connu* *il/elle/on a connu* *nous avons connu* *vous avez connu* *ils/elles ont connu*	*j'avais connu* *tu avais connu* *il/elle/on avait connu* *nous avions connu* *vous aviez connu* *ils/elles avaient connu*	*je connaisse* *tu connaisses* *il/elle/on connaisse* *nous connaissions* *vous connaissiez* *ils/elles connaissent*

Infinitif	Présent	Futur	Imparfait	Conditionnel	Passé composé	Plus-que-parfait	Subjonctif
CROIRE **Participe présent** croyant **Participe passé** cru	je crois tu crois il/elle/on croit nous croyons vous croyez ils/elles croient	je croirai tu croiras il/elle/on croira nous croirons vous croirez ils/elles croiront	je croyais tu croyais il/elle/on croyait nous croyions vous croyiez ils/elles croyaient	je croirais tu croirais il/elle/on croirait nous croirions vous croiriez ils/elles croiraient	j'ai cru tu as cru il/elle/on a cru nous avons cru vous avez cru ils/elles ont cru	j'avais cru tu avais cru il/elle/on avait cru nous avions cru vous aviez cru ils/elles avaient cru	je croie tu croies il/elle/on croie nous croyions vous croyiez ils/elles croient
DIRE **Participe présent** disant **Participe passé** dit	je dis tu dis il/elle/on dit nous disons vous dites ils/elles disent	je dirai tu diras il/elle/on dira nous dirons vous direz ils/elles diront	je disais tu disais il/elle/on disait nous disions vous disiez ils/elles disaient	je dirais tu dirais il/elle/on dirait nous dirions vous diriez ils/elles diraient	j'ai dit tu as dit il/elle/on a dit nous avons dit vous avez dit ils/elles ont dit	j'avais dit tu avais dit il/elle/on avait dit nous avions dit vous aviez dit ils/elles avaient dit	je dise tu dises il/elle/on dise nous disions vous disiez ils/elles disent
DORMIR **Participe présent** dormant **Participe passé** dormi	je dors tu dors il/elle/on dort nous dormons vous dormez ils/elles dorment	je dormirai tu dormiras il/elle/on dormira nous dormirons vous dormirez ils/elles dormiront	je dormais tu dormais il/elle/on dormait nous dormions vous dormiez ils/elles dormaient	je dormirais tu dormirais il/elle/on dormirait nous dormirions vous dormiriez ils/elles dormiraient	j'ai dormi tu as dormi il/elle/on a dormi nous avons dormi vous avez dormi ils/elles ont dormi	j'avais dormi tu avais dormi il/elle/on avait dormi nous avions dormi vous aviez dormi ils/elles avaient dormi	je dorme tu dormes il/elle/on dorme nous dormions vous dormiez ils/elles dorment
ÉCRIRE **Participe présent** écrivant **Participe passé** écrit	j'écris tu écris il/elle/on écrit nous écrivons vous écrivez ils/elles écrivent	j'écrirai tu écriras il/elle/on écrira nous écrirons vous écrirez ils/elles écriront	j'écrivais tu écrivais il/elle/on écrivait nous écrivions vous écriviez ils/elles écrivaient	j'écrirais tu écrirais il/elle/on écrirait nous écririons vous écririez ils/elles écriraient	j'ai écrit tu as écrit il/elle/on a écrit nous avons écrit vous avez écrit ils/elles ont écrit	j'avais écrit tu avais écrit il/elle/on avait écrit nous avions écrit vous aviez écrit ils/elles avaient écrit	j'écrive tu écrives il/elle/on écrive nous écrivions vous écriviez ils/elles écrivent
ENVOYER **Participe présent** envoyant **Participe passé** envoyé	j'envoie tu envoies il/elle/on envoie nous envoyons vous envoyez ils/elles envoient	j'enverrai tu enverras il/elle/on enverra nous enverrons vous enverrez ils/elles enverront	j'envoyais tu envoyais il/elle/on envoyait nous envoyions vous envoyiez ils/elles envoyaient	j'enverrais tu enverrais il/elle/on enverrait nous enverrions vous enverriez ils/elles enverraient	j'ai envoyé tu as envoyé il/elle/on a envoyé nous avons envoyé vous avez envoyé ils/elles ont envoyé	j'avais envoyé tu avais envoyé il/elle/on avait envoyé nous avions envoyé vous aviez envoyé ils/elles avaient envoyé	j'envoie tu envoies il/elle/on envoie nous envoyions vous envoyiez ils/elles envoient
ESPÉRER **Participe présent** espérant **Participe passé** espéré	j'espère tu espères il/elle/on espère nous espérons vous espérez ils/elles espèrent	j'espèrerai tu espèreras il/elle/on espèrera nous espèrerons vous espèrerez ils/elles espèreront	j'espérais tu espérais il/elle/on espérait nous espérions vous espériez ils/elles espéraient	j'espèrerais tu espèrerais il/elle/on espèrerait nous espèrerions vous espèreriez ils/elles espèreraient	j'ai espéré tu as espéré il/elle/on a espéré nous avons espéré vous avez espéré ils/elles ont espéré	j'avais espéré tu avais espéré il/elle/on avait espéré nous avions espéré vous aviez espéré ils/elles avaient espéré	j'espère tu espères il/elle/on espère nous espérions vous espériez ils/elles espèrent
ESSAYER **Participe présent** essayant **Participe passé** essayé	j'essaie tu essaies il/elle/on essaie nous essayons vous essayez ils/elles essaient	j'essayerai tu essayeras il/elle/on essayera nous essayerons vous essayerez ils/elles essayeront	j'essayais tu essayais il/elle/on essayait nous essayions vous essayiez ils/elles essayaient	j'essayerais tu essayerais il/elle/on essayerait nous essayerions vous essayeriez ils/elles essayeraient	j'ai essayé tu as essayé il/elle/on a essayé nous avons essayé vous avez essayé ils/elles ont essayé	j'avais essayé tu avais essayé il/elle/on avait essayé nous avions essayé vous aviez essayé ils/elles avaient essayé	j'essaie tu essaies il/elle/on essaie nous essayions vous essayiez ils/elles essaient

Infinitif	Présent	Futur	Imparfait	Conditionnel	Passé composé	Plus-que-parfait	Subjonctif
FAIRE **Participe présent** faisant **Participe passé** fait	je fais tu fais il/elle/on fait nous faisons vous faites ils/elles font	je ferai tu feras il/elle/on fera nous ferons vous ferez ils/elles feront	je faisais tu faisais il/elle/on faisait nous faisions vous faisiez ils/elles faisaient	je ferais tu ferais il/elle/on ferait nous ferions vous feriez ils/elles feraient	j'ai fait tu as fait il/elle/on a fait nous avons fait vous avez fait ils/elles ont fait	j'avais fait tu avais fait il/elle/on avait fait nous avions fait vous aviez fait ils/elles avaient fait	je fasse tu fasses il/elle/on fasse nous fassions vous fassiez ils/elles fassent
LIRE **Participe présent** lisant **Participe passé** lu	je lis tu lis il/elle/on lit nous lisons vous lisez ils/elles lisent	je lirai tu liras il/elle/on lira nous lirons vous lirez ils/elles liront	je lisais tu lisais il/elle/on lisait nous lisions vous lisiez ils/elles lisaient	je lirais tu lirais il/elle/on lirait nous lirions vous liriez ils/elles liraient	j'ai lu tu as lu il/elle/on a lu nous avons lu vous avez lu ils/elles ont lu	j'avais lu tu avais lu il/elle/on avait lu nous avions lu vous aviez lu ils/elles avaient lu	je lise tu lises il/elle/on lise nous lisions vous lisiez ils/elles lisaient
METTRE **Participe présent** mettant **Participe passé** mis	je mets tu mets il/elle/on met nous mettons vous mettez ils/elles mettent	je mettrai tu mettras il/elle/on mettra nous mettrons vous mettrez ils/elles mettront	je mettais tu mettais il/elle/on mettait nous mettions vous mettiez ils/elles mettaient	je mettrais tu mettrais il/elle/on mettrait nous mettrions vous mettriez ils/elles mettraient	j'ai mis tu as mis il/elle/on a mis nous avons mis vous avez mis ils/elles ont mis	j'avais mis tu avais mis il/elle/on avait mis nous avions mis vous aviez mis ils/elles avaient mis	je mette tu mettes il/elle/on mette nous mettions vous mettiez ils/elles mettent
MOURIR **Participe présent** mourant **Participe passé** mort	je meurs tu meurs il/elle/on meurt nous mourons vous mourez ils/elles meurent	je mourrai tu mourras il/elle/on mourra nous mourrons vous mourrez ils/elles mourront	je mourais tu mourais il/elle/on mourait nous mourions vous mouriez ils/elles mouraient	je mourrais tu mourrais il/elle/on mourrait nous mourrions vous mourriez ils/elles mourraient	je suis mort(e) tu es mort(e) il est mort elle est morte on est mort(e)(s) nous sommes mort(e)s vous êtes mort(e)(s) ils sont morts elles sont mortes	j'étais mort(e) tu étais mort(e) il était mort elle était morte on était mort(e)(s) nous étions mort(e)s vous étiez mort(e)(s) ils étaient morts elles étaient mortes	je meure tu meures il/elle/on meure nous mourions vous mouriez ils/elles meurent
NAITRE **Participe présent** naissant **Participe passé** né	je nais tu nais il/elle/on nait nous naissons vous naissez ils/elles naissent	je naitrai tu naitras il/elle/on naitra nous naitrons vous naitrez ils/elles naitront	je naissais tu naissais il/elle/on naissait nous naissions vous naissiez ils/elles naissaient	je naitrais tu naitrais il/elle/on naitrait nous naitrions vous naitriez ils/elles naitraient	je suis né(e) tu es né(e) il est né elle est née on est né(e)(s) nous sommes né(e)s vous êtes né(e)(s) ils sont nés elles sont nées	j'étais né(e) tu étais né il était né elle était née on était né(e)(s) nous étions né(e)s vous étiez né(e)(s) ils étaient nés elles étaient nées	je naisse tu naisses il/elle/on naisse nous naissions vous naissiez ils/elles naissent
OUVRIR **Participe présent** ouvrant **Participe passé** ouvert	j'ouvre tu ouvres il/elle/on ouvre nous ouvrons vous ouvrez ils/elles ouvrent	j'ouvrirai tu ouvriras il/elle/on ouvrira nous ouvrirons vous ouvrirez ils/elles ouvriront	j'ouvrais tu ouvrais il/elle/on ouvrait nous ouvrions vous ouvriez ils/elles ouvraient	j'ouvrirais tu ouvrirais il/elle/on ouvrirait nous ouvririons vous ouvririez ils/elles ouvriraient	j'ai ouvert tu as ouvert il/elle/on a ouvert nous avons ouvert vous avez ouvert ils/elles ont ouvert	j'avais ouvert tu avais ouvert il/elle/on avait ouvert nous avions ouvert vous aviez ouvert ils/elles avaient ouvert	j'ouvre tu ouvres il/elle/on ouvre nous ouvrions vous ouvriez ils/elles ouvrent

Infinitif	Présent	Futur	Imparfait	Conditionnel	Passé composé	Plus-que-parfait	Subjonctif
PRENDRE **Participe présent** prenant **Participe passé** pris	je prends tu prends il/elle/on prend nous prenons vous prenez ils/elles prennent	je prendrai tu prendras il/elle/on prendra nous prendrons vous prendrez ils/elles prendront	je prenais tu prenais il/elle/on prenait nous prenions vous preniez ils/elles prenaient	je prendrais tu prendrais il/elle/on prendrait nous prendrions vous prendriez ils/elles prendraient	j'ai pris tu as pris il/elle/on a pris nous avons pris vous avez pris ils/elles ont pris	j'avais pris tu avais pris il/elle/on avait pris nous avions pris vous aviez pris ils/elles avaient pris	je prenne tu prennes il/elle/on prenne nous prenions vous preniez ils/elles prennent
RECEVOIR **Participe présent** recevant **Participe passé** reçu	je reçois tu reçois il/elle/on reçoit nous recevons vous recevez ils/elles reçoivent	je recevrai tu recevras il/elle/on recevra nous recevrons vous recevrez ils/elles recevront	je recevais tu recevais il/elle/on recevait nous recevions vous receviez ils/elles recevaient	je recevrais tu recevrais il/elle/on recevrait nous recevrions vous recevriez ils/elles recevraient	j'ai reçu tu as reçu il/elle/on a reçu nous avons reçu vous avez reçu ils/elles ont reçu	j'avais reçu tu avais reçu il/elle/on avait reçu nous avions reçu vous aviez reçu ils/elles avaient reçu	je reçoive tu reçoives il/elle/on reçoive nous recevions vous receviez ils/elles reçoivent
RIRE **Participe présent** riant **Participe passé** ri	je ris tu ris il/elle/on rit nous rions vous riez ils/elles rient	je rirai tu riras il/elle/on rira nous rirons vous rirez ils/elles riront	je riais tu riais il/elle/on riait nous riions vous riiez ils/elles riaient	je rirais tu rirais il/elle/on rirait nous ririons vous ririez ils/elles riraient	j'ai ri tu as ri il/elle/on a ri nous avons ri vous avez ri ils/elles ont ri	j'avais ri tu avais ri il/elle/on avait ri nous avions ri vous aviez ri ils/elles avaient ri	je rie tu ries il/elle/on rie nous riions vous riiez ils/elles rient
SORTIR **Participe présent** sortant **Participe passé** sorti	je sors tu sors il/elle/on sort nous sortons vous sortez ils/elles sortent	je sortirai tu sortiras il/elle/on sortira nous sortirons vous sortirez ils/elles sortiront	je sortais tu sortais il/elle/on sortait nous sortions vous sortiez ils/elles sortaient	je sortirais tu sortirais il/elle/on sortirait nous sortirions vous sortiriez ils/elles sortiraient	je suis sorti(e) tu es sorti(e) il est sorti elle est sortie on est sorti(e)(s) nous sommes sorti(e)s vous êtes sorti(e)(s) ils sont sortis elles sont sorties	j'étais sorti(e) tu étais sorti(e) il était sorti elle était sortie on était sorti(e)(s) nous étions sorti(e)s vous étiez sorti(e)(s) ils étaient sortis elles étaient sorties	je sorte tu sortes il/elle/on sorte nous sortions vous sortiez ils/elles sortent
VENIR **Participe présent** venant **Participe passé** venu	je viens tu viens il/elle/on vient nous venons vous venez ils/elles viennent	je viendrai tu viendras il/elle/on viendra nous viendrons vous viendrez ils/elles viendront	je venais tu venais il/elle/on venait nous venions vous veniez ils/elles venaient	je viendrais tu viendrais il/elle/on viendrait nous viendrions vous viendriez ils/elles viendraient	je suis venu(e) tu es venu(e) il est venu elle est venue on est venu(e)(s) nous sommes venu(e)s vous êtes venu(e)(s) ils sont venus elles sont venues	j'étais venu(e) tu étais venu(e) il était venu elle était venue on était venu(e)(s) nous étions venu(e)s vous étiez venu(e)(s) ils étaient venus elles étaient venues	je vienne tu viennes il/elle/on vienne nous venions vous veniez ils/elles viennent
VIVRE **Participe présent** vivant **Participe passé** vécu	je vis tu vis il/elle/on vit nous vivons vous vivez ils/elles vivent	je vivrai tu vivras il/elle/on vivra nous vivrons vous vivrez ils/elles vivront	je vivais tu vivais il/elle/on vivait nous vivions vous viviez ils/elles vivaient	je vivrais tu vivrais il/elle/on vivrait nous vivrions vous vivriez ils/elles vivraient	j'ai vécu tu as vécu il/elle/on a vécu nous avons vécu vous avez vécu ils/elles ont vécu	j'avais vécu tu avais vécu il/elle/on avait vécu nous avions vécu vous aviez vécu ils/elles avaient vécu	je vive tu vives il/elle/on vive nous vivions vous viviez ils/elles vivent
VOIR **Participe présent** voyant **Participe passé** vu	je vois tu vois il/elle/on voit nous voyons vous voyez ils/elles voient	je verrai tu verras il/elle/on verra nous verrons vous verrez ils/elles verront	je voyais tu voyais il/elle/on voyait nous voyions vous voyiez ils/elles voyaient	je verrais tu verrais il/elle/on verrait nous verrions vous verriez ils/elles verraient	j'ai vu tu as vu il/elle/on a vu nous avons vu vous avez vu ils/elles ont vu	j'avais vu tu avais vu il/elle/on avait vu nous avions vu vous aviez vu ils/elles avaient vu	je voie tu voies il/elle/on voie nous voyions vous voyiez ils/elles voient